어느 증조할아버지의 평범한 이야기

이 책을 나의 증손주- 윤성준, 정상윤, 윤태경을 위해 쓴다.

어느 증조할아버지의 평범한 이야기

박정기 에세이

詩와에세이

머리말

36년 전, 필자는 『어느 할아버지의 평범한 이야기』를 상재(上梓)한 적이 있었다. 뜻밖에도 '할아버지 얘기'는 많은 독자들의 사랑을 받았다. 그리고 오랜 시간 교보문고의 스테디셀러 자리를 차지했다. 그때까지만 해도 어른이 훈계하는 책이 없었기 때문일 것이다.

그런데 그 책이 시대에 뒤떨어진 얘기라고 비판한 이도 있었다. 왜냐하면 필자는 그 책에서 우리 옛 전통을 상고(尙古)하면서 훈계를 하였기 때문이다. 그러나 필자는 우리 옛 전통을 상고하는 것이 이 시대에도 필요하다고 생각한다. 그것은 우리의 뿌리를 알기 위해서다.

이 『어느 증조할아버지의 평범한 이야기』는 시대정신에 맞게 다음 다섯 가지 주제- 즉, '선택', '성격', '노력', '실력' 그리고 '시간'을 중심으로 써 본 훈계서이다.

글을 쓸 때면 필자는 늘 두렵다. 주제를 다룰 때마다 내 부족함을 절감(切感)하기 때문이다. 바라건대, 이 책이 새로운 세대들에게 조금이라도 도움이 되었으면 좋겠다.

끝으로, 이 책이 나오기까지 큰 도움을 준 이평규, 박희택, 김관영 세 외우(畏友)에게 깊은 감사를 드린다.

2025년 7월
한남(漢南)

차례

머리말 05

제1장 인생은 선택이다

1. 운명이 인생을 좌우하는가 10
2. 운명보다 선택이 중요하다 29
3. 잘한 선택은 어떤 것인가 41

제2장 성격이 인생을 좌우한다

1. 성격은 운명이다 66
2. 베스트셀러 『어느 할아버지의 평범한 이야기』 86
3. 사회를 위하고, 남을 위하는 삶 104
4. 정직과 감사하는 마음 109
5. 신앙을 가져라 129

제3장 인생은 노력이다

1. 사람의 노동은 숙명인가　　　　　　　　134
2. 성공의 열쇠는 꾸준한 노력이다　　　　150
3. 꿈을 가져라　　　　　　　　　　　　　171
4. 노년과 노력　　　　　　　　　　　　　190

제4장 실력

1. 실력이란 무엇인가　　　　　　　　　　194
2. 진짜 실력자들　　　　　　　　　　　　209
3. 실력은 격려와 실패의 교훈으로 키운다　223
4. 지혜는 기본이다　　　　　　　　　　　232

제5장 시간

1. 시간은 무엇인가　　　　　　　　　　　242
2. 시간 활용　　　　　　　　　　　　　　252
3. 역사적 시중(時中)의 사례　　　　　　　262
4. 동양과 서양의 시간　　　　　　　　　　292

제1장
인생은 선택이다

1. 운명이 인생을 좌우하는가

(1) 새옹지마

성준아, 상윤아, 그리고 태경아,
반갑다. 잘 왔다. 축하한다. 우리 식구가 된 것을!

이 증조할배는 너희들에게 들려주고 싶은 얘기가 너무 많다. 그렇다고 욕심대로 다 할 수 없고, 그저 세상 사는 데 참고가 될 만한 얘기나 하마.
 우선 '할배'란 말이 좀 이상하게 들릴 것이다. 할배란 말은 경상도에서 쓰는 '할아버지'의 사투리다. 그런데 발음이 쉽다.
 내가 이 사투리를 쓰는 이유는 성준이 엄마와 상윤이 이모가 처음 말을 배울 때다.
 성준이 엄마는 정확하게 '할아버지'라고 나를 부르는데, 상윤이 이모는 성준이 엄마와 같은 나이였는데도 나를 '하부지'라고 불렀다. 할아버지란 말의 발음이 잘 안돼서 그랬겠지? 그래서 아직 어린 너희가 혹여라도 할아버지란 발음이 어려울 까봐 '할배'라는 발음하기 쉬운 말을 쓰는 것이니, 발음이 되면 '할아버지'요, 잘 안 되면 '할배'라고 부르면 된다.

그럼 얘기를 시작해 볼까?

중국 고사에 '새옹지마(塞翁之馬)'란 말이 있다. 어려운 말인데, 글자 그대로 해석하면 '변방에 사는 노인의 말"이라는 뜻이다. 무슨 말인고 하니, 옛날 중국의 북방 작은 마을에 한 노인이 살았다.

노인은 애지중지하는 아들과 농사용 말 한 필을 기르고 있었다. 어느 날, 날이 새서 마당에 나가 보니 말이 달아나고 없지 않은가. 자기 전 재산이라곤 말 한 필인데, 그 귀한 말이 도망갔으니 노인의 상심은 이만저만이 아니었다. 당장에 농사부터 못 짓게 되었으니, 보통 근심거리가 아니었다.

말도 없는 농사일로 하루하루 힘든 세월을 보내던 어느 날, 일을 마치고 집에 돌아와 보니, 이게 웬일인가! 도망 간 자기 말이 처음 보는 아주 잘 생긴 준마를 데리고 와 있지 않은가. 노인은 손뼉을 치며 기뻐하였고, 아들은 아들대로 준마를 타고 다닐 생각에 신이 났다.

그런데 하루는 노인의 아들이 그 말을 타고 멀리 나갔다가 그만 말에서 떨어져 발을 크게 다쳤다. 다행히 생명에는 지장이 없는 것 같았으나 발을 못 쓰는 절름발이가 되었다. 노인은 크게 상심하며 아들의 불행을 슬퍼하였다.

'말 한 마리가 제 발로 들어와 좋아했더니, 그놈의 말 때문에 내 아들이 병신이 되었구나.' 노인은 슬픈 나날을 보내고 있었다. 아들도 절름발이가 된 것을 크게 상심하며 우울한 나날을 보내게 되었다.

그런데 어느 날인가 북쪽 오랑캐가 쳐들어온다는 소문이 들렸다. 관가에서는 다시 동네 젊은이들을 병역으로 차출하기 시작했다. 전쟁에 나가게 되면 생명을 잃거나, 만리장성 쌓기에 동원되어도 10년은 아들 얼굴을 못 보게 될 판이었다. 노인의 걱정이 이만저만이 아니었다. '내 처지에 아들이 병역으로 뽑혀 나가면 농사일은 누가 도와주며, 나는 또 외로워서 어찌 사나…'

마침내 관가에서 동네 젊은이들 신체검사를 나왔다. 병역이나 노역으로 청년을 뽑기 위해서다. 아들도 신체검사장에 나갔다. 그런데 이게 웬일인가. 아들의 신체검사를 하던 검사관은 아들의 발을 이리저리 살펴보더니 불합격 판정을 내리는 게 아닌가!

　노인은 생각하였다.

　'옛말에 사람은 사주팔자대로 산다더니, 준마가 생겨 그렇게 좋아했는데, 그놈의 말 때문에 내 귀한 아들이 절름발이가 되었고, 절름발이가 되었다고 슬퍼했는데, 웬걸 그것 때문에 병역을 피하게 되었으니, 사람 팔자는 따로 있나 보다' 하고 크게 깨달았다는 중국 고사다.

　사람들은 노인의 말처럼 팔자소관대로 산다는 말을 흔히 한다. 팔자소관을 좀 어려운 말로 '운명'이라고도 한다.

　그러면, 우리 모두에게 운명이란 정말 존재하는 것일까? 운명이 있다면 하늘의 이치인가? 운명의 작용은 우리 인생에서 어디까지 미칠까? 운명은 개척할 수 있는가?

　불교에서는 이 운명을 인과응보(카르마)로 풀이하고, 기독교에서는 예정설(豫定說)로도 설명하는가 하면, 다른 한편으로는 "운명이란 존재하지도 않는다."라고 처음부터 부정하고 나서는 이도 있다. 과연 어느 얘기가 옳은가?

　할배 생각은 사람은 예사로운 존재가 아니어서, 사람이 이 세상에 나올 때, 그 그릇은 정해지는 게 아닌가 싶다. 본성(本性)이라고 해도 좋다.

　그래서 동양에서는 명리학(明理學)이라는 학문이 발전하였고, 여기서 사람의 태어난 시와 날과 해에 따라 사주팔자가 정해진다고 생각하였다. 한편 불가에서는 인과응보(카르마)에 의해서 전생(내가 이 세상에 나오기 전에 살았던 인생)으로부터 지금 내가 살고 있는 인생에서, 어떤 원인이 있기에 그 결과로 모든 일이 일어난다는 생각이다.

여기 대해서는 할배도 잘 모르는 일이라, 더 깊은 얘기는 안 하겠다. 그러나 할배가 90 평생을 살면서 보고 느낀 것은, 운명이 인생에 중요한 영향을 미치는 것은 사실이나, 사주팔자나 운명이 전부는 아니란 걸 경험으로 느끼고 있다. 즉, 운명이나 사주팔자가 정해져 있다 하더라도, 우리가 노력하고 정성을 다하면 운명도 변해갈 수 있다고 생각한다. 그래서 '운명'- 곧 움직[運]이는, 운명(運命)이 아니겠느냐. 세상이 돌아가는 형편을 관찰해 보아도 내 생각은 그리 틀리지 않는다고 나는 생각한다.

어떻든, 사주팔자, 곧 운명은 우리가 모르는 힘이 있어 고래(古來)로 우리 인생에 큰 영향을 미치는 것은 사실이다. 그래서 사람들은 무슨 일이건 자기에게 닥친 일을 팔자소관으로 돌린다.

새옹지마 고사에 나오는 영감도 자기가 겪은 좋았던 일이나 불행했던 일을 모두 팔자소관으로 돌리고 있다.

그러면, 세계적인 위인들은 운명을 어떻게 생각할까?

심리학자 칼 융(Carl G. Jung)은 "운명은 도망칠 수 없는 것, 그러나 받아들일 수 있는 것이다."라고 하였고, 괴테도 "운명은 그것은 받아들이는 자에게는 아름다움을 주고, 거부하는 자에게는 고통을 준다."라고 했다.

이렇듯 운명, 곧 팔자소관은 우리 일생에 큰 힘으로 작용한다고 보고 있다.

이렇게 우리 인류의 오랜 문명들은 운명은 절대 피할 수 없는 것, 팔자소관은 한번 정해지면 인간은 어쩔 수 없이 따라야 하는 것으로 보고 있다.

운명과 관련된 힌두 설화를 하나 소개하겠다.

위대한 현자(賢者)으, 고행자로 사람으로서는 최고의 능력을 가진 인도 최고의 구루(스승)한테 10살 난 걸출한 제자가 있었다.

하루는 구루가 천문(天文)을 살펴보니 이 10살 난 제자는 수명이 고작 12살이었다. 깜짝 놀란 구루는 우주의 창조자인 브라흐마에게로 가 이 아이를 좀 더 살려달라고 간청하였다. 브라흐마는 "나는 창조만 할 뿐 수명 연장과는 관계가 없으니 질서 유지를 책임진 비슈누에게 가보라"고 하면서, "당신의 체면을 봐서 동행은 하겠다."고 했다.

구루와 브라흐마를 본 비슈누는 말하였다. "나는 우주만물의 질서 유지만을 책임졌으니 파괴를 책임진 시바한테 가보라"고 하였다. 그러나 자기도 구루의 체면을 봐서 동행은 하겠다고 하였다.

구루와 브라흐마와 비슈누를 본 시바는 "나는 자연의 법칙에 따라 오직 파괴만 할 뿐"이라고 하면서 죽음의 신, 야마자라에게 가보라고 하였다. 그리고 자기도 동행하겠다고 하였다.

브라흐마, 비슈누, 시바 같은 엄청난 신들과 최고의 스승 구루, 이렇게 넷은 죽음의 신 야마자라를 만나러 걸음을 재촉하였다.

드디어 야마자라가 있는 곳에 도착하였다. 그리고 소년의 수명을 연장해 달라고 막 간청할 참이었다.

그런데 이게 웬일인가! 큰 일이 벌어졌다. 바로 그 뛰어난 소년은 그들이 도착한 순간 숨을 거두었다. 신들을 찾아다니는 사이 2년이 흐른 것이다. 그들은 가슴을 치며 소년의 재생을 간청하였다.

죽음의 신 야마자라도 유명한 세 신과 최고의 스승인 구루가 동시에 나타난 것에 놀라움을 금치 못하며, 정중히 그들을 맞이하였다. 자초지종을 다 듣고 난 죽음의 신 야마자라는 일행을 진정시킨 뒤, 조용히 천문을 살피기 시작하다가 소스라치게 놀라며 조용히 말문을 열었다.

"여러분, 이 아이는 참으로 뛰어난 아이라 사실은 나도 함부로 불러올릴 수가 없는 비범한 소년인데, 이 아이가 죽을 수 있는 경우는 딱 한 가지 조건— 즉, 여러분 세 신과 최고의 스승인 구루가 함께 나를 찾아오는 경우뿐이었습니다. 그런데 불행히도 그 어려운 조건을 여러분이 딱 충족시켰으니 죽음의 신인 나도 정말 어찌지 못하는 일이 되었습니다. 참으로 유감입니다."

일행은 어안이 벙벙하여 놀란 입을 다물지 못했다.

설화 얘기가 나온 김에 페르시아 얘기를 하나 더 하마.

옛날 페르시아란 나라에 돈 많고 권력이 있는 노인이 살고 있었다.

하루는 하인과 함께 정원을 거닐고 있는데, 뒤따라오던 하인이 갑자기 비명을 질렀다. 놀란 주인이 뒤돌아보며 웬일이냐고 물었다. 하인이 말하기를 "주인어른, 조금 전 저승사자가 얼핏 보이길래 깜짝 놀라 소리를 질렀습니다. 죄송합니다."

주인은 신기해하며 다시 정원을 가는데, 하인이 주인을 붙들고 간청하였다. "주인님, 아무래도 저승사자가 저를 잡으러 온 것 같습니다. 저승사자가 이집 어딘가에 숨어 있을 겁니다. 그러니 주인님께서 말을 한 필만 빌려 주시면, 그 말로 한달음에 테헤란으로 피할까 합니다. 모쪼록 말 한 필만 빌려 주십시오."

주인은 선선히 말 한 필을 내주었다.

하인은 빌린 말로 죽어라고 내달려 한식 경 만에 테헤란에 도착하였다. 테헤란에 도착한 하인은 가슴을 쓸어내리며, "이제는 살았다." 하고 한숨을 놓았다.

하인을 보낸 주인이 집으로 돌아가려고 몇 걸음 떼었을 때 모퉁이에서 불쑥 저승사자가 나타났다.

주인은 큰소리로 "그대는 어쩌자고 이집에서 소란을 피우는가?" 저승사자가 가로되 "나는 사실 당신의 하인을 테헤란에서 만나기로 되어 있었는데, 여기서 그를 보게 되어 나도 깜짝 놀라던 참이오. 아마 지금쯤은 테헤란에 가 있겠지요." 그리고는 저승사자는 홀연히 사라졌다.

불쌍한 하인은 기어이 제 발로 저승사자를 만나러 테헤란으로 간 것이다. 하인의 운명이 테헤란에서 죽게 되어 있었던 것이다. 운명은 이렇게 피할 수 없는 것, 무서운 힘을 갖고 있는 것이다.

이렇게 두 신화에서조차도 한번 정해지면 운명은 누구도 바꿀 수 없는 것으로 보고 있다.

나의 천사들아, 무섭지? 아니면 재미가 있느냐.

우리 인류의 최고 문명이 지어낸 설화라 재미있을 수밖에. 그런데 실은 이이야기는 재미로 하는 얘기가 아니란 것을 알아야겠다. 우리가 세상을 살아가는데 알아야 할 깊은 교훈을 담고 있다는 것이다.

그러면 우리의 최고 문명은 우리에게 무슨 가르침을 주려고 이 얘기를 했을까.

애들아, 다시 한 번 이 얘기를 읽고, 무슨 교훈이 있는가를 생각해 보자.

우선 첫 번째 새옹지마 얘기다.

노인은 처음 아끼던 농사용 말이 달아났을 때, 얼마나 상심했느냐. 그런데, 도망간 말이 건장한 준마를 데리고 왔을 때는 또 얼마나 좋아했느냐. 그런데 그런 큰 기쁨을 준 그 말로 인해 아끼던 아들이 절름발이가 안 되었더냐.

아, 그런데 다리 부러졌다고 슬퍼하던 노인에게 닥친 일은 무엇이었더냐. 절름발이가 되는 바람에 노인의 아들은 병역을 면제받지 않았더냐.

세상에는 좋은 일이 있다고 무턱대고 좋아할 것도 아니며, 나쁜 일을 당했다고 꼭 슬퍼만 할 일은 아니라는 것이다.

결국 사람은 팔자소관이 있어 사주팔자대로 산다는 것이다. 즉 자기 나름의 '운명'이 있다는 것이다.

과연 그럴까? 할버는 꼭 그렇지 않다고 생각한다. 그 이유는 다음에 하마.

그런데 이 고사에서 우리는 배울 게 또 있다.
세상을 살다 보면 좋은 일도, 또 궂은일도 비일비재한 법이다. 그것이 세상을 사는 것이요, 그러니까 무슨 일을 강하건 담담하게 받아들이는 태도가 필요하다. 왜냐하면 좋은 일도, 나쁜 일도 정작 좋고 나쁜 것은 지나봐야 아는 것, 그러니까 길흉에 다라 좋은 일이 생겼다고 금방 히히거리는 것이나, 궂은일을 두고 줄곧 슬퍼하는 일은 없어야 한다. '궂은일을 당하면 조용히 모든 것을 받아들이면서 어떻게 해야 지혜롭게 이를 풀어 갈 수 있을까' 궁리해야 할 것이다.

사랑하는 증손주들아,
사람의 일생을 흔히 백 년이라고 하는데, 백 년 동안에 얼마나 많은 일이 벌어지겠느냐. 무슨 일이 벌어지건 당황하지 말고 우선 담담히 받아들이는 지혜가 필요하다. 그러나 어려운 일은 덮어 놓고 받아들일 게 아니라 차분하게 주위를 살피며, 난관을 헤쳐 나갈 방법이 무엇인가를 깊이 생각하고, 이를 위해 정성을 다하고 노력을 기울여야 할 것이다. 그러면 운명도 차츰 좋은 방향으로 풀려 나갈 것이다.

자, 그럼 다음은 힌두 설화와 페르시아 얘기로 넘어가 보자.
이 두 설화의 교훈은 한두 가지가 아닌 여러 가르침을 포함하고 있다.
우선 힌두 설화에서 최고의 스승이라는 구루도 아는 게 한계가 있다는 사실이다. 왜냐, 구루가 처음에 천문을 보지 않았다면 소년은 죽지 않았을 것이다. 천문을 잘못 읽었기 때문에 소년은 죽었다.
소년은 천하 영재요, 자기 또한 천하에 둘도 없는 스승이면, 조용히 가르치면 될 일을 공연히 욕심을 내서 뭔가 더 해보려고 천문을 읽었다가 잘못 해석하는 바람에 일을 그르친 게 아니더냐.

노자(老子)라는 아주 옛날 스승은 사람은 꽉 찼다고 생각되면 더는 욕심을 내지 말라고 하였다. 그걸 좀 어려운 말로 하면 지족(知足)이라고 하였다. 구루 같은 위대한 선생도 '지족'을 깜박해서 큰일을 저지른 셈이다.

여기서 우리가 명심할 일은 사람은 어디까지나 사람이라는 것, 사람은 불완전하고 한계가 있다는 것, 아무리 잘난 인간도 하느님이 아닌 이상, 인간이라는 자각심을 갖고 늘 겸손하라는 것이다.

다음으로 살펴볼 일은 아무리 신(神)이라도 인간처럼 한계가 있다는 얘기이다. 여기서 말하는 신은 우리 하느님과는 다른 신이다. 어떻든 이 설화에서 신이란 존재는 뛰어나긴 해도 제각각 역할이 있는 법이요, 함부로 남의 영역을 침범할 수 없다는 얘기이다. 창조의 신, 질서 유지의 신, 파괴의 신, 죽음의 신이라도 비명에 간 소년은 함부로 불러올릴 수 없다는 것은 참 재미있는 비유이다.

그런데 이 설화는 여기서 그치지 않고 더 큰 교훈을 얘기하고 있는 게 아닌가 싶다. 인간에게는 운명이란 게 있는데, 이 운명이라는 정해진 질서에 따라 사람의 일생이 결정된다는 것이다.

다시 말해 소년은 누가 뭐라든 죽게 되어 있었다. 위대한 스승 구루도, 각기 영역을 담당한 신들도 그렇게도 소년의 수명 연장을 바랬건만, 소년은 결국 죽었다.

생각해 보면, 운명은 그 어려운 조건— 세 신과 최고의 스승이 다 모여야 하는 그 어려운 조건을 딱 떨어지게 맞추어 가면서 소년을 죽게 하였다. 심지어 죽음의 신도 함부로 데려올 수 없는 비범한 소년을 '운명'이라는 위대한 힘은 소년을 죽게 하였다.

또, 페르시아 설화에서 하인으로 하여금 제 발로 테헤란까지 저승사자를 만나러 가게 한 것은, 결국 운명 앞에는 그 무엇도 당할 수 없다는 얘기가 아닌가 싶다.

그래서 옛날 그리스의 비극 시인 에우리피데스(Euripides)는 "인간은 운명을 피할 수 없다."고 똑 부러지게 정의했다.

자, 그러면 사람의 일생은 '운명'이 좌우한다는 말인데— 과연 그럴까?

만일 그렇다면 내 일생은 운명이 좌지우지할 테니, 나가 죽고 사는 것부터, 내가 잘 되고 못 되는 것도 다 운명이 알아서 하는 것, 굳이 나는 애쓸 필요도 없고, 운명이 시키는 대로 하면 되는 것이 아닌가. 그러니까 뜻을 세워 뭔가를 이루어 보려고 노력할 필요도 없는 게 아니겠느냐.

성준아, 너도 그렇게 생각하느냐?
물론, 아니라고 대답해야지.

(2) 운명은 거역할 수 없는가?

자, 그렇다면 운명은 거역할 수 없는 것인가?
고대 설화에서도 운명을 거역할 수 없고, 세상 사람들도 운명은 따를 수밖에 없다고 생각했다.
기독교에서는 '예정설'이라고 하여 신의 계획과 섭리에 따라 운명이 정해진다고 믿고 있다.

『구약』에 보면, 유다 왕국의 위대한 왕으로는 유명한 다윗과 히스기야, 그리고 요시야 세 사람을 들 수 있다.

그중, 13대 왕인 히스기야는 정직하고 종교 개혁을 단행해서 위대한 왕으로 추대 받는 인물이다. 재위 중 그는 중병에 걸려 죽게 되었는데, 절망 속에서도 하느님께 간절히 기도하며 자신의 신실한 삶을 기억해 주십사 하고 요청했다. 하느님은 그의 기도를 받아들여 15년의 생명을 연장해 주었다. 그리고 아수르의 침공을 막아 유다를 구할 약속도 해 주었다. 지극한 기도로 하느님이 운명을 바꿔주신 거지.

히스기야의 예에서 보듯이 운명이 고정된 것은 아니다.

불교에서는 인(因)과 연(緣)으로 운명을 설명하는데, 좀 어렵지만 인을 1차 조건, 연을 2차 조건이라고도 한다. 1차 조건인 인은 변할 수 없는 것, 이를테면 부모나 자기가 태어날 나라를 자기 뜻대로 못 정하는 것과 같은 것이지. 2차 조건인 연은 자기 의지에 따라 변할 수 있는 것이다. 비록 가난한 부모 밑에서 태어났어도 자기가 노력해서 가난을 이겨내는 것을 뜻한다. 그러니까 불교에서는 '운명'을 두고 운은 불변하지만, 명은 변할 수 있는 것이므로 노력하고 정성을 다하면 운명도 고쳐 나갈 수 있다고 보는 것이다.

『십팔사략(十八史略)』이라는 책이 있다. 이 책은 남송(南宋) 말 원(元) 초의 사람 증선지(曾先之)가 『사기』, 『한서』, 『삼국지』 등 중국의 정사(正史) 18권을 축약하여 만든 역사책으로, 전설의 시대인 삼황오제기부터 남송의 멸망까지를 다루고 있다.

그 책에 나오는 내용이다.

전국시대에 맹상군(孟嘗君)이란 사람이 있었다. 맹상군은 시호이고, 본명은 전문(田文)이다. 부친 전영(田嬰)은 제나라 위왕의 막내아들로 제나라 재상을 지내면서 설(薛, 지금의 산동성 등주(滕州))을 영지로 받았고, 여러 첩들 사이에서 무려 40명의 아들을 두었다.

맹상군은 어렸을 적, 하마터면 죽을 위기에 처했었는데, 그의 기지로 목숨을 구한 일화가 있다.
　맹상군은 한 천첩(賤妾)의 소생으로 태어났는데, 태어난 날이 하필 5월 5일이었다. 당시 사주팔자에 5월 5일에 태어난 아이는 '키가 문설주 높이만큼 자라면, 부모를 죽인다'는 속설이 전해지던 시기였다.
　아버지 전영은 소첩에게 당장 아이를 내다 버리라고 일렀지만, 그의 어머니는 차마 아이를 버리지 못하고 몰래 키웠다. 그리고 아이가 어느 정도 장성한 다음에야 아버지 전영에게 데려갔다.
　전영은 어미에게 왜 안 버렸냐며 크게 화를 내고 고함을 질렀다. 이때 아들인 맹상군이 나선다.

"어째서 저를 버리라고 하신 겁니까?"
"속설에 5월 5일에 태어난 아이는 키가 문설주 높이만큼 자라면 어버이를 죽인다 하지 않더냐."
"그렇다면, 아버님, 사람의 운명은 하늘에서 받은 것입니까, 아니면 문설주에게서 받은 것입니까?"
　아들의 질문에 아버지 전영은 아무 갈도 못하고 잠잠히 듣기만 하였다.
　맹상군이 계속 말하기를 "운명이 하늘에서 받은 것이라면 아버님은 걱정하실 필요도 없고, 문설주에서 받는 것이라면 그깟 문설주를 더 높이면 되지 않습니까?"
　이후 전영은 아들 맹상군의 재능을 높이 샀고, 그의 권유대로 식객들을 많이 들이기 시작하여 한때 식객만 삼천 명에 이르렀고, 맹상군의 뛰어난 학문과 인품에 매료된 식객들의 권유로 전영의 후계자가 되어 훗날 '전국4군자(戰國四君子)'의 한 명이 된다.
　이렇게 유교 문화권에서는 운명은 결코 고정된 것은 아니란 생각을 갖고 있다.

그런데 유교 문화권에서는 사주팔자 외에 '관상학'이란 것도 있다. 관상학은 그 사람의 성격이 자기도 모르게 배어나서 밖으로 나타나는 것이라 운명론보다는 정확할 수도 있다. "성격은 운명"이란 말이 설득력이 있듯이.

후한 시대, 반초(班超)라는 장군이 있었다.『한서(漢書)』라는 역사서를 쓴 반고(班固)의 아우이다. 그가 젊었을 때 그의 관상을 본 당시 여성 명관상가 허부(許負)는 "반초의 용모는 제비턱에 호랑이 액상(額像, 이마)으로 정승(政丞)의 반열에 오른다."고 예언하였다. 이는 '제비가 일 만 리 밖을 날고, 범이 백 리를 다니며 짐승을 잡아먹듯, 후일 만 리 밖에서 활약 할 것'이라는 뜻으로 해석된다.

반초는 어려운 집안 형편 때문에 어쩔 수 없이 말직 문관이 되어 관아에서 문서를 베껴 쓰는 일로 힘겹게 살아갔다. 그러다 흉노가 한의 혼란을 틈타 세력을 확장하자, 문관에서 무관으로 전직을 결심하고 "대장부로서 마땅히 이역(異域)에서 공을 세워 봉후(封侯)의 자리를 얻어야지 어찌 붓과 벼루 사이에서 오래 지낼 수 있겠는가!"라고 외치며 서역 파견 근무를 자원한다.

사람들은 그의 호언장담(豪言壯談—큰소리)에 괜히 해보는 말에 불과하다며 비웃었으나, 그는 비웃는 사람들을 향해서 "소인배가 어찌 대장부의 뜻을 알겠는가!" 하고는 "호랑이 굴로 들어가지 않고 어찌 호랑이를 잡겠는가?" 하고 일갈(一喝)하였다.

결국 그는 31년 동안 서역에 머물면서 서역의 50여 국을 정벌하여 한나라의 위세를 떨치게 한다. 특히 오랫동안 중국을 괴롭혔던 흉노를 완전히 정벌한 것은 중국 역사에 길이 남을 업적이었다. 후한 황제는 그의 공을 높이 사 정원후(定遠侯)에 봉한다.

이후 반초는 부하 감영(甘英)을 대진(로마제국)과 조지(시리아)에 파견하기로 했으나, 항해 전문가들이 말리는 바람에 실천은 못했다. 반초는 서역에 간지 30년 만에 탄원서를 올려 귀국을 호소하였다.

"신은 다만 살아서 국경의 옥문관(玉門關)이라도 들어가는 것이 소원입니다."

결국, 2년이 지나서 반초는 수도 낙양으로 돌아와, 돌아온 그 해에 71세를 일기로 세상을 떠났다.

관상가의 말이 적중한 것이다.

그런데 고대 그리스의 지성인들은 '운명이 정해져 있건 말건, 나는 나요, 내 인생인데, 내가 살고 싶은 길, 내 생각대로 살아가겠다'라는 생각이 강했던 같다.

고대 그리스 문학의 대서사시로 『일리아드(Ilias)』가 있다. 『오디세이(Odysseia)』와 더불어 그리스와 후대 서양 문학의 전범으로 알려진 작품이다.

『일리아드』는 호메로스(Homeros)란 사람이 쓴 것인데, 여기에는 두 영웅이 등장한다. 두 영웅은 바로 아킬레우스(Achilles)와 헥토르(Hector)다.

아킬레우스와 헥토르는 어렸을 때, 신들의 부름에 따라 자기들의 운명을 알게 된다.

일리아드는 트로이 전쟁에 나가 싸우면 영웅으로 이름을 영원히 남기지만 고국에는 영영 돌아올 수 없는 운명이고, 대신 전쟁에 나가지 않으면 명예는 얻지 못하나 오래 행복하게 살 것이라는 신들의 말을 듣게 된다. 어떻게 해서든 전장에 못 나가게 하려는 어머니 테티스의 갖은 노력에도 불구하고 아킬레우스는 결국 전장으로 향한다.

한편 헥토르도 전쟁에 나가면 죽게 될 것이라는 신들의 말을 무시하고 전쟁에 나간다. 아버지로서의 책임과 공동체를 지키기 위해서였다. 헥토르는 전장에 못나가게 하는 아내를 보고 "나는 이 전쟁에서 반드시 죽는다는 신들의 얘길 들었다. 그러나 트로이를 살리기 위해 나는 나가야 한다."라고 하면서 죽음을 선택한다.

   그럼 할배는 운명에 대해 어떻게 생각할까 궁금할 것이다.
   할배는 하느님을 믿기 때문에 우리 운명은 하느님의 섭리에 따라 결정된다고 생각한다. 왜 그렇게 생각하느냐고?
   할배는 오래 살아서 겪은 일이 많기 때문에 경험으로 그런 생각을 갖게 되었다. 다음 얘기가 끝나면 내가 겪은 실화를 예로 들어 설명할 작정이다.
   할배 얘기에 앞서 중국 고사를 먼저 얘기할까 한다.

(3) 수주대토(守株待兔)

   옛날 아주 옛날, 중국의 전국시대에 한비자(韓非子)라는 분이 있었다. 춘추전국시대 제자백가(諸子百家) 중 너희가 아는 공자(孔子)는 유가(儒家)를, 노자는 도가(道家)를 대표하는데, 한비자는 바로 법가(法家)를 대표하는 학자이다.
   아주 쉽게 유가, 도가, 법가를 설명하면, 유가는 사랑과 인자함을 숭상하고, 도가는 있는 생김(자연) 그대로 순리를 따를 뿐 억지로 일을 꾸미는 것을 삼가라고 하였고, 법가는 사람은 선한 점도 있지만, 그렇지 않은 면도 있기에 사랑으로만 다스릴 수 없고 엄한 법으로도 다루어야 한다고 하였다.

   『한비자(韓非子)』「오두(五蠹)」편에 나오는 내용이다.
   옛날 아주 옛날, 춘추전국시대의 '송(宋)'나라(서기 960년 조광윤이 세운 송과는 다른 나라)에 한 게으른 농부가 살았다.

하루는 밭에 나가 일을 하다가 너무 피곤해서 나무 그루터기를 베고 잠이 들었다. 얼마나 잤는지— 한참 후에 잠에서 깨어 보니 자기 머리맡에 산토끼 한 마리가 죽어 있는 게 아닌가!

자세히 토끼를 살펴봤더니 이 녀석이 큰 짐승에게 쫓기기라도 했는지, 급히 달아나다가 운이 다해 자기가 베고 자던 나무 그루터기에 머리를 들이받고 죽은 걸 알았다.

농부는 "허허, 오늘 내 재수가 좋은가 보다. 자고 있는데 토끼란 녀석이 제 머리를 나무에 들이받고 죽다니! 오늘 좋은 저녁거리가 거저 생겼네."

농부는 신이 나서 하던 일도 그만두고 집으로 돌아와 토끼를 안주 삼아 술과 저녁을 배불리 먹었다. 배가 부른 농부는 누워서 생각하였다. '그렇지, 내일부터는 밭에 나가 일을 할 게 아니라, 나무를 베개 삼아 콧노래나 부르다 쉬다가 잠이나 자고 나면 또 토끼란 녀석이 제 머리를 들이받고 죽어 있을 게 아닌가. 옳거니, 내일도 밭에 나가 낮잠이나 자야지!'

어리석은 농부는 들에 나와 일할 생각은 하지 않고, 나무 그루터기를 베고 하늘에 떠다니는 뭉게구름을 바라보면서 잠을 청하였다. 이윽고 낮잠에서 깨어난 농부는 토끼란 녀석이 또 죽어 있겠거니— 하고 머리맡을 더듬어도 토끼가 손에 잡히질 않는다.

"어라? 토끼가 없네. 왜 오늘은 없지?" 하고 벌떡 일어났다. 그런데 죽어 있어야 할 토끼가 정말 없다.

"웬일이야, 토끼가 정말 없네!" 게으른 농부는 혼잣말을 하였다. 그리고 속으로 생각하기를 '그렇지, 오늘은 토끼도 바쁜가 보지. 내일은 토끼가 안 바쁘겠지. 내일 다시 와보자.'

어리석은 농부는 다음 날도, 또 그 다음 날도, 그리고 또 다음날도 매일 출근하다시피 들에 나가 토끼를 기다렸다. 그런데 몇 날 며칠을 들에 나가 토끼를 기다렸건만, 기다리는 토끼는 그림자도 안 보였다.

수주대토(守株待兔—나무 그루터기를 지키며 토끼를 기다린다) 고사(故事)이다.

상윤아, 어떠냐, 참 어리석은 농부지?
우리나라에도 이와 비슷한 속담이 있다. "감나무 밑에서 감 떨어지기 기다린다."

(4) 노력과 정성

다시 '운명' 얘기로 돌아가자.
만일 운명이 내 인생을 좌지우지한다고 아무것도 안 하고 운명이 모든 것을 다해주려니 하고 가만히 있으면 그것은 농부와 같은 어리석은 인간이 아니겠느냐! 토끼가 와서 죽어 줄 때까지 낮잠만 자는 어리석은 농부와 무엇이 다르겠느냐 말이다.

흔히 인생을 운명과 숙명으로 나누어 생각하는 사람도 있는데, 운명은 노력이나 정성으로 변경할 수 있지만, 사람의 숙명은 한 번 정해지면 누구도, 그 무엇도 바꿀 수 없는, 고정된 것이라는 생각이다. 할배 생각은 사람의 운명이나 숙명은 고정된 것은 아니라고 생각한다.
사람은 항상 노력하고 정성을 다하면서 살아가면, 운명도 숙명도 조금씩은 바꾸어 갈 수 있다는 게 할배 생각이다. 게으른 농부처럼 토끼가 와서 나무 밑둥에 부딪혀 죽어주길 바란다면 운명은 절대로 안 변한다는 것이다.
농부가 할 일은 토끼를 기다릴 게 아니라 팔 걷고 나서서 사냥을 열심히 해야 옳다는 것이다.

근대 올림픽은 참으로 잘 만든 인류의 대제전이다. 그런 점에서 고대 그리스 올림픽을 부활시킨 프랑스의 쿠베르탱(Pierre de Coubertin)은 인류를 위해 큰일을 한 사람이다.

이제는 올림픽에 출전만 해도 '올림피안'이라고 부르며, 한 개인에게는 크나큰 영광으로 주위의 흠모를 받는다. 그중에서도 금은동 메달리스트는 개인적으로 더할 수 없는 명예요, 국가적으로도 큰 영광이다.

그러나 사람들이 인정하고 흠모하는 명예나 자격은 거저 되는 법은 없고 반드시 큰 노력과 정성을 들이지 않으면 안 되는 게 세상 이치이듯, 올림피안이 되기 위해서는 엄청난 훈련과 고통을 감내하지 않으면 안 된다.

할배는 오랫동안 체육계 일을 보면서 올림피안이 되는 것도 웬만한 노력과 정성을 다하지 않으면 안 된다는 사실을 수없이 보아 왔다. 왜냐하면 올림피안은 누구나 되는 게 아니고, 종목마다 올림픽 위원회에서 정한 '기준기록(Entry Standards)'이라는 것이 있어서, 이 기준기록을 넘지 못하면 올림픽에 출전을 할 수 없기 때문이다. 안 그러면 너도 나도 다 올림픽에 나가게 되어 경기 운영을 할 수 없기 때문이다.

그런데 이 기준기록이라는 게 웬만해서는 돌파하기가 힘들다. 그러니까 선수들도 보통 노력을 하지 않으면 깨기 힘들다. 더구나 올림픽 메달리스트가 된다는 것은 올림피안이 되는 것의 몇십 배는 더 어렵다는 것을 나는 안다. 주위에서는 금메달만 높이 치고 은이나 동메달은 가볍게들 여기는 것 같은데, 동메달도 초인적 노력을 들여야만 딸 수 있다는 사례를 할배는 수없이 보아 왔다.

할배가 올림픽 얘기를 길게 늘어놓는 것은 올림픽 얘기를 하자는 게 아니고 인생은 노력 없이는 아무 일도 이룰 수 없다는 얘기를 하고 싶어서다. 노력은 누구나 한다. 그러니까 노력 외에 정성을 얼마큼

들이는가에 성패가 달렸다.

세상 사람들이 하고 싶고 흠모하는 모든 일은 운명이 결정하는 게 아니다. 노력하고 정성을 다하고, 또 큰 고통을 감내하지 않으면 안 된다는 세상 이치를 명심하자.

옛날 송나라의 게으른 농부처럼 무작정 토끼가 나무 밑둥에 부딪치기만을 기다리겠다면, 토끼는커녕 굶어 죽기 십상이다. 두 팔을 걷어붙이고 사냥을 하든지, 농사일을 열심히 해야지.

나의 천사들아, 할배는 분명히 말해 두지만, 사람의 일생은 운명의 의해 큰 영향을 받긴 하지만, 우리 일생을 완전히 지배하지는 못한다. 운명도 내가 노력하고 정성을 다하면 내게 주어진 사주팔자도 바꾸어 나갈 수 있다는 게 이 할배 생각이다. 즉 자기가 선택한 길로 정성을 다하고 노력을 하면 팔자도 고쳐 갈 수가 있다는 것이다.

예컨대, 나는 내가 태어날 나라를 내 마음대로 정하지 못한다. 마찬가지로 내 부모도 내가 정하지는 못한다. 바로 운명이라 할 수 있다. 그렇다고 내가 가난한 나라에서 태어났다고, 또 가난한 가정에서 태어났다고 일생을 가난하게 살라는 법은 없다. 내가 노력하고 정성을 들이면 출세도 하고 또 얼마든지 부유하게 살 수 있는 것이다.

그래서 아리스토텔레스 같은 위대한 스승은 "운명은 우리를 끌어당기지만, 우리의 의지로 그것을 극복할 수 있다."고 우리에게 귀중한 가르침을 주고 있다.

여기서 잠시 생각해야 할 일이 있다. 내가 운명을 극복할 수 있는 힘은 어디서 나오는 것일까? 바로 자유의지라는 것이다.

하느님께서 우리 인간에게 이 '자유의지'를 주셨는데, 이것이야말로 '양심'과 함께 우리 인간에게만 주어진 축복이다. 다른 동물에겐 자유의지를 허락하지 않으셨다. 하느님께 감사하자.

2. 운명보다 선택이 중요하다

(1) 인생은 B와 D사이의 C다

　생각해 보면 인생은 선택이다. 선택의 연속이다. 뭘 먹을까, 무슨 옷을 입을까, 어느 학교에 갈까, 어느 친구와 사귈까, 종교는 무슨 종교를 믿지? 등 산다는 게 모두 선택의 연속이다. 그래서 프랑스의 철학자 사르트르(Jean-Paul Sartre)는 이런 말을 하였다. "인생은 B(birth)와 D(death) 사이의 C(choice)다."
　그런데 선택에도 중요한 것이 있는가 하면 그저 평범한 선택이 있다. 예컨대 '뭘 먹을까, 무슨 옷을 입을까'는 그리 중요치 않은 선택이다. 그러나 '어느 학교를 갈까, 누구와 결혼할까'는 앞의 선택과는 다르다.
　할배는 우리가 일생을 살면서 신중하게 생각할 일은 '어떻게 하면 옳은 선택을 하는가'이다. 나는 선택이 우리 일생을 좌우하는 것이라고 생각한다. 그러니까 선택을 할 때는 정신을 바짝 차려야 한다.
　나의 옳고 그른 선택에 따라 일의 성패, 더 크게는 자신의 인생까지도 좌우한다는 것을 명심하자. 왜냐하면, 결국 '인생은 선택이다'라고 해도 과언이 아니기 때문이다.
　그래서 처칠 같은 이는 "운명은 우리에게 기회를 주고, 그 기회를 잡는 것은 우리의 선택이다."라고 아주 현명한 말씀을 하였다.

7~80년대 우리나라를 대표했던 철학자 세 분이 있는데, 서울대학의 김태길 교수, 숭실대학의 안병욱 교수, 연세대학의 김형석 교수 세 분을 들 수 있다.

세 분은 1920년 생으로 우리 철학계에 큰 족적을 남겼고, 생전에 우정도 세 분이 각별하였다. 그중 김태길 교수는 90세에, 안병욱 교수는 94세에 타계하였는데, 김형석 교수는 올해 104세인데도 활발한 사회 활동을 계속하고 있다.

할배도 젊을 적에 이분들 강연을 많이 들었고, 또 큰 감명을 받았다.

안병욱 교수는 '인생의 3대 선택'은 첫째, 직업의 선택 둘째, 배우자의 선택 셋째, 인생관의 선택이라고 하였다.

말할 것도 없이 이 3대 선택은 일생을 통해 중요한 것이다.

그중에서도 먼저 좋은 인생관을 갖는 게 중요하다. 인생 자체를 어둡게 보고, 인생에 의미를 두지 않는 인생관(세계관)은 정말 위험하다. 인생관(세계관)이 없다는 것은 인생에 방향이 없고 목표도 없다는 뜻이다. 그런 사람은 처음부터 인생이 잘못될 수밖에 없다. 인생에 의미를 안 두는데 그 인생이 어떻게 가치 있는 인생이 되겠느냐!

세상을 밝게 보고, 살아볼 만한 가치가 있는 것으로 생각해야 뜻 있는 인생을 살 수 있다.

할배는 36년 전에 『어느 할아버지의 평범한 이야기』라는 책을 쓴 적이 있다. 이 책에서 나는 인생은 보다 좋은 세상을 만들기 위한 것, 이웃을 돕고 협동하며 잘 지내는 것, 즉 이타적인 삶을 사는 게 '우리가 세상을 사는 목적이다'라고 했다.

어째서? 나의 목숨은 귀하고도 귀한 것이다. 남을 도우며 산다는 것은, 남의 목숨도 귀중하기 때문이요, 나아가 귀한 목숨들이 모여 사는 공동체를 위한 일이니 얼마나 뜻 있는 일이겠느냐!
 그렇다. 사람이 이 세상에 온 목적이 바로 남을 위해 사는 것이다. 위선으로 들릴지 모르지만, 할배는 그렇게 굳게 믿고, 또 믿는 대로 오늘까지 살아왔다. 돌이켜 보아도 나는 후회는 없다. 가치 있는 인생이었다고 생각한다. 너희도 이 세상을 사는 목적은 남을 이롭게 하기 위한 것, 곧 이타적인 삶을 살기 위한 것이라고 믿고 그렇게 살아 주기를 할배는 당부한다.
 성준아, 상윤아, 태경아,
 너희는 내 얘기를 명심해 주기 바란다. 언뜻 생각하면 손해만 볼 것 같은 생각도 들 것이다. 아니다. 절대로 아니다. 할배가 다 경험해 보고 하는 소리란 걸 유념하렷다.

(2) 배우자 선택

 배우자를 잘못 선택하면 남녀가 다 불행해지고, 자칫하면 인생을 망치기 십상이다. 배우자 선택은 그만큼 중요하다. 그러니까 배우자를 고를 때는 신중에 신중을 기해야 한다. 그래서 『탈므드』에서는 "바다에 나갈 때는 한 번 기도하고, 전쟁에 나갈 때는 두 번 기도하고, 결혼을 할 때는 세 번 기도하라."고 경고한다.
 우리 일생은 대개 결혼해서 가정을 꾸리고 사는데, 가정이라는 게 보통 중요한 '조직'이 아니기 때문이다.
 사람은 가정이라는 조직을 가지면서 자녀를 낳고 양육하고, 자녀들은 엄마의 무릎에서 말을 배우기 시작해, 자라면서 예절, 인품이 형성되고, 신앙, 관습 등을 전수할 수 있게 되는 것이다. 그러니 가정이라는 게 여간 중요한 게 아니란 걸 알 것이다.
 배우자는 바로 이 가정을 꾸리는 중심 두 기둥인 엄마와 아빠가 될 사람들이니, 서로 좋은 배우자를 얻어야 하는 것은 말할 필요도 없겠지.

그러니까 세상에서 아주 나쁜 사람의 하나가 가정을 깨뜨리는 사람이다. 정말 나쁜 사람 중에서도 질이 안 좋은 사람이다.

그럼 어떤 사람을 골라야 하냐고?

우선 밝고 건강한 사람이다. 남을 위할 줄 아는 사람이어야 한다. 남 돕기를 즐겨하는 사람이다. 노동의 가치, 땀의 가치를 인정하는 사람이다. 자기만 아는 사람, 자기 잇속만 챙기는 사람, 이기적인 사람은 절대로 피해야한다.

할배는 배우자 선택이 인생관 못지않게 중요하다고 생각하는 사람이다. 배우자를 잘못 선택하면 우선 가정이 망가진다. 가정이 망가지면 슬하의 자녀들도 잘못된다. 나의 사회생활도 실패하고, 자신의 장래도 망친다. 심지어 나라도 기우는 수가 있다. 좋은 본보기가 『성경』에도 있다. 바로 삼손과 데릴라 얘기다.

삼손의 잘못된 배우자 선택으로 삼손 자신도 큰 불행 끝에 죽고, 나라도 기울게 한 유명한 얘기라 영화로도 나왔다. 오래된 영화지만 지금도 유튜브 같은 곳에서 찾아볼 수 있다.

이 얘기를 이해하자면 이스라엘 역사를 좀 아는 게 좋다.

때는 BC 13~14년 경, 유명한 모세의 「출애굽기」가 있다. 이집트로 끌려가 400년 동안 노예로 살던 이스라엘 민족은 하나님의 사랑과 섭리로 모세의 영도 하에 200만 명이 이집트를 탈출하는데 성공한다. 그 과정은 고난의 연속으로 이스라엘 민족은 40년 동안 광야를 헤매야만 하였고, 마침내 모세는 시내산에서 하나님으로부터 십계명을 받아 이스라엘 민족은 신의 선택을 받은 민족으로 십계명을 준수하며 새로운 민족으로 성장한다.

하나님의 섭리로 모세는 가나안 땅에 들어가지 못하나, 자기의 시종이었던 여호수아를 후계자로 택하여 가나안 땅을 정복하도록 한다.

가나안 땅은 지금의 이스라엘, 팔레스타인, 레바논, 요르단 등의 일부를 포함하는 지역으로, 여러 민족과 다양한 문화가 교류하는 중심지였다. 여러 민족들은 주로 농업과 목축업으로 생계를 유지하면서 우상숭배를 하였다.

모세를 이어 받은 여호수아는 가나안을 점령하기 위하여 약 7년 동안이나 가나안 땅의 족속들과 전쟁을 하였다. 그러나 여호수아는 불행히도 가나안 땅의 모든 족속을 정복하지 못하고 죽게 된다. 여호수아의 죽음은 안타깝지도 가나안 땅의 타민족을 모두 몰아내는 하나님의 뜻을 이루지 못하여 훗날의 걱정거리를 남겼으나, 수명이 다하여 어쩔 수 없는 일이었다.

하나님이 세운 담대한 지도자인 여호수아가 죽은 후, 이스라엘은 훌륭한 지도자가 대를 잇지 못하였다. 따라서 이스라엘 민족은 가나안 정복 전쟁을 더는 계속하지 못한 채, 가나안 땅을 12 지파에게 분배하고 전쟁을 종결하였다.

지도자를 잃은 이스라엘 민족은 세월이 흐르면서 하나님을 잊어버리고 가나안에 사는 타 족속과 함께 살면서 이들과 혼인도 하고 심지어는 우상 숭배에까지 빠져든다.

이렇게 이스라엘 민족은 하나님을 잊은 생활을 200년이나 계속하게 되는데, 이 시기는 '사사의 시대'라고 해서 지도자가 없는 동안 하나님이 사사(재판관, 지도자)를 임명하여 이스라엘 민족을 이끌게 한 시대로, 말하자면 이 시기는 이스라엘 민족이 타락과 회개, 그리고 하나님의 구조를 받는 혼란한 시기라고 할 수 있다.

삼손은 바로 이 시기에 하나님께서 선택한 사사의 한 사람이었다. 그는 나실인으로 태어나 블레셋의 압제를 받는 이스라엘 민족을 구제하라는 명을 받은 특별한 괴력의 소유자였다. 나실인들에게는 특별한 금기 사항이 있었는데 포도주와 독주를 금하고, 머리를 절대로 자르지 않으며, 시체와 같은 부정한 것을 멀리하는 것이었다.

삼손은 블레셋과 여러 차례 싸운다. 그는 하나님의 섭리로 천하에 둘도 없는 괴력의 소유자라, 싸울 때마다 그들을 물리쳤고, 한번은 나귀 턱 뼈로 1,000명의 블레셋 군사를 처치하는 괴력을 보이기도 하였다.

삼손을 만나게 된 블레셋인들은 걱정이 이만저만이 아니었다. 가나 안에서도 힘세기로 소문난 그들이었지만, 삼손의 힘 앞에는 가랑잎과 같이 힘을 쓸 수가 없었기 때문이다.

싸울 때마다 이기게 된 삼손은 자기도 모르게 교만해지고 하나님께서 준 은사마저 잊고 욕망에 따라 행동하기 시작하였다. 이때를 놓칠세라 브레셋인들은 데릴라를 내세워 삼손을 유혹하기 시작하였다. 데릴라는 절세의 미인이었다.

하나님의 은총을 저버린 삼손은 쉽게 데릴라에게 빠져 자기 욕망이 향하는 대로 데릴라를 취하였다. 참으로 위험하고 잘못된 배우자 선택의 본보기가 된 셈이다.

블레셋의 지도자들은 데릴라를 매수하여 삼손의 힘의 원천이 무엇인가를 알아내도록 했다. 임무를 받은 데릴라는 삼손에게 갖은 아양을 떨며 그런 괴력이 어디서 나오는가를 캐기 시작하였다.

삼손도 자기 괴력의 원천은 절대로 남에게 알려서는 안 되는 것을 알기 때문에 아무리 데릴라가 유혹을 해도 끝내 말하지 않았다. 아무리 유혹을 해도 삼손이 좀체로 말하지 않을 것을 알게 된 데릴라는 예사 수단으로는 안 된다는 것을 알았다.

하루는 맛있는 포도주를 잔뜩 가져와 삼손에게 권했다. 원래 나실인은 포도주를 못 먹게 되어 있어 당연히 삼손은 거절하였다. 그러자 데릴라는 포도주의 뚜껑을 열어 포도주의 향기가 온 방에 가득차게 했다. 향긋한 포도주 향에 끌린 삼손은 술병을 들어 끝내 마시고 말았다. 마침내 술에 잔뜩 취한 삼손은 데릴라의 유혹을 참지 못하고 머리카락이 자기 괴력의 원천이라고 고백하였다.

삼손이 잠든 사이 데릴라는 삼손의 머리카락을 잘라 버리고 블레셋 사람들에게 남편은 삼손을 넘겼다. 브레셋 사람들은 삼손이 보지도 못하게 두 눈을 못 쓰게 만들고 감옥에 가두었다.

술에서 깬 삼손은 그때야 자기가 큰 실수를 저지른 것을 깨닫고 회개하면서 하나님께 간절히 기도하였다.

하나님은 삼손이 진심으로 회개하고 간절히 기도하는 것을 보고 다시 한 번 삼손에게 괴력을 발휘케 하여 자기가 갇혀 있는 궁전을 허물게 하였다. 그곳이 브레셋 사람들이 모두 모여 있는 것을 알고 궁전의 기둥을 뽑아 궁전이 무너지면서 이들을 몰살하였던 것이다. 물론 삼손도 궁전이 무너지면서 죽었다. 말하자면 살신성인을 한 셈이다.

이렇게 삼손은 배우자를 잘못 선택함으로서 자신의 나라를 위태롭게 하였고, 자신도 세상을 버려야만 했다.

나의 천사들아,
결혼할 때는 세 번 기도할 게 아니라 네 번, 다섯 번 기도하라. 그만큼 배우자 선택은 중요한 것이다.

그럼 어떻게 좋은 사람을 고를 수 있을까.

옛날, 맹자(孟子)라는 어른은 이런 말을 하였다. "말 하는 상대 말에 귀를 기울이고, 또 그 사람의 눈을 잘 지켜보면 그 사람의 사람됨을 알 수 있다. 사람은 무슨 수단을 써도 말할 때만큼은 자신의 성격을 숨길 수 없다."

그리고 그 사람의 행적을 살펴보고, 집안 형편을 보면 대개 사람됨을 알 수 있다. 집안 형편이란 너무 부자도 안 좋고, 너무 가난해도 못

쓴다. 형편이 비슷하면 제일 무난하다 할 것이다.

여기서 명심할 일이 하나 있다. 좋은 배우자를 골랐어도 내가 잘못하면 가정이 깨지기는 마찬가지다.

어떻게 해야 하냐고? 우선 사람은, 특히 남자는 너그러워야 한다. 상대를 존중할 줄 알아야 한다. 자신부터 옳은 생각, 바른 행동을 해야 한다.

어리석은 선택은 우리를 불행하게 만들고, 경솔한 선택은 우리를 곤경에 빠뜨리고, 무책임한 선택은 우리 모두에게 화(禍)를 가져온다. 선택이 어렵다고 피해서도 안 되고, 보류해서도 안 된다.

따지고 보면 우리가 세상을 산다는 것은 결국 '나는 누구와 살며, 무엇을 하고, 어떻게 살까'이다.

그리고 우리의 일생은 단 한 번뿐이란 걸 생각하면, 안병욱 교수가 말한 3대 선택은 너무 중요하다.

사랑하는 나의 천사들아,

그럼, 어떻게 하면 지혜롭고, 신중하며, 현명한 선택을 할 수 있을까? 이 책을 다 읽으면 좋은 선택을 할 수 있는 능력을 갖게 될 것이다. 바로 할배가 이 책을 쓰는 목적이기도 하다.

성준아, 상윤아, 태경아,

정성들여 이 책을 읽어라. 그러면 반드시 좋은 생각이 떠오르고 할배가 말하지 않은 일까지도 너희들은 터득하게 될 것이다.

정성은 언제 어디서나 우리 인생에 중요한 덕목이다. 이 책을 읽을 때도 정성들여 한 페이지 한 페이지를 읽어 나가자.

(3) 할배의 선택과 인생

이제, 앞에서 약속한 할배의 경험을 얘기하마. 이 야기는 내 얘기다. 내가 살면서 직접 겪은 얘기다.

할배가 일생을 통해 나의 진로를 처음 선택했던 게 대학 진학을 앞두고 일반 대학이 아닌 육군사관학교를 택한 일이었다. 군인의 길을 가보겠다고 작정을 했던 것인데, '운명'은 내가 처음 선택한 군인의 길을 중도에서 접게 하고, 생각지도 않던 기업 사회로 진출케 했다. 그러나 군에서보다 기업계에서 더 많은 일을 할 수 있었다.

할배가 90 평생을 살면서 얻은 결론은 노력과 정성은 어떤 형태로든 보상을 받는다는 것이다. 그게 하느님의 섭리이기도 하다.

학창 시절 할배는 공과대학에 갈 생각이었다. 공업중고등학교를 졸업했으니, 당연한 귀결이라고 생각했다. 친한 친구랑 서울대 공대에서 만나자고 약속까지 했다. 허지만 마지막 판에 공과대학을 단념하고 육군사관학교에 가겠다고 마음을 바꾸었다. 할배가 생전 처음 내 장래 문제를 선택한 경우였다.

그 전까지는 솔직히 나의 진로를 나 자신이 결정했다기보다 나의 선생님의 권고로 공업중학교로 진학을 했고, 공업고등학교도 가게 된 것이다.

할배는 초등학교를 대구 중앙국민학교를 다녔는데, 1948년 6학년 당시 담임이 이영호 선생님이었다. 나는 공부는 1등이 아니었지만, 빠지지 않는 편이어서 급장도 하고 모범생으로 선생님의 사랑도 많이 받았다.

우리 담임 선생님은 대단한 애국자라서 우리나라가 잘 살려면 무엇보다 공업이 발전해야 한다고 누누이 강조하셨다. 그래서 어린 우리들은 그 영향으로 반에서 공부 좀 한다는 애들은 모두 공업학교를 지망했다.

그런 연고로 공업학교와 인연이 되어 고등학교까지 가게 되었는데, 전쟁 바람에 고등학교에서는 사실 제대로 공부다운 공부를 못했다. 학교란 학교는 모두 징발되어 군부대나 미군부대가 주둔하는 바람에 학생들은 강바닥이나 공장 뜰 같은데 모여 공부를 하는 처지였으니까.

하루는 공부가 끝나고 시간이 좀 나서 그 당시 동촌 금호강이라는 곳에서 수영을 하고, 야산 잔디밭에 누워 하늘을 쳐다보며 생각에 잠겼다. 그런데 문득 내가 가기로 마음먹은 '공과대학에 가는 게 옳은가' 하는 의문이 생겼다. 그럼, 공과대학을 안 가면 어느 대학에 진학하는 게 좋을까 하고 곰곰이 생각해 보았다.

그런데 보통 대학은 가고 싶지 않았다. 왠지 모르겠는데, 일반 대학보다는 사관학교에 가는 게 옳다는 생각이 들었다.

굳이 이유를 들라면 얼마 전에 읽은 케말 파샤(Mustafa Kemal Atatürk) 전기 때문이었다고나 할까. 케말 파샤는 튀르키예의 초대 대통령으로, 유명한 갈리폴리 전투에서 용명을 날린 후, 초대 대통령으로 튀르키예를 근대화시킨 위인이다.

갈리폴리 전투는 세계 1차 대전 때인 1915년 4월 중동의 갈리폴리 반도에서 당시 독일 편이었던 오스만 제국과 영국군 중심의 영연방군(오스트레일리아, 뉴질랜드 등) 사이에 있었던 유명한 전투다. 이 전투는 영연방의 현대적인 군대가 중세의 오스만 제국의 군대에게 대패하여 세계를 놀라게 한 이례적 전투였다.

이 전투를 총지휘한 오스만 제국의 지휘관이 바로 케말 파샤였다. 이렇듯 케말은 군인으로서도 뛰어났고, 정치가로서도 튀르키예를 근대화시킨 위대한 정치가였다.

얘기가 잠시 옆으로 나갔구나.

다시 내 얘기로 돌아와서, 케말의 전기를 읽으며 할배는 군인도 일반 대학 나온 사람 이상으로 나라를 위해 공헌할 수 있다는 것을 알았다. 나는 육사 시험을 보았고, 합격을 해서 공대 아닌 군인의 길을 택하게 되었다.

그런데, 나는 39세 때 육군 중령으로 예편을 하였다. 쉽게 말해 할배는 원하지 않는 강제 예편을 당한 것이다. 사정을 다 얘기하면 복잡하니까 간단히 말하건, 정치 싸움에 나도 모르게 휩쓸렸고, 끝내 예편을 당한 것이다.

처음 계획대로 공대를 갔으면 그런 정치판에 휩쓸리지 않았을 텐데, 평생 처음 내 스스로 선택한 군인의 길을 중도에서 접어야 했던 할배는 실망도 컸다. 그래서 한때는 '사람에긴 팔자라는 게 있어 나는 군인은 안 되는구나' 하는 생각도 하였다.

군에서 쫓겨난 후 할배는 마음을 단단히 먹었다. '이제 나는 예선에 탈락한 패배자다. 나는 여기서 좌절할 수 없다. 패자전에서라도 이겨 결승까지 가리라' 하고.

원래 패자전으로 부활한다는 것은 쉬운 일이 아니다. 보통 각오로는 결승에 가기 힘들다는 것을 할배는 운동을 해봐서 잘 안다. 따라서 패자전의 길이 얼마나 험한 길인가를 잘 알기에 각오도 남달랐으리라 생각한다

남과 겨루어 이기려면 건강이 첫째요, 둘째가 실력이다.

건강은 다행히 부모님 덕에 잘 타고 나서 '실력만 키우면 된다'고 생각하고, 그때부터 많은 책을 읽기 시작했다. 닥치는 대로 읽었다. 아마 족히 수백 권은 읽었을 것이다. 결사적으로 독서를 했다. 매사에 정성을 다했다. 3년을 그렇게 지냈다.

그랬더니 육사 선배가 하는 건설회사에 뽑혀갔고, 마침 '중동 붐'이 막 시작될 무렵이라 곧장 사막의 나라 중동에 파견되었다.

삭막한 사막에서 5년을 일했다. 1년 후 실력을 인정받아 회사 중동

본부장을 맡게 되었고, 다시 정부의 인정을 받아 5년 후 한국중공업 (현 두산에너빌리티)이라는 국영 기업 사장으로 발탁되었다가, 다시 최대 국영 기업인 한국전력 사장으로 부임하였다. 모두가 정성과 노력의 결실이었다고 생각한다.

생각해 보면, 할배가 모처럼 선택한 군인의 길은 팔자에 없었다고 치자. 그러나 돌이켜 보면 군인으로 시종했을 했을 때보다 몇 배는 많은 일을 할 수 있었던 것은, 할배의 노력과 정성이 비록 군인의 길은 아니어도 더 큰 기회와 일을 할 수 있게 한 것이라고 나는 생각한다.

그러니까 노력과 정성은 하느님이 알아주는 게 아닌가 싶다. 다시 말해 할배의 경우 노력과 정성이 지극하면 그야말로 운명도 바뀔 뿐만 아니라 자기가 선택했던 운명보다 더 좋은 운명으로 변한다는 증거가 아니겠느냐!

그래서 할배는 경험을 통해서 운명이나 팔자소관보다는 나 자신의 노력이나 정성이 더 중요하다고 믿게 된 것이다.

요즘 이 책을 쓰면서 새삼 느끼는 일인데, 노력이나 정성이 중요하지만, 그 정성을 받아 주시는 하느님의 뜻이 있었기에, 군을 떠난 이후의 생활이 더 성공적이었다고 믿고 있다. 따라서 할배는 요즘 매사를 천주님께 맡기기로 했다.

이 정도로 해 두자. 할배 자랑이 좀 지나친 것 같구나.

3. 잘한 선택은 어떤 것인가

(1) 선택의 기준

선택은 '어떤 선택이 내게 좋을까'를 기준으로 해야겠지만 '이 선택을 하면 남에게도 도움을 줄 수 있을까'도 고려해야 한다.

사람은 흔히 '천성은 타고 난다'란 말을 한다. 천성이란 게 있지. 기질, 재능 같은 것 말이다.

성준이가 좋아하는 축구 선수 손흥민은 정말 축구를 잘한다. 왜 그럼 손흥민은 남보다 잘할까. 바로 타고난 재주 때문이다. 잘 글린다. 힘이 좋다. 운동 신경이 발달해서 남보다 기술을 빨리 터득한다. 힘 좋고 기술이 좋으니 손 선수는 남보다 잘하는 것이다.

이런 게 타고 난 재주다. 모차르트 같은 음악가는 5살에 작곡을 하였다지 않더냐. 이렇게 남이 따르지 못할 재주는 특별히 타고나야 한다. 물론 그런 사람들은 천재이기도 하지만, 천성을 그렇게 타고 나는 것이다.

그럼 천재가 아닌 보통 사람들은 선택을 어떻게 해야 하나.

자기가 좋아 하는 길을 선택하면 된다. 싫은 것을 억지로 하견 본인도 괴롭고, 잘 할 수도 없으니 그 선택은 잘 못한 것이다.

좋아하는 일은 재주를 타고 나지 않아도 일 자체가 신이 나니까 맘도 편하고 또 잘 할 수가 있는 것이다. 거기에 선택한 일이 남에게도 이로운 일이면 그 이상 좋을 수가 없겠지. 자기가 좋아하는 일을 하게 되면 신이 나서 일 자체를 즐기게 되고, 남에게도 좋은 일을 하게 되니 얼마나 좋은 선택인가. 예를 들자면 활이나 화살을 만드는 일보다는 방패나 갑옷 만드는 일이 좋은 것이다. 남을 해치지 않으니까.

(2) 과욕은 언제나 피해야 한다.

『탈무드』에 이런 얘기가 있더라.

심한 폭풍으로 배가 길을 잃었다. 산과 같은 큰 파도가 몰려온다. 배가 언제 가라앉을지 몰라 배에 탄 사람들은 공포에 떨었다. 며칠째 계속된 폭풍으로 사람들은 초죽음이 되었다.

그런데 어느 날인가 폭풍이 멈추고 하늘이 개이면서 빛나는 태양까지 떠올랐다. 사람들은 "이제 살았다"고 환호하며 기뻐한다. 얼마지 않아 멀리 육지까지 보인다. 사람들은 모두가 선창가로 몰려들었다. 육지는 백화가 만발하고 싱그러운 과일이 사람들을 유혹하는 섬이었다.

사람들은 세 패로 갈라진다.

첫째 패는 언제 배가 떠날지 모르니 배에서 내리지 않고 섬의 꽃이나 멀찍이 바라본다. 둘째 패는 우선 배에서 내려 맑은 샘물에 목을 축이고, 아름다운 꽃과 싱그러운 과일을 마음껏 즐겼다. 셋째 패는 아름다운 꽃과 맛있는 과일에 정신이 팔려 점점 깊은 밀림 속으로 들어갔다.

이윽고 순풍이 불자 배는 떠난다고 기적을 울렸다. 셋째 패는 너무 깊숙이 섬 가운데로 들어가 기적 소리를 못 들었다. 한참을 기다리다

배는 떠났다. 셋째 패를 섬에 남겨둔 채.

사랑하는 태경아, 어느 패가 잘했다고 생각하느냐. 둘째 패지. 맞았어. 이렇게 선택은 중요한 것이다. 첫째 패는 모자랐고, 셋째 패는 너무 지나쳤고, 둘째 패는 적당히 잘 선택한 것이다.

옛 어른들은 분수를 알아야 한다고 하였다. 모자라도 안 되지만 과해도 못쓴다. 적당하게 해야 한다는 말이다. 이걸 좀 어려운 말로 '중용(中庸)'이라고 했다. 공자님이 일생을 두고 지키려고 애쓴 덕목이다. 중용은 그만큼 어려운 것이다. 그러니까 좋은 선택은 쉽지 않다는 말이다. 선택을 할 때는 이 『탈무드』의 얘기를 생각하자. 넘치지도, 모자라지도 않은 중용— 쉽지는 않을 것이다. 그러나 깊이 생각하면 어려운 '중용'도 보일 것이다.

내친김에 세상 이치를 좀 더 얘기해야 하겠다. 세상은 좋은 것만 있는 게 아니라 나쁜 일도 있는 법이다. 곧 세상 모든 게 다 짝을 이루고 있다는 말이다.

해가 있으니 달이 있고, 천사가 있으니 사탄이 있고, 하늘이 있으니 땅이 있는 것이다. 밝은 곳이 있으면 어두운 곳도 있게 마련이요, 좋은 사람이 있으면 그렇지 못한 사람도 있는 것이다. 생각해 보아라. 짝이 없는 것이라곤 이 세상엔 없지 않느냐.

옛날, 큰 홍수가 나서 세상 모든 게 사라지게 되었다. 그런데 노아라는 사람이 이 세상을 구하기 위해 아주 큰 배를 만들어 세상의 모든 생명을 배에 태웠다. 그런데 노아는 짝이 아니면 배를 태워주지 않았다. 사람이 오고, 앞무새도 날아 왔지만 짝이 아니면 태워주질 않았다. 그런데 마지막으로 선(착한 것)이 헐레벌떡 도착했다. 노아가 말하기를 "네 짝이 없어 너를 태워 줄 수가 없다." 그러니까 '선'은 급히 되돌아가서 '악(나쁜 것)'을 데려왔다. 그때에야 노아는 선과 악을 태워 줬다는 『탈무드』에 나오는 얘기다.

 그래서 세상에는 좋고 나쁜 것 불문하고 모두가 짝을 이루고 있다는 얘기이다. 이래서 세상에는 양단(두 짝)이 있게 마련이다. 장단―길고 짧은 것―이 있고, 용겁―용감한 사람과 겁쟁이―가 있는 것이요, 빈부―부자와 가난뱅이―가 있다. 너무 용맹해도 못 쓰고 너무 겁쟁이도 못 쓰고, 너무 부자도 못 쓰고, 또 너무 가난해도 못 쓴다.

 그래서 맹자는 이런 말을 하였다. "취하여도 되고 취하지 않아도 되는데 취하는 것은 청렴을 손상하는 일이요, 주어도 되고 주지 않아도 되는데 주지 않는 것은 은혜를 손상하는 일이요, 죽어도 되고 죽지 않아도 되는데 죽는 것은 용기를 손상하는 일이다."
 이처럼 우리 동양에서는 '중용'을 중시하였다. 분수를 지키고 넘치지도 모자라지도 않는 '분수'를 알고, 분수를 선택하는 지혜를 중시하였다. 곧 '중용'이다.
 또 맹자는 중용을 다음과 같은 얘기로 비유하였다. 좀 어려운 말이라 이 얘기는 엄마와 아빠한테 설명을 들어야 할 것이다.
 "백이(伯夷)와 이윤(伊尹)은 처세하는 방법이 달랐다. 백이는 자기 임금이 아니면 섬기지 아니하고, 자기 백성이 아니면 부리지 아니하며, 나라가 태평하면 나아가 벼슬하고, 혼란하면 물러나 들어 앉았는데, 이윤은 '누구를 섬긴들 임금이 아니며, 누구를 부린들 백성이 아니겠느냐.' 하고 나라가 태평해도 벼슬하고, 혼란해도 나아가 벼슬하였다.
 그런데 공자는 나아가 벼슬 할만하면 벼슬하고, 그만두어야 할만하면 그만두고, 오래 있을만하면 오래 머물고, 빨리 떠날만하면 바로 떠났다."고 하면서 자기 소원은 오로지 공자를 본받는 것이라고 하였다.
 백의의 결백을 추앙하면서도 그 융통성 없음을 꺼렸던 것이요, 이윤의 인의에는 존경을 표하면서도 그 지조에 흠 있음이 마음에 걸렸던 것이다.

(3) 가데스 광야의 교훈

『성서』에서도 선택의 중요성을 강조하고 있다. 다만 다른 점이 있다면, 믿음과 순종을 전제로 하고 있다는 점이다.

하느님의 계시를 받은 모세는 이집트에서 노예 생활을 하던 이스라엘 민족을 이끌고 이집트를 탈출, 가나안 땅으로 백성을 인도한다. 광야에 이르기까지 모세는 이루 말할 수 없는 고난을 겪지 않으면 안 되었다. 불평하고 뒤처지는 백성들을 설득하며, 마침내 바다에 이르렀다. 바로 홍해가 그들의 길을 가로막은 것이다. 그러나 모세는 놀랍게도 홍해를 갈라 바다에 길을 냈고, 마침내 모세는 가데스 광야에 이르렀다.

「민수기」 13장과 14장에 보면 모세는 이스라엘 각 지파에서 각각 12명의 정탐꾼을 가나안 땅으로 보내 과연 젖과 꿀이 흐르는 곳인가를 탐지하게 한다. 정탐꾼들은 40일에 걸쳐 가나안 땅의 주민과 땅이 과연 풍요로운가를 정탐한다. 마침내 정탐꾼이 돌아와 보고를 하는데, 12명의 정탐꾼 중 무려 10명은 그곳 주민이 완강해 보이고 방비도 튼튼하며 소출도 시원찮다고 보고를 한다. 그들은 평소 부정적인 사람들이라 지레 겁을 먹고 그렇게 보고를 한 것이다. 뿐만 아니라 그들은 믿음이 부족하였던 것이다.

그러나 여호수아와 갈렙 두 사람은 그들과 달리 가나안은 소출도 풍부하고 능히 점령할 수 있다고 보고한다. 두 사람은 평소 긍정적인 사람이었고 믿음 또한 굳세었기 때문이다.

이 사건은 가나안 땅은 하나님이 아브라함과 그 후손에게 약속한 신앙적·역사적 의미가 큰 곳이었기에, 하나님은 이스라엘 백성이 하나님을 신뢰하고 약속의 땅을 차지할 수 있는지를 시험하는 중요한 순간이기도 하였다.

그런데 12 지파에서 보낸 무려 10명의 정탐꾼이 가나안은 점령할 수 없다고 보고를 하였으니 백성들이 동요하였다. 사정이 이렇게 되자 백성들은 불평하며 가나안으로 들어가기를 거부한다.

결국 하나님은 이에 믿음이 부족한 이스라엘 백성을 40년 동안 광야를 헤매게 하였던 것이다.

모세 얘기가 나왔으니 모세에 관한 얘기를 좀 하겠다. 모세는 유대교, 기독교, 이슬람교에서도 중요한 예언자요 지도자로 숭앙받는 인물이다. 그는 위에서도 보았듯이 이스라엘 백성을 이집트의 노예 생활에서 해방하고, 십계명을 받은 사람으로 또 믿음과 순종, 그리고 하나님이 백성을 위해 헌신한 상징적 인물이다.

모세는 이스라엘 민족이 이집트에서 노예 생활로 고통받던 시기에 태어났다. 당시 파라오는 히브리 아이들을 모두 죽이라는 끔찍한 명령을 내린다.

모세 어머니는 현명한 여자라 그를 갈대바구니에 넣어 나일강에 띄웠다. 다행히 강가에 나와 있던 파라오의 딸이 어린 모세를 발견하고, 범상치 않은 모세를 양자로 삼아 왕궁에서 자라며 학문과 문화를 익혔다. 그러나 그는 놀랍게도 히브리인임을 잊지 않고 그자신의 정체성을 버리지 않았다.

40세가 되었을 때 히브리 동족이 학대받는 것을 보고 분노하여 이집트인을 죽였다. 사람을 죽인 그는 왕궁에 더는 머물 수 없어 미디안 광야로 도망쳤다. 그곳에서 그는 제사장 이드로의 딸 십보라와 결혼하고, 양치기로 40년을 보냈다. 이 시기에 모세는 겸손과 인내를 배우며 지도자로 준비되는 시간이었다.

80세가 되었을 때, 모세는 호렙산에서 불타는 떨기나무 가운데 나타난 하나님을 만난다. 하나님은 그에게 이스라엘 백성을 구하라는 사명을 주었다. 그는 열 가지 재앙을 통해 파라오를 설득하고 홍해를 가르는 엄청난 기적을 보이며 이스라엘 민족을 해방시켰다. 그 후 시내산에서 십계명을 받고 광야에서 백성을 이끌며 하나님의 율법을 전했다.

그런데 그렇게 위대한 모세도 끝내 가나안에는 발을 들여 놓지 못한다. 왜 그랬을까?

이 사건은 보기에 따라 매우 의미심장한 교훈을 담고 있다. 아무리 훌륭한 사람도 때로는 실수를 한다는 것이요, 하나님은 이를 결코 간과치 않는다는 교훈이 아닐까 싶다.

이스라엘 백성이 광야에서 헤맬 때, 물이 없어 불평하자 하나님은 모세에게 반석에게 말로 명령하여 물을 내라고 하였다. 그런데 그는 어쩐지 하나님의 말에 순종하지 않고 화를 내며 지팡이로 반석을 두 번이나 내리쳤다. 이는 곧 하나님에 대한 불순종으로 간주되어 끝내 가나안 땅에는 발을 들여놓지 못한다.

하나님은 모세와 아론에게 "너희가 나를 믿지 아니하고 백성의 눈앞에서 내 거룩함을 나타내지 아니한 고로 너희는 이 회중을 내가 그들에게 준 땅으로 인도하여 들이지 못하리라."고 하였다. 「민수기」 20장에 나오는 므리바 사건이다.

그러나 하나님은 모세를 가나안 땅에 들이지 않았지만, 그는 느보산 꼭대기에서 가나안 땅을 바라보며 120세의 생을 마감한다. 그의 삶은 믿음, 순종, 하나님의 백성을 위한 헌신의 본보기로 추앙받는다.

모세 얘기가 나온 이상 '십계명' 얘기를 안 할 수가 없구나. 십계명은 너무도 유명한 얘기라 너희도 한 번은 들었을 것이다.

그 열 가지 계명은,
1) 너는 나 이외의 다른 신을 네게 두지 말라
2) 너를 위하여 새긴 우상을 만들지 말며, 그것들에게 절하지 말라
3) 너는 여호와의 이름을 망령되이 부르지 말라
4) 안식일을 기억하여 거룩히 지키라
5) 네 부모를 공경하라
6) 살인하지 말라
7) 간음하지 말라
8) 도둑질하지 말라
9) 네 이웃에 대해 거짓 증거 하지 말라
10) 네 이웃의 집을 탐내지 말라

십계명의 역사적 배경은 이스라엘 민족의 종교적·사회적·문화적 삶과 깊은 관련이 있다. 유대 민족이 나라를 잃고 세상을 방황할 때도 끝내 그들의 정체성을 잃지 않게 한 원동력이요, 하나님과의 관계를 확고히 하는 법적·도덕적 기반이었다.

십계명이 등장한 시기는 출애굽 사건 이후 모세가 이스라엘 민족을 해방시킨 후로 약 BC 13~14로 추정된다.

우리 속담에 "물 좋고 정자도 좋은 곳은 없다."란 말이 있다.
너무 완벽한 선택만을 욕심내서는 안 된다는 것이다. 완전하면야 그보다 더 좋을 수는 없겠지만, 세상에는 완벽이란 게 그리 흔치 않기 때문이다. 우리가 선택을 할 때 유념할 일이다.

아버지가 두 아이를 데리고 주말 캠핑을 떠났다. 아버지는 두 아이에게 텐트 칠 자리를 찾아보라고 일렀다. 큰아이가 큰 바위 근처를 가리키며 말했다.

"아버지, 여기가 좋아요."
그러자 작은아이가 대꾸했다.
"아니야, 거긴 땅이 기울어져서 안 돼."
그러면서 나지막한 소나무를 가리키며 말했다.
"아버지 여기가 좋은데요."
이번에 큰아이가 고개를 저으며 말했다.
"아니야, 거긴 송충이가 떨어지지 않아?"
두 아이는 더 좋은 곳을 찾겠다고 더 높은 곳으로 힘겹게 올라갔다. 높은 곳에서 아래를 내려다보며 큰아이가 물가를 가리켰다.
"아버지, 저기가 어떨까요?"
그러자 작은아이가 말했다.
"아까 바위만 못한 걸?"
그들은 다시 이전 자리로 돌아왔다. 그런데 바위 옆도 소나무 아래도 다른 사람들이 몽땅 차지하고 있었다.
그때 아버지가 말했다.
"잘들 들어라. 더 나은 곳은 더 나은 마음만이 선택할 수 있단다."
두 아이가 물었다.
"더 나은 마음이란 어떤 건가요?"
아버지가 대답했다.
"장점을 먼저 보고, 단점은 감싸 안는 마음이지."

(4) 위대한 결정

"주사위는 던져졌다."라는 말이 있다. 이 말과 함께 루비콘 강을 건넌 카이사르(Gaius Julius Caesar)는 로마 제국의 역사를 바꾸었다.
강을 건넌다는 것은 승산 없는 내전을 일으킨다는 뜻이요, 자기의 운명을 건 일대 모험이기도 하였다. 그러나 카이사르는 루비콘 강을 건너는 선택을 서슴지 않고 택했다.

사람은 일생을 통하여 흔치는 않지만 운명을 건 선택을 해야 할 때가 있다.

경제·경영 관련 전문 저술가 엑셀로드(Alan Axelrod)는 『위대한 결정』이란 책에서, 결정에 따른 행동을 촉진시키는 통찰력과 결단의 원천을 '루비콘 요소(Rubicon Factor)'라고 명명했다. 루비콘 요소를 가진 사람은 어떤 결정을 앞에 두었을 때 그 결정의 본질을 꿰뚫어 본다. 고도의 위험을 감수하는 결정을 내리며 무엇보다도 자신이 내린 결정에 따라 행동에 착수한다. 루비콘 요소는 결정자가 장애와 난관을 돌파하며, 초지일관할 수 있도록 몰아붙이는 힘이다. 즉, '루비콘 요소'는 리더십의 중요한 자질이다.

성준아, 상윤아,
너희들도 큰 영웅이 되겠다는 꿈이 있으면, 카이사르의 루비콘을 건너는 결단을 연구하고, 리더십의 자질 중 중요한 결단, 운명적 선택이 어떻게 성공할 수 있는지를 생각해 봐야 할 것이다.

(5) 멀리 보고 하는 선택이 중요하다

할배 경험을 하나 더 얘기하겠다. 내가 내 자신의 얘기를 좀 꺼리는 것은 자기 얘기는 으레 자랑이 뒤따르기 때문이다. 그러나 이 얘기는 우리나라를 위해서도 매우 잘한 선택이라 꼭 얘기를 해야겠구나.

무슨 일이건 우리가 살면서 작든 크든 선택을 하지 않으면 안 되는데, 명심할 일은 중요한 결정은 꼭 먼 장래를 생각해서 선택해야 한다는 점이다. 그러면 대개의 경우 실수는 없다.

나는 80년 대 초에 한국전력 사장으로 부임했다. 회사가 하는 일은 매우 중요해서 얼마 전에 이임한 한국중공업의 중요성을 훨씬 넘는 일이었다. 전국의 전력사업이다. 어느 가정이고 한국전력의 신세를 안 지는 가정이 없고, 호텔도 공장도 한전과 관계를 안 가질 수 없는 사업이 한국전력의 전기사업이다. 따라서 전력사업은 산업은 물론 국민 생활과 문화 창달에도 중요한 기능을 갖고 있는 국가사업의 하나이다.

나는 부임하면서 많은 걱정을 하였다. '내가 과연 이 막중한 일을 제대로 할 수 있을 것인가' 하고. 그래서 여러 날을 고민하였다. 급한 일은 없어 보였다. 전임자들이 잘해 온 회사라 경영이 안정되고, 전기사업은 경쟁자도 없는 데다, 직원들은 평생을 보장받는 직장이라서 근무 태도가 너무 안일한 게 문제였다.

앞에서도 잠깐 얘기했지만, 군에서 예편한 할배는 정우개발이라는 크지 않은 건설회사에 스카우트되어 처음 중동의 카타르란 나라에 파견되었다. 그러니까 70년대 초반이라 중동 건설 붐이 막 시작될 무렵이었지.

할배는 여러 건설 현장을 통괄하는 중동본부장이란 직책을 맡고 있었다. 사우디, 예멘, 카타르 등 여러 나라 현장의 공사 진행과 2,000명 가까운 인원을 관장하는 좀 복잡한 자리였다.

그때 할배가 크게 느낀 게 외국과 경쟁을 하려면 노동력보다는 기술이 몇 배 중요하다는 교훈을 뼈저리게 느꼈다. 우리 노동자들은 평균 40도가 넘는 사막의 땡볕 아래 8시간, 또는 12시간씩 땀 흘리며 일해야 하는데, 기술 용역 회사들은 시원한 에어컨 아래서 회전의자를 돌리며 편안하게 일하는 것을 보고 큰 충격을 받았기 때문이다.

당시 우리 용역회사는 미국 아니면 영국 회사였는데. 공사용 자재도 자기 나라 제품을 쓰도록 설계사양서에 명시하여, 그 사람들은 인건비 외에도 자재도 팔고 기술 용역비도 벌고 해서 이중 삼중으로 이익을 챙기는 것을 보았다. 그때 내가 회사의 CEO를 맡게 되면, 무엇보다 기술을 터득하는 게 중요하다고 깨달았다.

그러던 차에 할배는 한국전력회사 사장으로 취임한 것이다. 나는 부임하면서 회사 여러 분야의 일을 검토해 보았다. 그 당시는 한참 원자력 발전소가 유행이라 너도 나도 원자력 발전소를 건설하였는데, 발전소를 짓는 기술은 보통 기술이 아니어서, 그 기술을 갖고 있는 나라는 세계적으로 미국, 프랑스, 러시아, 그리고 일본, 이렇게 네 나라뿐이었다.

중동에서 아픈 경험을 한 나는 우리도 그 기술을 배워야겠다고 생각하였다. 그러나 문제는 그 기술이 중요한만큼, 기술을 가진 나라들이 누구도 기술을 내놓으려 하지 않았다.

왜 기술을 배워야 한다고 생각했느냐 하면, 앞으로 원자력 발전소의 수요는 계속 늘어날 터이므로 기술이 없는 나라는 점점 더 형편이 어려워 질 것이 뻔했기 때문이다. 뿐만이 아니라 막상 한국전력에 부임해서 보니 기술을 가진 회사의 횡포가 말이 아니었다. 그런 점에서 기술 자립의 필요성을 더욱 절실히 느꼈다.

내가 부임했을 당시는 우리 원자력 발전소는 해운대에서 멀지 않는 경남 고리, 경주 부근의 월성, 전남 영광, 동해안의 울진 등 4개 기지에서 건설 또는 운전 중에 있었다. 그중에서 경남 고리 발전소가 가장 컸다. 고리에는 4기가 모여 있었다.

그때 우리 용역 회사는 벡텔, 웨스팅하우스 등이었는데, 한 번은 해운대 한전 고리아파트에서 거주하는 용역회사 직원이 안경을 떨어트려 렌즈가 깨졌다. 근무 중에 일어난 일도 아니고, 더구나 현장도 아닌 숙소 지역에서 자기 부주의로 렌즈를 깨먹었는데도, 그 보상비를 우리가 내야만 하였다. 계약이 잘못되었기 때문이다. 소위 불평등 계약이다.

불평등 계약은 자칫하면 빠질 수 있는 함정이다. 모르면 빠진다. 개화기 때, 우리가 일본한테 외교 조약을 체결하면서 많이 당한 것도, 다 우리가 무지해서 일어난 것과 마찬가지다. 그러니까 무식하면 알게 모르게 많은 손해를 보게 되어 있는 것이다. 이런 수모를 안 당하고 손해를 피하는 길은, 우리가 기술을 터득해서 항상 '갑' 노릇을 할 수 있어야 한다고 새삼 느꼈다.

그래서 할배는 용기를 내서 우리도 기술을 배우겠다고 세계에 공포하고 원자력 기술을 가르쳐 줄 나라를 물색하기 시작하였다.

처음 내가 그 발표를 했을 때 세상은 웃었다. "Mr. 박이 뭘 몰라도 한참 모르는 군." 또 "그런 중요한 기술을 누가 가르쳐 주겠느냐." 등등.

할배는 처음부터 쉽지 않으리라고 생각은 하였지만, 세계의 벽이 그렇게 높은 것에 새삼 놀라기도 하였다. 내가 조심스럽게 세상의 의사를 타진해 본 것인데, 이렇게 기술 가진 나라들이 서슬이 시퍼래서 덤벼들었다.

처음에는 '나의 선택이 잘 못 된 것인가?' 하는 생각도 들었다. 그러나 이것은 먼 장래를 위해 꼭 해야 한다. 그렇지 않으면 우리는 영원히 기술 노예로 남 밑에서 수모와 고생을 하여야 한다. 할배는 '내 선택이 옳다'란 생각이 들면서 만난(萬難)을 제치고라도 기술 자립은 해야겠다고 다짐하였다.

특히 기술은 어떤 경우에도 배워둬야겠다는 생각을 굳힌 것은 1983년 부임한지 얼마 안 되어 쓰라린 경험을 했기 때문이다.

하루는 외자부의 한 부장이 결재 서류를 들고 들어왔다. 문에 들어설 때부터 부장의 태도가 어색해 보였다. CEC를 오래하면 그런 사람의 기미를 금방 알아본다.

우선 한전은 부장급이 사장한테 결재를 받는 경우는 잘 없다. 그런데 그 친구는 서울 상대 출신에 사내에서도 외자 관계 권위자로 인정받고 있는 터라 가끔 결재 서류를 들고 오는 경우도 있었다. 그런데 그날따라 그의 행동이 부자연스럽다. 나는 앉아서 그를 맞았다. 서류를 내밀고는 설명을 망설인다.

답답한 내가 먼저 말을 걸었다.

"뭡니까?"

"예, 벡텔 인건비 관계입니다. 사장님이 오시기 전에 계약한 겁니다."

"무슨 문제라도 있나요?"

"저… 결재 금액이 좀 많아서요."

"계약대로 한 것인가요?"

"예, 그대로입니다."

"그럼 문제가 없지요. 서류를 주세요."

그는 서류를 내밀었다. 찬찬히 읽어 보니 재작년에 벡텔과 계약한 인건비 관련이었다. 금년이 첫 해 인건비 결재일인데, 계약 당시 8,000만 불보다 4,000만 불이 늘어나 청구 금액이 1억 2천만 불로 무려 50%나 올라 있다. 나는 속으로 깜짝 놀랐다. 아무려나 인건비가 50%씩 오른다는 건 부자연스럽다. 물가 상승률 등 기타 요인을 다 합쳐도 한해 50%의 상승률은 말이 안된다.

나는 찬찬히 그를 쳐다보았다. 뭔가 얘기를 해야 할 그도 말이 없다. 내가 먼저 입을 열었다.

"계약대로 계산한 것인가요?"

"예!"

"그럼 무슨 설명이 있어야 할 게 아니오! 50% 상승은 너무한 게 아니오?"

"계약상 계산은 그렇게 나온다는 겁니다."

나는 속으로 피가 끓어오르는 기분이 들었다.

나는 결재 서류를 탁 덮으며, "나, 이 서류 결재 못합니다." 그러면서, "나가요." 내 말은 냉랭하였다.

그도 주섬주섬 서류를 집어 들고 밖으로 나간다. 그가 떠나기가 바쁘게 담당 처장을 불렀다. 당연히 담당 처장이 결재를 맡으러 와야 할 사안이다.

"당신은 뭘 하고 부장을 보내는 거요?"

"아무래도 부장이 전문가라서…"

"당장 내 방으로 오시오!"

처장이 급히 들어왔다. 많이 긴장한 표정이다.

"어떻게 된 거요?"

한동안 어색한 표정을 짓더니 낮은 목소리로 얘기를 시작한다. "계약상 틀린 점은 없습니다. 저희도 처음엔 놀랐습니다. 액수가 너무 많아서요. 그런 계산이 나오리란 걸 전혀 이상 못 했거든요.'

"계약은 잘못된 게 없다. 그러나 돈이 너무 많이 나왔다. 이거지?"

"네."

"여보, 내가 보기엔 이상 없다는 계약에 문제가 있는 거요. 그러니까 실무자들도 예상 못한 액수가 나온 거지."

"…"

한동안 말을 하지 못한다. 침묵이 흐른다. 오랜 시간은 아니었겠지만 내겐 긴 시간으로 느껴졌다. 내가 침묵을 깨트렸다.

"계약이 잘못된 거요. 여러분도 예상 못한 금액이 나온 건 근본적으로 계약이 잘못된 게 아니고 무어요?"

"…"

처장은 말이 없다. 대답이 궁한 것이다. 내가 보긴 분명 처장도 계약이 잘못된 것을 느끼고 있다. 다만 계약 당시에는 그런 허점이 있으리라곤 몰랐을 뿐이다. 모든 게 우리가 무지한 탓이다. 상대는 벡텔이라는 세계적인 기술용역회사라 우리의 수준을 금방 알아보고 복잡한 '기술용역비 보상'이라는 조항을 계약서에 포함시켜 놓은 것이다.

우리는 상식적으로 그 조항이 이치에는 어긋나지는 않으니까 그냥 받아들인 것이다. 그러나 노련한 그들은 이런 조항으로 우리 같은 경험이 없는 회사를 얼마든지 이용해 먹을 수가 있는 것이다. 나쁘게 말하면 일종의 함정 같은 것이다. 말하자면 바로 무지에서 오는 실수다. 이번에 실무자들도 비로소 깨달은 것이다. 한마디로 무지해서 우리가 당한 거다.

'설계 용역비 보상'이란 복잡한 얘기다. 아주 쉽게 말하면 인건비를 시간당 100원으로 정했는데, 계약할 때와 조건이나 상황이 달라지면 100원을 조건에 맞게 120원으로 올린다는 것이다. 조건이 바뀌었으니까 조건에 맞게 올려서 보상한다는 것이니 이치에 어긋나는 일은 아니다.

우리는 '갑' 노릇을 안 해봐서 그런 섬세한 것까지 모른다. 그러나 벡텔 같은 세계적 회사들은 전문적으로 기술 인력으로 회사를 운영하기 때문에 상대의 수준에 따라 적절하게 용역비를 조절해서 자기 회사 이익을 최대로 챙길 수가 있다. 이처럼 기술은 공학적인 것만이 아니라 계약상에도 함정을 만들 수가 있는 것이다. 그러니 기술을 모르면 바보 취급 당하기 십상이다.

실무자들을 몰아세워서는 안 되겠다고 생각했다. 경험 부족으로 한계가 있는 우리 직원을 무작정 나무랄 수는 없기 때문이다.

원래 국제 계약은 관행적으로 Ceiling제도나 Floor제도를 적용해서 과도한 금액 상승을 방지하고 있다. Ceiling은 상한 한도액을,

Floor는 하한 한도액을 말한다.

다만 우주 개발이나 무기 개발 같은 경우는 Ceiling이 없을 수 있다. 우주 개발과 무기 개발에서는 성공을 보장할 수 없기 때문이다. 따라서 계약 금액이 처음 계약보다 두 배, 세 배로도 뛸 수도 있다.

할배가 경험을 쌓은 해외 건설업의 경우는 국제컨설팅엔지니어링 연맹(FIDIC)에서 제정한 건설 표준계약서가 있어 계약 당사자에게 과도한 부담이나 피차에 손해를 안 보게 예방을 하고 있다.

당하는 입장인 나는 설사 계약에는 하자가 없다고는 하지만, 보상을 한다고 최초 계약보다 50%씩이나 지불하고 싶지는 않았다. 이것은 계약이란 상행위 이전에 상도덕이란 관점에서 나는 용납할 수가 없었다. 나쁘게 말하면 속임수다. 더 나쁘게 말하면 경험이 없는 우리를 상대로 함정 같은 것을 파놓은 것이다.

나는 화도 나고, 무지한 우리가 창피하기도 하고 해서 계약을 다시 해야겠다고 마음먹었다.

다음날 부사장 이하 관계 부서 간부를 불러 문제 조항을 고치지 않는 한 계약 파기를 하겠다고 선언했다. 일종의 강수다. 한편으로는 국제 계약을 무시하는 폭거라고 비난 받을 일이기도 하였다. 그러나 누가 뭐라든 나는 그런 계약을 준수하고 싶지 않았다.

나는 아무리 살벌한 국제 무대라고는 하지만 기본적인 상도덕에 어긋난다고 보았기 때문이다.

그야말로 큰 사고가 난 것이다. 처음, 쌍방이 동의해서 서명한 국제 계약이다. 지금의 CEO가 계약 당사자는 아니지만, 이제 와서 서명한 계약을 파기한다? 보기에 따라서는 내가 경우 없는 사람으로 보일 수도 있다. 그러나 나는 단호했다.

큰일 난 것은 실무자들이다. 벡텔에 연락할 수도 없고 안 할 수도 없고… 상대 회사에 통보는 해야겠는데, 정말 할 말이 궁하였을 것이다.

한 달 정도 지났을 때이다. 백텔 측에서 연락이 오길 오너(Owner)인 벡텔 주니어(Stephen Bechtel, Jr.)가 방한한다는 것이다. 나는 속으로 '그러면 그렇지. 이제 내 고집이 먹혀 들어가는구나.' 하고 기다렸다.

그런데 한 달이 지났는데도 온다는 회장 소식이 없다. 실무자에게 확인해 보라고 지시했다. 그런데, 이게 웬일인가? 벡텔 주니어는 벌써 다녀갔다는 것이다. '나도 안 만나고?' 그런데 더욱 놀라운 것은 청와대만 들러서 우리 대통령만 만나보고 갔다는 것이다.

'아니, 이럴 수가…' 나는 어이가 없었다. 화도 났다. 아무리 사람을 무시하기로 그럴 수가 있느냐고. 당사자인 CEO인 나를 보고 가야 할 사람이 대통령만 만나고 간다? 이런 경우가 어디 있는가!

그러나 현실은 정말 어이없는 일이 일어난 것이다. 벡텔 회장의 눈엔 필시 한국전력의 사장 정도는 안중에도 없었을 것이다.

'박 사장, 상대를 봐 가며 싸움을 걸어야지!'란 생각이 지배하고 있었을 것이다. 그러니까 당사자인 나는 만나지도 않고 바로 우리 대통령만 보고 간 것이다.

그도 그럴 것이 벡텔로 말하면 세계적인 회사일 뿐나라, 슐츠 국무장관, 와인버거 국방장관 등 미국의 거물 관료들을 배출한 회사다. 그러니 그 회사 회장이면 한국이란 나라의 사장 정도는 눈에 들어올 리가 없는 것.

아니나 다를까, 벡텔 회장이 다녀간 지 얼마 안 되어 청와대에서 연락이 왔다. "미국 문제를 조용히 해결하라"고. 위에서는 내 처사가 잘못되었다고 생각할 수 있는 여건이 여러 가지 있다.

내가 '국제 계약을 일방적으로 이행하지 않겠다'고 억지를 쓴다고 해도 말이 되고, 또, '계약이란 원래 쌍방의 합의로 이루어지는 법인데, 이제 와서 서명한 계약을 이행 않겠다고 고집을 부린다'고도 할 수 있으니, 객관적 상황으로는 내가 잘못 처신하고 있는 것으로 보였을 것이다.

그러나 나는 내 입장을 위에다 보고하지 않았다. 문제를 근본적으로 해결한 다음에 입장을 밝혀도 늦지 않다고 생각했기 때문이다.

나는 더 세차게 계약 파기로 몰아갔다. 자기들 줄 돈이 아직은 내 손에 있기 때문에 나는 급할 게 없었다. 한 달 이상 신경전을 벌였을 것이다. 저쪽에서도 내가 완강히 나가니까, 그리고 우선 자기들의 돈을 받아 내야 하니까 마침내 숙이고 들어왔다.

기억이 정확하다면 그 친구 이름이 '라인슈'였을 것이다. 그는 회장 아래 기계 분야 기술 용역 사장인데, 나를 보러 오겠다는 통보가 왔다. 그는 두어 번 인사를 나눈 사이라 조금 아는 처지였다.

연락이 있은 지 얼마 안 되어 라인슈 사장이 나를 찾아 왔다. 비서 한 사람만 데리고. 참모를 안 데리고 온 것으로 보아 나와 담판을 할 모양이었다.

나는 쾌히 담판에 응했다. 비서도 떼 내고 단 둘이 술집으로 직행했다. 이런 때는 사무실이 아니라 술집이 좋다. 남자끼리의 담판에는 살벌한 사무실보다는 술집이 분위기부터 좋다.

나는 처음부터 인간적으로 접근했다. 사람은 이성에 앞서 감정에 움직이는 법— 사무적으로 문제를 풀어가면 자칫 서로의 기분을 상할 수도 있기 때문에. 나는 단도직입으로 본론부터 들어갔다.

"라인슈 사장, 만일 당신이 내 입장이라면, 그 계약서에 서명을 하겠소?"

"……"

당돌한 내 말에 그는 잠시 말을 잊었는지 나를 빤히 쳐다본다.

"입장을 바꾸어 당신이 한전 사장이라면 그 계약에 서명하겠느냐 말이오!"

"……"

여전히 침묵을 지킨다. 아마도 그의 머리는 복잡한 계산을 하고 있었을 것이다.

정답은 물론 '못한다'지만 자기 입장에서 내게 동조할 수는 없다. 그렇다고 '어디까지나 계약은 계약이다. 서명을 하는 게 옳다'라는 말도 할 수가 없다. 인간적으로 접근하는 나에게 사무적인 '국제 계약설'을 들고 나오는 것은 자기 정도의 위치에서 할 수 있는 말은 아니다. 그 말이 나오면 내가 "미스터 라인슈, 벡텔 같은 세계적 회사가 경험이 부족한 회사를 함정에 빠트리는 게 과연 상도의로나, 당신들이 존중하는 신사도에도 부합한다고 생각하는가?"라고 말할 게 뻔하기 때문이다.

나는 더 몰아부치는 것도 지나치다고 생각, 얼른 말을 돌렸다.
"미스터 라인슈, 내 요구는 단순합니다. 계약을 다시 하자는 것이지요. 용역비 보상 조항 같은 독소 조항을 빼고 보다 개선된, 합리적인 계약을 다시 하자는 것입니다."
그때야 그도 한숨 놓은 듯,
"I'll consider……."라고 한다.
"OK, you'll consider? Promise?"

이렇게 담판은 간단히 끝났다. 계약서는 재작성 되었고, 용역비 결재는 이후 말썽없이 잘 진행되었다.

(6) 선택에는 때가 중요

다시 기술 자립 문제로 돌아가자.

매사는 때를 잘 보아야 한다. 무얼 선택하느냐도 중요하지만, 선택을 언제 하느냐에 따라 선택의 성패가 갈리는 경우도 있기 때문이다. 나중에 이 시간(때)에 대해서는 워낙 중요한 더목이라 마지막 장에서 다시 얘기를 하겠다.

나는 과연 지금이 때가 되었느냐고 자문해 보았다. 그리고 곰곰이 생각해 보았다. '때'는 과히 틀리지 않았다는 확신이 들었다. 왜? 기술 가진 나라가 콧대가 아무리 높아도 세상만사 다 때가 있는 법, 원자력 발전소 기술이 중요하긴 하나, 지금 세계는 원자력으로 인해 말썽이 한참이다. 즉 당시 러시아의 체르노빌 원자력 발전소에서 큰 사고가 나서 많은 사람이 죽는 바람에 세계 여론은 원자력 발전을 기피하는 경향도 없지 않았다.

여기서 조금만 더 여론이 기울어지면 원자력을 안 하겠다는 나라도 생길지 모른다. 원자력에 대한 공포다. 그럼 이 틈새를 이용해서 파고 들 수가 있다. 분위기로 봐서 꼭 그렇게 될 거라는, 근거 없는 확신 같은 게 할배에겐 있었다. 즉, 판매자 우위 시장(Seller's Market)에서 구매자 우위 시장(Buyer's Market)으로 변할 것이라는 희망과 기대— 그것이었다.

그런데 1984년 세계 원자력 시장이 얼어붙으면서 원자력 발전소 건설 발주를 우리나라만 하고, 어느 나라도 발주하는 곳이 없었다. 다시 말해 한국전력만 원자력 발전소를 짓겠다고 나선 것이다. 기술을 가진 나라들의 관심은 모두 우리 회사로 집중되었다. 모든 기술 보유 회사는 내 눈치 보기에 급급했다. 세계 원자력계는 우리 회사가 모두 자기 회사 발전소를 지가기를 원하고 있었기 때문이다.

그러면 그렇지! 이제 칼자루를 내가 쥐게 된 것이다. 내가 '갑'이고 콧대 높은 기술 회사는 모두 '을'이 된 것이다.

오냐, 지금부터 우리 회사가 원하는 만큼 기술을 내놓는 상대한테만 기술을 전수하는 조건으로 공사를 주겠노라고 작정하였다. 그리고 바로 ITB(Invitation to Bid)를 발급하면서 그곳에 분명히 내 조건을 반영하였다. 그리고 입찰에 응한 회사들에 대해선 우리에게 기술을 어느 선까지 전수하겠다는 조건을 가장 중시하였다. 완전히 기술을 전수하겠다는 회사 외에 인색하게 기술을 반만 준다거나, 값이 비싼 회사는 가차 없이 잘라버렸다. 평가 대상으로는 오로지 기술을 다 내놓겠다는 회사만을 대상으로 평가하였다. 평가만 무려 6개월이 걸렸다. 그리고 우리 회사 기술자들이 기술 전수를 최대로 하는 회사들에게 원자로, 터빈, 토목 공사 등을 발주하였다.

세상이 놀랐다. 그럴 수밖에 없는 것이 어쩌다가 자기들이 '갑'에서 '을'로 전락하는가 싶더니, 한국전력이 가장 유리한 조건으로 원자력 기술을 몽땅 빼간 것이다. 그렇게 해서 한국전력은 세계에서 다섯 번째로 원자력 발전소 건설 기술을 확보하게 되었다. 참으로 통쾌하기 이를 데 없는 성과였다.

그 후 10년이 채 못 되어 UAE 바라카 원자력 발전소를 우리나라가 수주했다. 물론, 세계 유수한 원자력 기술 회사들이 모두 입찰에 참가했지만, 우리 입찰 조건이 기술을 포함하여 제일 좋아 미국도, 미국 다음으로 원자력 강국인 프랑스도, 그리고 일본 회사까지 다 물리치고 우리의 한국형 모델이 가장 좋은 점수를 받고 수주에 성공한 것이다.

금년에는 동구 최강 공업국의 하나인 체코와 한국형 원자력 발전소 계약까지 했다. 그야 말로 쾌거가 아닐 수 없다. 이제 선진 공업국 체코의 인정까지 받게 되었으니 우리는 부동의 세계 제일의 원자력 강국이 된 것이다. 우리를 가르친 미국은 물론 프랑스도 캐나다도 이제 기술면에서도 우리를 당할 수 없다.

UAE에 수출한 원자력 발전소는 두 기(基)가 상업 운전에 들어간 지도 오래고 지금도 성능 좋게, 그리고 그 어느 나라 시스템보다 안전하게 운영되고 있다. 이것은 가슴을 펴고 자랑해도 무리 없는 우리 노력의 개가다.

제2장
성격이 인생을 좌우한다

1. 성격은 운명이다

(1) 성격은 변하지 않는가

"성격은 운명이다." 이 말은 아주 오랜 옛날 그리스의 철학자 헤라클레이토스(Heraclitus)가 한 말이다. 운명이 우리 인생에 중요한 영향을 미치듯, 성격은 곧 운명만큼이나 우리 일생을 좌우한다.

그런데 문제는 성격은 대개 타고난 성품이라 쉽게 고쳐지는 게 아니란 것이다. "늑대는 이빨을 잃어도 천성은 잃지 않는다."란 말이 있듯이, 성격은 대개 타고난 천성이라 고치기 쉽지 않다.

천성은 변하지 않는다는 우화를 하나 소개하마.
하루는 물가에 사는 전갈이 강 건너편에 급히 갈 일이 생겼다. 마침 지나가는 개구리에게 전갈은 부탁하였다.

"개구리야, 내가 급히 강 건너편에 갈 일이 생겼는데, 나 좀 데려다 줄 수 없겠니?"

"그래, 강 건너 가는 것은 문제가 아니지. 널 엎고 가면 되니까. 그런데 네가 강을 건너다 말고 날 찌르기라도 하면 어떻게 하지?"

"무슨 소리. 내가 널 찌르면 나도 강에 빠져 죽을 텐데, 그럴 리가 있겠느냐!"

"그럼, 안 찌른다고 약속하지?"

"약속하고말고."

이렇게 해서 개구리는 전갈을 엎고 강을 한참 건너는 중이었다. 갑자기 전갈이 기지개를 힘껏 펴더니 느닷없이 전갈이 개구리 옆구리를 꽉 찔렀다.

개구리나 전갈이나 둘 다 꼬르륵 하고 강물 속으로 가라앉을 참이었다. 개구리가 숨을 몰아쉬며 힘겹게 말했다.

"야! 이놈의 전갈아, 어쩌자고 너도 죽게 될 텐데 나를 찌른단 말인가!"

"개구리야, 미안하구-. 나도 어쩔 수 없더라. 내 천성이 찌르는 것 아니냐. 그러니 널 찌를 수밖에!"

『십팔사략』에 성격 탓으로 자신도 망치고 나라를 위태롭게 한 역사적 사례가 있다.

제1장에서도 언급한 후한 시대 반초 장군은 30여 년을 귀국도 하지 않고 서역 땅을 평정함으로서 한나라는 서역 국가들을 잘 다스려 평화로운 세월을 보낼 수 있었다. 이 반초 장군의 후임으로 서역 땅에 부임한 사람이 임상(任尚)이라는 사람이었다. 임상은 천성이 아주 완고하여 남의 말을 잘 듣지 않고 자기 고집대로 사는 사람이었다.

그런데 무슨 생각에서인지 부임 첫날 반초에게 서역 통치에 대해 교훈이 있으면 가르쳐줄 것을 부탁하였다. 조언을 부탁받은 반초는 정성을 다해 충고한다.

"그대는 성격이 너무 엄격하고 성미가 급하다고 들었소. 물이 너무 맑으면 고기가 살지 못한다(水淸無大魚)는 말이 있듯이, 너무 엄하게 원칙만을 내세우지 말고 관대하게 다스리시게."라고 조언을 하였다.

그런데 임상은 "반초가 서역 통치를 잘했다고 칭송이 자자하길래 무슨 비범한 책략이라도 있는가 해서 물었던 것인데, 한다는 말이 너무 평범해서 취할 만한 얘기는 하나도 없다."라며 한 귀로 흘려버린다.

참으로 오만하다. 이런 사람은 정말 쓸모가 없는 사람이다. 아니나 다를까 임상은 반초의 충고를 듣지 않고 성질대로 엄격하고 가혹한 정치를 거듭하는 바람에 서역인들의 불평과 원망을 크게 사, 5년 만에 서역 국가들을 반란을 일으켰고, 마침내 서역을 다스리던 서역도호도는 폐지되어 버린다.

성격은 이처럼 고치기 힘든 게 사실이다. 성격은 천성으로 타고난 기질이라 그럴 수밖에 없을 것이다. 그러나 할배는 비록 천성이라 할지라도 후천적으로 노력하면 많이 좋아진다고 믿고 있다.

인도의 성자 마하트마 간디는 이런 말을 하였다.

"인격의 도야를 거쳐 성격의 약점을 보완할 수 있다." 일리 있는 말씀이다.

사람의 기질에는 천성인 성격이 있는가 하면, 후천적으로 수양을 통해 얻은 인격, 곧 성품이 있다. 인격은 생각을 바르게 하고, 말을 골라 쓰고, 행동을 신중히 하여 다듬어 가는 것이다.

『영웅전』을 쓴 플루타르코스(Plutarch)는 "좋은 성격은 좋은 행동에서 비롯된다."고 하였듯이, 생각을 바르게 하고 그에 따라 행동을 신중히 하는 게 중요하다.

우리 동양의 오랜 지혜인 『채근담(菜根譚)』에 이런 얘기가 있다. "모난 돌은 모난 데가 걸려서 잘 구르지 못한다. 그러나 둥글면 잘 구른다. 사람도 성격이 모난 데가 있으면 세상을 굴러 가는 데도 힘이 들고 잘 구르지 않는 법이다." 좋은 성품이란 뾰족한 모서리들은 없애라는 것이다.

뾰족한 모서리는 누구나 천성으로 갖고 있다. 내게 못마땅한 일은 남에게도 못마땅하게 느껴진다. 내게 거슬리는 일은 남에게도 거슬리게 마련이다. 문제는 누가 먼저 참고 인내하며 얼마큼 너그럽게 받아들이는가에 있다. 바로 성품, 인격이다. 이 인격을 잘 닦으면 좋은 성품을 갖게 되는 게 아니겠느냐!

못마땅한 일을 당했을 때 성격은 못 받아들여도 성품이 수양되었으면 그 순간을 참고 무리없이 풀어나갈 여유가 생긴다.

어떤 게 너그럽단 말인가.

남이 하는 말이 내 귀에 좀 거슬려도 웬만하면 참아 주고, 목숨이 걸린 중대한 일이 아니라면 모두 양보하고 물러나 주고, 자기 의견을 고집스레 우기지 말고, 남을 이기려 들지 말고, 남을 설득으로 승복시키지 말며, 웬만하면 "허허"하고 웃고 넘어가고, 웬만하면 "오냐, 오냐"로 다 들어주는 것— 이런 것들이 너그럽다 할 것이다. 곧, 성품이 둥글다 할 것이다.

할배 얘기가 선뜻 감에 안들 것이다. 그럼, '맨날 바보 같이 양보하고, 져 주고, 뒤로 물러나고, 웃어 줘야 한단 말인가' 하고.

『명심보감』에 "일평생 남에게 길을 양보해도 백보도 아니 되며, 일평생 밭의 경계를 남에게 양보해도 한 고랑을 넘지 않는다(終身讓路, 不枉百步, 終身讓畔, 不失一段)."라는 교훈이 있다.

나의 천사들아,

할배 말이 선뜻 납득이 안 갈 것이다. 그러나 그게 결코 지는 것도 아니며, 손해만 보는 것도 아니다. 나를 믿고 꼭 실천해 보아라. 틀림없이 네가 승자가 될 것이다.

여기 우리 역사에서 유명한 황희(黃喜) 정승 얘기를 하나 하마.

황희는 15세기 조선 시대 학자, 정치가로 영의정으로 18년간이나 세종을 보필한 사람이다. 우의정, 좌의정을 합치면 24년이다.

하루는 집의 쇠돌이라는 하인이 황 정승을 찾아와 차돌이라는 머슴의 험담을 하였다.

　황 정승 말하길, "그래 잘 알았다. 네가 옳다."
　그런데 한참 후 이번엔 차돌이가 황 정승을 찾아와 쇠돌이의 험담을 늘어놓았다. 그러자 황정승은 노하기는커녕 "그래? 그럼 너도 잘 했다." 한다.
　황 정승의 얘기를 옆에서 듣고 있던 부인이 하도 어이가 없어, 남편에게 불평을 하였다.
　"여보, 영감, 쇠돌이도 맞고 차돌이도 옳다면, 둘 다 옳다는 얘기인데, 그런 경우가 어디 있소!"
　그랬더니 황 정승이 부인 보고 하는 소리가,
　"그래, 당신 말도 옳구려!"라고 했다는 것이다.

　황 정승의 이 명답은 우리에게 많은 생각을 하게 한다.
　부인의 말대로 쇠돌이도 옳고 차돌이도 맞는다면, 둘 다 옳다는 얘기다. 한 가지 일을 두고 두 사람이 다 옳았다면 두 사람이 서로를 험담할 까닭이 없다. 두 머슴 중 누군가는 경우에 빠지는 일을 했을 것이다. 그런데도 황 정승은 두 사람 다 옳다고 말하곤, 누구의 잘못도 따지지 않았다.
　이 일화는 황 정승 마음이 너그럽기가 마치 바다와 같아 옳은 말도 그른 얘기도 모두 너그럽게 들어 주고, 굳이 누군가의 허물을 따지지 않는 도량(넓은 마음)을 말하는 것이다.
　따지고 보면 하인의 작은 다툼은 그리 중대한 문제는 아니다. 정작 따지고 문제 삼을 일은 뒤로 하고 하찮은 일을 무슨 큰일이라도 난 것인양 문제 삼고, 나무라고 벌을 준다면 세상은 조용할 날이 없을 것이다.
　황 정승은 세상사 크고 작은 일을 잘 분별하고, 일의 중대성에 따라 일을 처리하는 지혜와 아량이 있었기에, 임금을 셋이나 모셨고, 나이

여든이 넘도록 영의정으로 18년이나 영명한 세종을 모셨던 게 아니겠느냐.

우리가 잘 아는 미국의 링컨 대통령은 위대한 분으로 미국에서도 가장 존경받는 대통령이다. 이번에는 링컨의 일화를 하나 소개하마.
미국의 남북전쟁 때 북군에 매클렐란(George McClellan) 장군이 있었다. 포토맥군 사령관이라는 북군에서는 가장 중요한 부대의 지휘관이었다. 전쟁이 한창일 때 링컨 대통령과 국방장관이 매클렐란을 격려하기 위해 예고 없이 야전사령부를 찾았다.
마침 매클렐란은 적장에 있었기에 링컨은 몇 시간을 기다려 그를 만났다. 그런데 뒤늦게 나타난 매클렐란은 링컨 대통령에게 의례적인 인사만 하고 자신의 텐트로 들어가 버렸다. 한참 후 매클렐란 부관이 와 대통령에게 말했다.
"장군은 지금 너무 피곤해서 잠자리에 들었습니다. 각하께 죄송하다고 말씀하셨습니다."
국방장관은 화를 참지 못했다.
"이런 무례한 장군은 당장 직위 해제시켜야 합니다."
그러나 링컨은 고개를 저으며 장관을 타일렀다.
"저 사람에게 지금 가장 필요한 것은 휴식이오. 아무도 그가 쉴 권리를 빼앗을 수 없소. 저런 소신 있는 장군이 진정 이 나라를 지킬 것입니다."
링컨은 조용히 되돌아갔다. 링컨도 속으론 불쾌하였을 것이다. 그러나 지도자에게 진정 필요한 것은 '덕'과 '아량'이며, '관용'이다. 링컨은 참는 법을 터득했고, 용서— 곧 관용의 미덕을 알았고, 양보하는 마음을 터득했다. 그러니까 링컨을 미국의 역대 대통령 중 가장 존경받는 인물로 역사는 기록하고 있다. 성격은 인격과도 통한다. 훌륭한 사람이 되려면 이 정도의 아량과 너그러움을 갖고 있어야 한다는 교

훈이다

  물론 범인이 황 정승을 흉내 내고, 링컨을 따라가기는 어려울 것이다. 그러나 사람의 도량은 이 정도는 되어야 한다는 좋은 본보기가 아니냐. 남보다 앞서기 위해서, 남을 위해 일하겠다고 생각하는 나의 천사들은 양보부터 배우고, 용서를 하는 마음을 기르고, 인격을 도야하자.

  어렵지만 눈 딱 감고 한 번 할배 말대로 해보아라. 절대로 손핼 보거나 바보 취급은 안 받는다.

  왜? 정당한 경쟁에서는 내가 절대로 지는 법이 없기 때문이다. 다시 말해 평소 남보다 노력하고 정성을 들인 네가 어떤 경우에도 지는 법이 없기 때문이다. 그러니까 평소 실력을 길러 놓아야 하는 것이다. 남이 놀 때 부지런히 공부하고, 체력도 키우고, 무술도 익히고, 성격도 좋게 하려고 노력하고, 정성을 들이면 절대로 남이 나를 무시하지 못한다.

  공부를 해도 내가 이기고, 운동을 해도 내가 안 지는데, 어떻게 감히 나를 무시하고, 바보 취급을 할 수 있단 말인가!

(2) 긍정적인 태도

  두 번째로는 무슨 일이든 '안 된다'가 아니라, '된다'라고 생각하는 긍정적인 태도가 중요하다.

  길을 가다가 돌이 나타나면 어떤 이는 걸림돌이라 하고, 또 어떤 이는 디딤돌이라고 한다. 같은 돌이라도 디딤돌과 걸림돌은 정 반대의 뜻이요 기능이다. 하나는 긍정적으로 디딤돌— 즉, 도움이 되는 돌이요, 또 다른 사람은 같은 돌을 두고 부정적으로 걸림돌이라고 생각한다.

이렇듯, 성격을 고쳐 나가려면 같은 돌을 두고 걸림돌이 아니라 디딤돌로 생각하는 사람이 되라는 것이다.

옛날에 한 선비가 과거를 보러 한양에 갔다. 과거 날을 앞두고 세 가지 꿈을 꾸었는데, 첫 꿈은 벽 위에 배추를 심는 꿈이요, 두 번째 꿈은 비가 오는 데 두건을 쓰고 있는 것이요, 세 번째 꿈은 사랑하는 여인과 등을 맞대고 누워 있는 것이었다.

심상치 않은 꿈이라 점쟁이를 찾았다. 점쟁이의 말은 이랬다.

"벽 위에 배추를 심었으니 헛된 일을 한다는 뜻이고, 두건을 쓰고도 우산을 쓰니 헛수고 한다는 거요, 사랑하는 여인과 등을 졌으니 그것 또한 헛된 일이라, 어서 짐을 싸서 고향으로 돌아가시오."

크게 실망한 선비는 여관으로 돌아와 주섬주섬 짐을 싸기 시작하였다.

놀란 여관 주인이 묻는다.

"아니, 선비 양반, 내일이 시험인데 웬 짐을 싸시오?"

풀이 다 죽은 선비가 대답하였다.

"글쎄, 그 꿈이 하도 수상해서 점쟁이한테 갔지요. 점쟁이가 조목조목 해몽을 하는데 그 꿈은 모든 게 헛된 일이라는 뜻이니 공연히 헛수골랑 하지 말고 어서 고향으로 가랍디다."

"허허— 선비 양반 내 말 좀 들어 보소. 벽 위에 배추를 심었으니 높은 점수로 합격한다는 것이요, 두건을 쓰고 우산을 또 썼으니 준비가 잘 되었다는 뜻이요, 몸만 돌리면 사랑하는 여인을 다시 만날 수 있으니 쉽게 뜻을 이룬다는 게 아니겠소!"

선비는 여관 주인의 말을 믿고 과거에 응시했고, 여관 주인의 말대로 높은 점수로 합격하였다.

재밌는 얘기지? 이렇게 똑같은 꿈을 두고 점쟁이는 헛수고라고 했고, 여관 주인은 잘 된다고 얘기를 했다. 왜 그런 일이 일어날까?

점쟁이는 부정적인 사람이라 처음부터 부정적으로 생각하니까 안 되는 걸로 답이 나오는 것이요, 긍정적인 여관 주인은 꼭 같은 꿈인데 긍정적으로 생각하니까 옳은 답이 나올 수밖에 없는 거다. '긍정'과 '부정'의 생각의 차이는 이렇게 무서운 결과를 가져온다.

성격이 좋은 사람은 이런 사람이다.
첫째, 남의 얘기를 잘 들어 주는 사람이다. 그 사람은 너그럽고 이해심이 많은 사람이다.
둘째, 내일 이야기를 하는 사람이다. 그 사람은 성공할 사람이다.
셋째, 확신에 찬 사람이다. 그 사람은 인생관이 분명한 사람이다.
넷째, 매사에 감사하는 사람이다. 그 사람은 주위를 따듯하게 하는 사람이다.
다섯째, 작은 일에도 이를 소중히 여기는 사람이다. 그 사람은 행복을 가져다 줄 사람이다.
여섯째, 생각이 크고 멀리 보는 사람이다. 그는 시대를 이끌어 갈 사람이다.
일곱째, 독서를 즐기고 사색을 좋아하는 사람이다. 그 사람한테는 배울 게 있다
여덟째, 언제나 환하게 웃는 사람이다. 그 사람은 복을 가져다 주는 사람이다.
아홉째, 부지런한 사람이다. 그 사람은 풍요를 가져다 줄 사람이다
한 후배가 보낸 글인데 너희들에게도 들려주고 싶었다.

성준아, 상윤아, 태경아,
게으르면 안 된다. 남보다 앞서고, 공부도 잘하고, 힘으로도 이기고, 친구를 도와야 한다. 그러자면 남보다는 배는 노력하고 정성을 들

여야 한다. 그 정도 노력도 안 하고 어떻게 남을 돕고, 남의 모범이 되겠느냐!

평소 노력을 게을리하여 준비가 안 된 사람에겐 하나님의 은총도 어쩔 수 없다는 준엄한 교훈을 『성경』에서 찾아볼 수 있다.

「열왕기」에 보면 엘리사의 제자 중의 한 사람이 많은 빚을 지고 세상을 떠났다. 죽은 선지자의 아내가 엘리사를 찾아와 도와달라고 애원을 하였다. 그 제자는 여호와를 경외하는 독실한 사람이었는데 그가 죽자 남은 그의 두 아들이 노예로 팔려가게 되었던 것이다.

그 말을 들은 엘리사는 그 여인을 돕고 싶어 집안에 무엇이 남아 있느냐고 물었다.

"우리 집에는 이제 기름 한 병 말고는 아무것도 없습니다." 여인이 대답하였다.

엘리사가 여인에게 이르되, "나가서 이웃 사람들에게 부탁하여 되도록 많은 빈 병을 빌려 오너라."

여인의 두 아들은 이웃에서 빈 병을 구할 수 있는 대로 구해왔다. 엘리사는 여인에게 말하였다.

"문을 닫고 빈 병에 기름을 다 채워라."

여인은 병마다 기름을 가득 채웠다. 그런데 얼마 지나지 않아 빈병이 다 찼다. 여인은 병이 더 없느냐고 아들들에게 물었다.

"이게 단데요."

그러자 한없이 나오던 기름도 뚝 그쳤다. 여인은 좀 아쉬웠다. '기름병이 더 있었으면 더 많은 기름을 얻을 수 있었을 텐데' 하고.

이 얘기는 준비가 안 된 사람에겐 하나님의 은총도 어떻게 할 수 없다는 것을 알 수 있다. 성준이, 상윤이, 태경이는 명심할 지어다.

이 교훈은 평소 준비를 얼마만큼 하였는가, 준비된 병만큼만 기름을 얻을 수 있다는 가르침을 준다. 다시 말해 세상은 자기 쌓은 실력만큼 거두고, 준비된만큼 얻는다는 것을 명심하자.

　여인이 빈병을 더 많이 준비했다면 여인은 더 많은 양의 귀한 기름을 얻었을 게 아니냐.

　실력은 평소 준비하고, 항상 준비가 있어야 한다는 교훈이다. 그런 수고가 싫으면 남에게 무시당하고, 바보 취급 받느니라.

　그래도 좋다면 이 책을 더 읽을 필요도 없다. 물론, 나의 천사들은 그 누구도 그럴 사람은 없다는 걸 할배는 잘 안다.

(3) 인간관계

　그럼 다시 얘기를 계속해 볼까.

　세상을 살면서 중요한 일이 한둘이 아니지만, 제일 먼저 마주치는 일이 사람을 만나는 일이다. 이것은 우선 가정에서부터 부모, 형제를 시작으로 학교에서는 선생님을 만나고 친구들을 보게 되어 있다. 결국 따지고 보면 인간관계로부터 모든 게 시작이다. 그러니까 인간관계를 어떻게 맺어 가는가가 행복의 원천이요, 또 불행의 원인이 되기도 한다.

　오래전 한 연구에서 '당신이 겪고 있는 일 가운데 제일 괴로운 일이 무엇인가?'라는 질문에, 대부분의 사람들이 '가까운 사람과의 이별이나 갈등'이라고 대답하였다.

　고통스러운 인간관계는 우리의 행복이나 불행의 원인이고, 심지어 신체적 건강에도 영향을 준다고 하였다. 왜냐하면 우리 몸의 면역력이 떨어지기 때문이다.

　퇴근 후 친구끼리 모임에서도 거나하게 취하면, 삿대질하며 욕하는 대상이 누구더냐? 다 직장의 상사들이 아니더냐.

　이처럼 우리의 행복이나 불행에 큰 영향을 주고 있는 게 바로 인간

관계다. 그러니까 세상은 원만한 인간관계를 맺어 나가는 게 아주 중요하다.

그럼 어떻게 해야 좋은 인간관계를 유지할 수 있을까? 좋은 성품을 키우는 것이다. 양보하는 미덕을 터득하는 것이다. 항상 긍정하는 마음을 가져야 하고, 남을 배려하는 사람이 되고, 늘 온화한 안색을 갖도록 노력한다.

그리고 무엇보다 우리는 서로가 다르다는 것을 인정하는 것이다. 남을 존중한다는 뜻이기도 하다. 그러므로 내 신념이나 내 생각을 상대에게 강요하거나 설득하는 것은 바람직하지 못하다.

특히 설득은 의미가 없다. 설득하자면 내 논리가 상대의 논리를 꺾어야 한다. 설득 당한다는 것은 다시 말해 내 주장이 이겼다는 말이다. 논리에 꺾인 상대의 기분이 좋을 리가 없다. 외려 나에 대한 반감만 커질 뿐이다.

그러니까 설득이 아니라 승복케 하는 것이다. 승복은 상대를 깨닫게 하여 나와 같은 생각을 갖게 하는 것이다. 대인 관계에서 우리 천사들은 꼭 명심할 일이다.

• 의미 있는 타인

대인 관계에서 유념해야 하는 일의 또 하나가 상대에 따라 우리의 삶에 중요한 영향을 미치는 사람들이 있다는 사실이다. 이런 상대를 대인관계 이론을 쓴 키슬러(D. Kiesler)는 '의미 있는 타인(Significant others)'이라고 하였다. 물론 인격적으로 훌륭하고 사회적으로도 영향력 있는 훌륭한 사람이다. 그러니까 대인관계에서는 다소 능동적으로 그런 사람을 찾아 나서야 한다.

왜? 그런 '의미 있는 타인'은 당장에 내 생활과 심지어 내 장래를 좌우할 수 있기 때문이다. 속된 말로 갑과 을의 관계다. 대개 사회적으로 성공한 사람들은 그런 의미 있는 타인을 만났기 때문이다.

예컨대 미국의 34대 대통령 아이젠하워(아이크) 같은 이도 마셜(George Marshall)이란 훌륭한 인물을 만났기 때문에 성공한 사람이다. 그 많은 사관학교 선배들을 제치고 제2차 세계대전 때 유럽 연합군 사령관으로 그는 발탁된다. 이때, 미국의 불세출의 전쟁 영웅인 페튼 장군까지도 앞질렀다. 페튼은 아이크보다 사관학교 5년 선배였다.

전쟁이 끝나자 아이크는 바로 미 공화당 대통령 후보로 선발되었고, 미국의 대통령으로 당선된다. 먀셜이라는 '의미 있는 타인'을 만났기 때문이다.

마셜은 2차 세계대전 전 미 보병학교 교관으로 근무하면서 자기 제자들을 유심히 관찰하였다. 그리고 성실하고 유능한 학생들의 신상을 메모해 두었다. 마셜이 참모총장이 되었을 때 제2차 세계대전이 일어난다. 그는 메모해 두었던 과거 제자들을 발탁하여 제2차 대전을 승리로 이끈다. 소위 '마셜 키드'들이다.

이처럼 '의미 있는 타인'을 만난다는 것은 인생을 좌우할 수 있는 중요한 사건이다. 그러니까 평소에 매사를 성실하게 처리하고, 정성을 다하는 습관을 길러둬야 '의미 있는 타인'을 만났을 때 그 사람의 신임을 얻게 되는 것이다. 특히, 유념할 일은 어떤 경우에도 사람을 배반하는 일은 없어야 한다.

• 배려

또, 사람들의 호감을 사고 믿음을 얻는 일로 배려가 있다. 배려란 글자 그대로 남의 입장을 생각하는 것이다. 불편은 없는지, 어려운 점은 없는지를 살피는 마음 씀이다.

흔히 외국인들이 우리를 안 좋게 생각하는 이유의 하나가 바로 배려가 부족하다는 점이다. 우리는 길을 가다 본의 아니게 남의 어깨를 치는 경우가 있는데, 우리는 그냥 지나치지만 외국인은 절대로 그런

법이 없다. 그 사람들은 꼭 "미안하다" 아니면 "실례했다"고 사과를 한다.

우리는 남을 무시해서가 아닌데 풍습이 그러니까 그냥 지나치지만, 그 사람들은 어려서부터 사회예절로 훈련받아 왔기 때문에 으레 못마땅하게 여기는 것이다. 한국 사람들 배려와 매너가 없다고.

예부터 우리나라는 예절 바른 나라로 주위에서 칭송을 받아 왔는데 할배가 보긴 부끄러운 점이 한둘이 아니다. 예절은 일본 사람들이 더 잘 지킨다. 청결하고, 정직하다. 이 점은 우리가 배워야 한다.

할배가 강조하는 남을 위한 삶은 우선 배려에서 시작되어야 한다. 배려란 남의 입장이 되어 그 사람이 지금 처한 입장에서 필요한 건 없는지, 어려움은 없는지를 생각하는 것이다.

배려 얘기가 나왔으니 몇 가지 유명한 일화를 소개하마.

일본 도쿄의 한 무역회사에 바이어들을 위해 차표 구매를 담당하는 여직원이 있었다. 이 직원은 가끔 독일 회사의 임원이 오사카를 자주 다녀서 이 쿤의 왕복하는 차표를 예매해 주곤 했다.

이 중역은 오사카를 오가면서 느낀 게 있었다. 도쿄에서 오사카에 갈 때나 돌아올 때, 항상 일본의 명물 '후지산'을 즐길 수 있었다.

한두 번은 우연이려니 하고 생각했는데, 여러 해를 다녀도 항상 후지산을 구경하는 일은 한 번도 빠지는 법이 없었다. 그러니까 오사카에 갈 때는 항상 오른쪽 창가에 자기 자리가 정해져 있고, 동경으로 돌아올 때는 항상 왼쪽 창가에 자기 자리가 잡혀 있는 것이다.

우연이라기에는 좀 이상한 생각이 들어서 한 번은 여직원한테 물어봤다. 그랬더니 여직원은 웃으며 대답하길 "선생님의 기차 여행이 지루하실까봐 언제나 후지산을 보실 수 있게 자리를 예매했지요."

세심한 배려에 감동한 이 독일 임원은 "그랬었군요. 다음부터는 무역 거래액을 40만 마르크에서 1,200만 마르크로 올리겠소."

여직원의 세심한 배려에 독일 바이어는 무려 300배나 무역 거래 규모를 늘려 준 것이다.

이번엔 19세기 스코틀랜드 메리 여왕(Mary Stuart)의 일화를 소개하겠다.

한 번은 여왕이 외국대사와 정부 요인들을 불러 만찬을 하는 자리였다. 외국 손님 중에는 서양식 저녁 만찬에 익숙하지 않는 분도 있는 법, 왕궁의 만찬 테이블은 화려하고 복잡해서 누군가가 테이블 위에 놓여 있는 핑거 보울(Finger Bowl, 가볍게 손 씻는 물그릇)의 물을 마셔 버렸다. 이 외국 손님이 실수를 한 것이지.

원래 궁전의 만찬자리는 엄격하여 예절에 어긋나면 큰 흉이라 옆의 손님도 당황하고, 금방 분위기가 어수선해졌다. 모두가 당황하고 있던 차에 여왕이 이 일을 눈치채고는 자기 앞의 핑거 보울 물을 마셔버렸다. 그러자 실수를 한 외국 손님의 체면이 살았고, 어색했던 분위기도 금방 회복되었다.

여왕의 마음과 배려를 이해한 외국 손님이나 중역들은 여왕의 세심한 마음 쓰임에 존경을 더하게 되었다는 실화다.

그래서 톨스토이도 이런 말을 하였다. "친절과 배려는 세상을 아름답게 만들고, 모든 비난을 잠재운다. 얽힌 것을 풀어 주고 어려웠던 일을 수월하게 만들고, 암담한 상황을 즐거움으로 바꾼다."

세상에는 좋은 호텔이 수없이 많다. 호텔 좋기로 소문난 미국에서도 뉴욕의 월도프 아스토리아 호텔은 고급 중에서도 최고급이다.

이 호텔의 초대 총지배인으로, 훗날에는 회장까지 올라 '호텔 왕'이라는 명성을 얻은 조지 볼트(George Boldt)의 젊을 때 얘기다. 볼트가 젊었을 적에 필라델피아의 조그만 호텔 직원으로 일할 때이다.

폭풍우가 몰아치는 어느 늦은 밤, 숙소를 얻지 못한 노부부가 볼트의 작은 호텔에 찾아왔다. 예약은 못했는데, 혹 빈방이라도 있는지 물었다. 그러나 그 도시의 행사 때문에 빈방은 하나도 없을 뿐더러 다른 호텔도 사정은 마찬가지였다.

직원은 노부부에게 말했다.

"정말 죄송합니다. 객실이 다 찼습니다. 하지만 밤도 늦은 데다 비까지 오고 있으니 차마 나가시라고 말할 수 없군요. 누추하지만 제가 묵고 있는 방이라도 괜찮으시다면……."

그로부터 2년 후 그 호텔 직원은 정중한 초청과 함께 뉴욕 행 항공표를 받았다. 뉴욕에 도착한 그를 맞이한 사람은 2년 전 그 노신사였고, 화려하고 근사한 호텔로 안내되었다.

"어떻습니까? 호텔은 마음에 드는지…."

"감사합니다. 그런데 제가 묵기엔 이 호텔이 너무 비싸 보입니다. 저는 보다 저렴한 호텔도 상관없습니다."

노신사는 말했다.

"2년 전, 우리 부부가 곤경에 처했을 때, 당신은 우리를 따뜻한 마음으로 도와주었지요. 그때 우리는 당신 같은 분이 미국에서 제일 좋은 호텔을 운영해야 한다고 생각했지요. 우리가 당신을 생각해서 이 호텔을 지었으니, 이 호텔의 운영을 맡아 주시오."

노부부는 어마어마한 거부였던 것이다.

2년 전 볼트의 친절한 배려는 노부부를 감동시켰고, 노부부의 또 다른 배려로 볼트는 아스토리아 호텔을 운영하게 된 것이다.

그림 「만종」으로 유명한 밀레(Jean-François Millet)와 그의 친구 테오도르 루소의 아름다운 우정 얘기이다.

밀레도 젊었을 때는 그림이 안 팔려 생활이 곤궁하였다. 하루는 루소가 밀레를 찾아보고 생활이 어려운 것을 눈치챘다. 화가의 그림이 안 팔리면 다른 재주가 없는 그림쟁이의 생활은 뻔한 것이기 때문이다. 얼마를 지나서 루소가 다시 밀레를 찾아왔다.

"시내 화상이 자네 그림에 관심을 보이던데, 아마 조만간에 자네 그림을 사러 올 거야."

그리고 또 며칠이 흘렀다. 루소가 다시 와서 밀레에게 말했다. "그 화상이 바빠서 올 형편이 못 되나 보네. 나 보고 대신 자네 그림을 사오라는데 내가 심부름 함세."

그리고는 시세보다 큰돈을 내고 밀레 그림을 한 점 사갔다. 덕분에 밀레는 곤궁한 생활을 청산하고, 더욱 그림에 정진할 수 있었다. 그의 그림이 점점 나아지자 밀레의 그림을 사람들이 찾기 시작했다. 밀레의 생활도 한결 나아지고 그의 그림은 더욱 세련되어 갔다.

어느 날 밀레가 마침 시간이 나서 루소의 집에 들렀다. 아, 그런데 이게 웬일인가! 옛날에 화상이 사갔다는 그림이 루소의 서재에 걸려 있는 게 아닌가!

루소는 혹 친구의 자존심이 상할까 염려하여 살 사람이 있는 것처럼 꾸몄던 것이다. 밀레는 루소의 배려와 우정에 감동하여 한동안 말을 잇지 못하였다는 미담이다.

『명심보감』에서도 "남의 흉한 일을 민망히 여기고, 남의 좋은 일은 기쁘게 여기며, 남이 위급할 때는 건져주고, 남의 위태함을 구해주라."라고 하여 배려를 강조하고 있다.

• 말의 힘

배려에 못지않게 중요한 것이 인간의 말이다. 만일에 사람에게 말이 없었다면 어떻게 되었을까. 인류가 이룩한 문명이나, 과학이나, 전통 같은 게 성립할 수 있었을까. 인간이 동물의 범주를 벗어나 사회적·문화적인 존재로, 곧 사람다울 수 있는 것도 말이 있었기 때문일 것이다.

그래서 요한은 '태초에 말씀이 계시니라. 이 말씀이 하느님과 함께 계셨으니 이 말씀은 곧 하느님이시니라.'(요한 1-1)라고까지 한 게 아닐까.

할배가 젊을 적에는 기업 활동을 하면서 체육계에도 진출하여 국제적으로 활동할 기회가 많았다. IAAF(International Athletics Association of Federation)라고, 국제육상연맹의 약자이다. IAAF에는 대개 25명 내외의 집행이사가 있었는데 국제 연맹의 총회에서 선거로 선출하도록 되어 있다.

총회는 세계 120여 개국의 육상연맹 회장들의 모임으로 매 4년에 한 번씩 개최하는데, 그곳에서 집행이사를 선출한다. 집행이사는 스무 명 남짓하니까 경쟁은 늘 치열하다. 집행이사회는 IAAF의 정책, 예산, 국제경기의 운영 등을 관장하는 최상급 기구다.

할배는 4년 임기의 이사를 여섯 번, 총 24년 동안 재직하였다. 덕분에 웬만한 세계적인 명소는 다 가보았다. 배운 것도 많았지.

이때 절실히 느낀 건데, 총회에서 이사를 선출하니까 이사들은 자연히 국적이 달랐다. 그런데 공식으로 사용하는 언어, 즉 공식어가 영어, 스페인어, 프랑스어였다. 그러니까 나 같은 경우는 별 수 없이 세 언어 중 하나를 택할 수밖에 없었다. 모국어를 못 쓰는 나나 일본 출신 이사는 불편하기 짝이 없었다.

따라서 25명의 이사들은 사용 언어에 따라 세 그룹으로 갈리고, 까다로운 의결 사항이 있을 때는 자연스럽게 언어권 별로 한편이 되었다. 어떤 점에서는 민족권, 문화권보다 언어권의 결속이 더 강하다는 것을 느꼈다. 그때 느낀 일이지만, 핏줄보다는 같은 언어를 사용하는 사람끼리의 관계가 더 중요하다는 사실이었다.

2011년, 대구에서 세계육상선수권 대회가 열린 적이 있었는데, 한국에서, 그것도 서울이 아닌 대구에서 세계선수권 대회를 연 것은 다들 기적이라고 생각하였다. 왜냐하면 그건 성립이 안 되는 일이었기 때문이다. 그러나 할배는 그때 언어권의 결속을 잘 이용해서 다들 불가능하다는 선수권 대회를 대구가 유치할 수 있었다. 말의 힘은 이렇게 무서운 것이다.

하긴 사람의 '세치 혀'가 사람을 죽인다고 하였다. 좀 끔찍한 말이지만 힘쓰는 발이나 손이 아닌 입속의 작은 혀도 때로는 사람을 죽일 수 있다. 그래서 속담에 "혀 아래 도끼 들었다."라는 말까지 있는 것이다.

『탈무드』에 이런 얘기가 있다.

어느 날 임금이 광대 두 사람을 불러 한 광대에게는 "세상에서 가장 악한 것을 갖고 오도록"하고, 다른 광대에게는 "세상에서 제일 선한 것을 찾아오라"고 일렀다.

두 광대는 일 년 동안 세상을 돌아다니며 제일 악한 것과 제일 선한 것을 찾아 다녔다. 일 년 후 그들이 왕 앞에 내 놓은 것은 둘 다 혓바닥이었다.

말은 조심해야 할 것이, 한 번 입 밖에 나온 말은 주어 담을 수도 없고, 지울 수도 없다는 것이다. 종이에 쓴 글은 지울 수 있어도, 허공에 뱉은 말은 지을 수가 없다. 허공에 뱉은 말은 허공으로 사라진다고 생각하는데, 공기의 진동으로 우주 끝까지 가는 것이다.

스페인 속담에 "화살은 심장을 관통하지만 매정한 말은 영혼을 관통한다."라고, 말을 화살보다 더 무서운 것으로 치부하고 있다. 몸에 상처를 준 화살은 치유할 수가 있는데, 영혼에 상처를 주면 영원히 치유가 불가능하기 때문이다.

『논어』라는 동양의 최고 고전에도 입을 다스리는 것을 최고의 덕목으로 치고 있다. 유교 문화권에서는 군자(君子)가 되는 것을 최고의 이상으로 삼고 있는데, 한자의 군(君)자를 분해해 보면 다스릴 윤(尹) 아래 입 구(口)로 되어 있다. 입을 잘 다스리라는 가르침이다.

톨스토이도 이런 말을 하였다. "말을 해야 할 때, 침묵을 지키면, 백 번 중에 한 번은 후회하지만, 말을 해야 할 때 말을 하면 백번 중에 아흔 아홉 번은 후회한다."

나의 천사들아, 말을 할 때는 한 번 더 생각하는 습관을 기르자.

2. 베스트셀러
『어느 할아버지의 평범한 이야기』

(1) 효도

앞에서도 얘기했듯이 할배는 36년 전에 너희 엄마 아빠를 위해 책을 쓴 적이 있다. 할배가 지금 너희를 위해 이 책을 쓰듯이.
그땐 할배가 너희 부모의 할아버지였기 때문에 책 제목이 좀 달랐지. 바로 『어느 할아버지의 평범한 이야기』란 책이다. 책의 제목이 잘 되었다고 칭찬을 많이 들었는데, 사실은 너희 증조할머니께서 지으신 거다.
이 책은 일거에 30만부 이상 팔리는 베스트셀러가 되어 한때 장안의 화젯거리가 되기도 하였다. 그 후에도 오랜 스테디셀러로 여러 출판사가 다투어 책을 내는 바람에 실제는 40만부 이상 출판되었다. 비소설로 이런 화제작은 일찍이 없었다. 할배 자랑이 좀 심했나?
그런데 이 책을 너희 엄마들은 별로 달가워하지 않았다. 왜 그런지 아니?
책이 잘된 만큼 훈계가 많았고, 훈계대로 행동하기가 좀 어려웠기 때문이다. 그러니까 절대로 너희 엄마들은 내 책에 대해서 얘기하는 법이 없었다. 할아버지 훈계대로 안 하면 속된 말로 남들한테 '쪽' 팔리니까. 웃기지?

그 책에서 제일 먼저 강조했던 게 부모에 대한 효도였다. 요즘 효도 얘기를 하면 외면당하기 십상이지만 할배는 꼭 해야겠다.

한 번 곰곰이 생각해 보아라. 우리에게 부모같이 크고 위대한 어른이 어디 있겠느냐. 세상 부모치고 자식을 위해 세상을 버리래도 안 버릴 부모는 없다고 나는 생각한다. 특히 그중에서도 어머니의 사랑은 가없다.

우리나라의 큰 인물 중 한 분으로 양주동(梁柱東) 박사라는 분이 있었다. 다음은 그분의 「어머니의 마음」이란 시다. 어머니를 그리는 너무도 아름다운 시라서 여기 옮겨본다.

낳으실 제 괴로움 다 잊으시고
기를 제 밤낮으로 애쓰는 마음,
진자리 마른자리 갈아 뉘시며,
손발이 다 닳도록 고생하시네.
하늘 아래 그 무엇이 넓다 하리요,
어머님의 희생은 가이없어라.

어려서는 안고 업고 걸러 주시고,
자라서는 문에 기대어 기다리는 마음,
앓을 사 그릇 될 사 자식 생각에,
고우시던 이마에 주름이 가득,
땅 위에 그 무엇이 높다 하리요,
어머님의 정성은 지극 하여라.

사람의 마음속엔 온 가지 소원,
어머님의 마음속엔 오직 한 가지,

아낌없이 일생을 자식 위해,
살과 뼈를 깎아서 바치는 마음,
인간의 그 무엇이 거룩하리오!
어머님의 사랑은 그지없어라.

　이 시는 일제 강점기 때 유명한 이흥렬(李興烈)이란 작곡가가 처음 작곡한 「어머니의 마음」이란 노래의 가사가 되었다.
　이흥렬 작곡가의 어머니도 그 사랑이 가없었다. 이흥렬이 음악에 재능이 있어 일본 유학을 갔지만 작곡에 필요한 피아노가 없었다. 이흥렬의 어머니는 이 사실을 알고 그 어려운 살림에서도 그 당시로는 거금이라 할 400원을 만들어 아들에게 보냈다. 1930년대 초반 그 당시 쌀 한 가마니에 13원이었으니까 얼마나 큰돈이냐!
　그런데 더 놀라운 일은 아들의 피아노 값을 준비하기 위해서 새벽부터 땅거미가 질 때까지 동네 산은 물론 먼 산에서 솔방울을 긁어모아 판 돈으로 피아노 값을 마련했다니 참으로 어머님의 사랑과 희생은 끝이 없구나!

　제2차 세계대전을 승리로 이끈 윈스턴 처칠이 세계적인 인물로 부상했을 때, 영국의 한 신문사가 유치원부터 대학까지 처칠을 가르친 교사들을 전수 조사해서 '위대한 스승들'이라는 제목으로 특집 기사를 실었다.
　그 기사를 읽은 처칠은 신문사에 짧은 글을 보냈다.
　"귀사에서는 나의 가장 위대한 스승을 정확히 찾아내지 못했습니다. 그분은 바로 나의 어머님이십니다. 어머님은 제 인생의 나침반이었습니다."
　세상에 태어나서 제일 먼저 배우는 단어는 마마와 엄마다. 태어나서 제일 먼저 보는 것도 엄마의 눈동자다. 어머니보다 위대한 스승은 없다.

어떠냐! 성준아, 상윤아, 태경아, 너희는 어머님의 사랑과 은혜를 깊이 새기자.

유대인은 아버지가 유대인이라도 유대인으로 치지 않는다. 그러나 엄마만 유대인이면 유대인으로 간주된다. 왜 그런지 아느냐? 엄마는 아버지보다 더 중요하기 때문이다. 남자들은 자존심이 상하니까 입을 다물고 있을 뿐.

왜 중요한가. 한번 생각해 보아라. 일곱, 여덟 살까지는 거의 엄마의 손에 교육이 달렸다. 눈 맞추는 것부터 '엄마'란 말이며, 그 외 숱한 낱말과 '잼잼', '도리도리' 등…. 그리고 유치원은 으레 엄마 손을 붙들고 다니지 않았느냐. 그뿐이랴. 예절·습관·정직 등 인성 교육은 엄마로부터 시작이다. 사람의 인격이 형성되는 이 중요한 시기에 엄마가 '최고의 선생님'이다.

유대인 엄마는 직장을 안 갖는다. 남편 밥 시중이나 가사보다 자녀들 교육을 더 중시한다. 그래서 좀 클 때까지는 직장을 안 갖는 거다. 유대인의 동네에는 식당이 유난히 많다. 교육에 전념해야 하는 엄마들을 위해 집에서 밥 짓는 수고를 덜어주기 위함이다.

좀 생뚱맞은 얘기지만, 앞서 말한 할배 책에서도 우리 집엔 '3금'이 있다고 썼다. 세 가지 극하는 사항이다. 좀 심하지만 여자들만의 금지 사항이다.

첫째가 금연이요, 둘째가 운전 안 하기, 셋째가 직장 안 갖기였다. 물론 아이들이 초등학교 들어갈 때까지라는 단서는 붙였지.

그 책이 비록 베스트셀러까지 되긴 했지만, '20세기 꼰대'가 나타났다고 할배 욕 많이 잡수셨다. 그런데 시대가 시대인만큼, 시간이 흐르면서 모든 게 흐지부지되었다. 할배도 모질게 지키려고 고집 부리지 않았고.

　사실은 이랬다. 성준이 엄마는 다니던 직장을 결혼하면서 그만두었다. 그러나 2022년에 결혼한 상윤이 엄마는 상윤이를 낳고도 다니던 화장품 회사를 그냥 다닌다. 그래서 지금도 성준이 엄마를 속으로는 한 점 더 주고 있지. 첫 손녀가 할배 뜻을 지켜 준 게 너무 대견해서다. 사실 그건 어려운 결단이다. 그러나 성준이 엄마는 할배 마음을 알고, 내 뜻을 지켜줬다. 얼마나 훌륭하냐! 성준이가 누구보다 잘 큰 게 다 엄마 덕인 줄 알아야 한다.

　그럼 상윤이가 섭섭하겠구나. 우리 엄마는 왜 그냥 다니게 하셨냐고? 막내라서 봐 준거지. 그리고 네 엄마는 결혼할 때 이미 그 큰 회사의 차장이었다. 그리고 네 엄만 능력이 뛰어나서 우리 수출에도 큰 몫을 하고 있는 터라 못 이긴 듯이 눈감아 준 거지. 그래서 할배는 너그러운 사람으로 너희들 칭송을 받는 게 아니겠느냐. 할배가 너무 나갔나? 웃겼어?

　여자 운전 금지는 내가 코미디 감이 되었다. 성준이 할머니 때문이지. 하루는 할머니가 내게 와서 막 따지고 들었지 뭐냐.

　"아빠! 나 언제까지 운전 못하게 하실 거예요?"
　"……"
　할배는 할 말이 없었다. 내 실수를 늦었지만 알고는 있었으니까. 안 그래도 사실은 조마조마하던 차였다. 왜냐하면 네 외할아버지가 워싱턴 주미 대사관에 발령이 났기 때문이다. 미국 가면 모든 엄마들이 자동차로 아이들 등교 때나 하교 때 통학을 시킨다. 그걸 나중에 눈치챈 나는 시기를 놓친 거다. 진즉에 풀어줬어야 할 일이었는데 하고 말이다.

　그래서 할배는 무조건 항복을 했지.
　"에미야, 미안하다. 내가 깜박했어, 진즉에 풀어줬어야 하는데 말이야!"

그런데 네 할머니가 나를 깜작 놀라게 했지 뭐냐. 글쎄, 네 할머니가 '짠'하고 내민 게 뭔지 아느냐?

바로 운전면허증이다— 이거지. 그러니까 나 몰래 네 할머니는 미국 가기 전에 운전면허증을 따버린 거다.

나는 몹시 놀라며, 은근히 약도 오르고 해서,

"뭐야, 이건?" 하고 따졌지.

"뭐긴 뭐라니요. 운전면허증이지!"

"허허—, 잘했다."

그렇게 해서 면허증 사건은 코미디로 막을 내렸지.

(2) 성품이 중요하다

텔마 톰슨은 2차 세계대전 중 한 육군 장교와 결혼을 했다. 남편이 캘리포니아 모하비 사막 근처의 육군훈련소에서 근무하기 때문에 남편 가까이에 있고 싶어 사막의 관사로 이사를 했다. 그런데, 사막은 건조하고 덥고, 걸핏하면 모래바람이 불어 집안은 먼지투성이에, 사막 모래가 음식에 들어가서 생활이 여간 힘 드는 게 아니었다. 게다가 이웃이라곤 멕시코 인디언 뿐이라 외롭기까지 했다. 텔마는 절로 신세 한탄이 나왔고, 슬프고 외롭고 참담한 생각이 들어 친정 부모님께 편지를 썼다.

"이런 곳에 생활을 더 이상 견딜 수 없으니 당장이라도 짐을 꾸려 고향으로 돌아가야겠다"고 하소연을 했다.

그런데, 아버지의 답장은 위로의 말은 한마디도 없고, 썰렁한 두 사나이의 감옥 얘기 뿐이었다.

"두 사나이가 감옥에서 조그만 창문을 통해 밖을 바라보았다. 한 사람은 밤하늘에 반짝이는 별을 헤아리며 자신의 미래를 꿈꾸며 살았고, 다른 한 사람은 감옥에 쓸려 다니는 먼지와 바퀴벌레를 세며, 불평과 원망으로 살았다."

아버지의 정 없는 편지 내용이 처음엔 너무나 실망스러웠다. 그러나 '왜 아버지는 이런 정 떨어지는 편지를 보냈을까' 하고 곰곰이 생각해 보았다. 그리고 아버지 편지를 읽고 또 읽었다.

문득 번개처럼 머리를 스치는 게 있다. '그렇지, 왜 나는 사막 생활의 좋은 쪽은 안 보고 나쁜 쪽만 보고 있는 거지?' 하는 생각과 함께, 그때부터 이곳 사막 생활에서 '밤하늘의 별은 무엇일까'를 찾기 시작했다.

'그렇지. 누구보다 소중한 남편과 함께 있고, 원주민이라도 말이 안 통해 그렇지 그들도 선량한 사람들일 테니 내 마음을 주면 훌륭한 이웃이 될 것'이라고 생각했다.

텔마는 우선 가까이 사는 원주민을 찾아갔다. 말은 서로 통하지 않았지만, 원주민 여자가 짠 편물이 좋다고 손짓으로 관심을 보이고, 도자기도 이쁘다고 칭찬을 했다. 선량한 그들은 금방 친한 이웃이 되었고, 자기의 작은 칠절에 여행자에게는 팔지도 않는 소중한 것들을 이것저것 선물로 주었다.

얼마 지나지 않아 텔마는 '그렇지, 여기 생활에 나쁜 것만 있는 건 아니지' 하는 생각이 들었고, 그때부터 다른 곳에서는 볼 수 없는 사막의 선인장, 난초, 여호수아 나무 등을 연구하기 시작했다. 그리고 사막의 식물에 관해 조사도 하고, 사막 특유의 조개며 해양 생물에 대해서도 관심을 갖기 시작했다. 그리고 남편이 퇴근할 저녁 무렵이면 다른 곳에서는 볼 수 없는 낙조의 장관도 즐길 줄 알게 되었다.

훗날 텔마는 사막에서 겪은 놀라운 체험을 주제로 『빛나는 성벽』

이라는 소설을 써 일약 유명인이 되었다.

텔마는 자기 책의 출판 사인회에서 이렇게 인사했다.

"저는 사막에서 생활하는 동안에 악마와 하느님의 목소리를 다 들었습니다. '사막은 말 그대로 사막이다. 너는 불행하다, 너는 희망이 없다.'라는 마귀의 소리와, '이곳으로 너를 인도한 이는 바로 나 하나님이다. 이곳에서 너의 새로운 꿈을 펼쳐 보라'고 말씀하시는 하나님의 음성도 들었습니다. 저의 오늘의 이 영광은 마귀의 소리에 귀를 막고, 하느님의 소리에 귀 기울였기에 얻게 된 것입니다."

데일 카네기(Dale B. Carnegie)의 『행복론』에 나오는 일화다.

모하비 사막은 어제도 지금도 변함이 없다. 달라진 것은 텔마의 마음이다.

유럽을 제패한 나폴레옹 황제는 "내 생애에 행복한 날은 단 6일밖에 없었다."고 고백한 데 반해, "내 생애 행복하지 않은 날은 단 하루도 없었다."고 헬렌 켈러는 말했다.

"성격이 운명이다"라는 말과 같이 성격은 우리 운명을 좌우한다. 그러나 타고난 성격도 중요하지만 '성품'이 더 중요하다.

한때 세계적인 화제를 모은 『성공하는 사람들의 7가지 습관』을 쓴 커비(Stephen R. Covey)는 성격을 빙산에 비교하여, 보이는 부분이 성격이라면, 수면 아래 안 보이는 70%가 성품으로, 사회적인 성공은 훌륭한 성품에 달렸다고 하였다. 성품은 후천적으로 쌓아가는 개인의 도덕적 가치와 인격을 뜻하며 성실·정직·근면·언행일치 등을 들 수 있다. 이런 도덕적 가치와 인격은 좋은 습관을 통하여 쌓을 수 있다.

참고로 커비가 정의한 성공 비결의 습관은 다음과 같다.

1) 자신의 삶을 주도하라
2) 끝을 생각하며 일을 시작하라

3) 급한 것보다 소중한 것을 먼저 처리하라
4) 항상 윈-윈을 생각하라
5) 먼저 자기가 이해하고 다음에 상대를 이해시켜라
6) 시너지 효과를 고려하라
7) 끊임없이 쇄신하라

성품이 좋은 사람이 되려면 많은 노력을 해야 한다. 좋은 습관을 길러야 하고, 부지런해야 하고, 독서를 많이 하고, 정직해야 한다. 효도해야 하고, 항상 긍정적으로 생각하고, 많이 웃고, 밝은 안색을 갖도록 해야 한다. 너무 '꼰대' 같은 소리라고 듣기 싫을 것이다. 그러나 증조 할배니까 이런 소리도 하는 것이다. 하긴 증조할배야 말로 진짜 꼰대 중의 꼰대지.

(3) 웃음은 명약

성품은 웃음과도 깊은 관련이 있다. 사람의 웃음은 참으로 특이한 행동이다. 웃음은 기쁨, 희망과 같은, 사람의 마음이 밝고 기분이 최고조에 달했을 때 얼굴에 나타나는 신호이다. 그러니까 잘 웃는 사람은 상대를 편안하게 하고, 주위를 밝게 하는 특별한 효과가 있다. 그러니 잘 웃는 사람의 성품이 좋을 수밖에 없다. 반대로 잘 웃으면 성품도 좋아질 게 아니냐.

처음 보는 사람에게도 밝은 미소로 인사하면, 가슴속에 따듯함이 전해 온다. 모르는 사람에게도 밝은 미소를 지으면, 따듯한 말 한마디를 나눈 것처럼 행복감을 느낄 것이다.

전 세계적으로 약 1억 4천만 부가 팔리고, 301개의 언어와 방언으로 출간되어, 전 세계에서 출판된 책들 중 가장 많이 팔리고 번역된 책이 『어린 왕자』란 책이다. 저자 생텍쥐페리(Antoine de Saint-Exupéry)는 작가이면서도 행동하는 사람이라, 2차 대전이 났을 때, 전투기 조종사로 참전했다가 아깝게도 전사한다.

그는 체험을 바탕으로 『미소(le sourire)』라는 단편을 썼는데, 내용이 좋아 여기 줄거리만 소개한다.

나는 전투 중에 포로가 되어 감방에 갇혔다. 간수들의 경멸하는 말과, 거친 태도로 보아 나는 내일 처형될 것이 분명하였다. 나는 신경이 곤두서서 잠시도 고통을 참기가 어려웠다.

나는 담배를 찾아 주머니를 뒤졌다. 다행히 한 개피를 찾았다. 떨리는 손으로 겨우 입에 물었다. 그런데 성냥이 없다. 경비병이 내 모든 것을 빼앗아 갔기 때문이다.

나는 창살 사이로 간수를 바라봤다. 그들이 내게 시선을 줄 리가 없다. 나는 할 수 없이 간수를 불렀다. 한 간수가 어깨를 으쓱하고는 내게 다가왔다. 그가 성냥을 켜서 내 담배에 불을 붙여 주는 사이 우리는 시선이 마주쳤다.

나는 무심코 그에게 미소를 지었다. 나의 미소에 상대도 미소를 띠었다. 그는 담뱃불을 붙여주고는 내 눈을 바라보면서 다시 미소를 지었다. 그때 나는 우리가 서로 살아 있는 인간임을 느꼈다.

"당신에게 자녀가 있소?" 그가 내게 말을 건다.

"있지요." 나는 대답하면서 지갑을 꺼내 아이들의 사진을 보여 주었다.

"나도 아이들이 있지요. 난 아이들이 전쟁이 없는 세상에서 살기를 바래요."

나도 모르게 내 눈엔 눈물이 고였다. 아이들 생각이 떠올랐기 때문이다.

그의 눈에도 눈물이 글썽거렸다. 그도 고향 생각이 떠올랐나 보다. 그는 말없이 옥문을 열었다. 고개를 살짝 옆으로 젓는다. 따라 오라는 신호다. 나는 정신없이 그의 뒤를 따랐다. 한적한 길까지 나를 안내한 그는 아무 말 없이 되돌아갔다.

　시작은 '미소'였다. 너도 나도 같은 인간임을 깨닫게 한 작은 미소—. 미소는 가벼운 웃음이다. 웃음은 이렇게 위대한 힘을 갖고 있는 것이다.

　그밖에도 웃음은 여러 가지 위력을 발휘한다. 병을 고치고, 면역력을 높여 우리 몸의 병을 예방하고, 나아가 세상을 밝게 한다.
　'웃음학의 아버지'라고 불리는 미국의 커즌스(Norman Cousins)는 원래「토요 리뷰(Saturday Review)」의 편집인이었다. 그는 러시아에 출장을 갔다가 희귀한 병을 얻었는데, '강직성 척수염'이란 병이었다. 이 병은 관절염의 일종으로, 뼈와 뼈 사이에 염증이 생겨 아주 고치기 힘든 병의 하나다.
　그는 나이 오십에 그 병으로 죽게 되었다고 생각하니 원통하고 분했다. 그러던 중, 그는 우연히 몬트리얼 대학의 셀리(Hans Selye) 교수가 쓴『삶의 스트레스(Stress of the Life)』란 책을 읽었는데, 그 책의 "마음의 즐거움보다 좋은 약은 없다"라는 말에 큰 감동을 받고, '즐거우려면 웃는 게 제일이지' 하고 계속 웃고 지냈다. 그랬더니 자기도 모르게 통증이 사라지고, 어느 날부턴가 꼬부라졌던 손가락이 펴지고 굳었던 몸이 점점 부드러워지면서 불치병이 완전히 나아 버렸다.
　그는 참으로 믿기지 않아 하버드 의과대학에 가서 자기 경험담을 얘기하자, 처음에는 반신반의하던 교수들도 하나둘 관심을 가지고 연구를 시작하였다. 그 바람에 웃음에 대한 비밀이 많이 풀리면서, 웃음의 효과가 수백 가지에 이른 다는 것을 알게 되었다.

그는 신문사도 그만두고 하버드 의과대학의 교수 보조로부터 시작해, 마침내 의과대학의 교수까지 역임하게 된다. 그후 그는 UCLA 대학교에서 75세까지 건강 연구를 하고 생을 마쳤다. 그는 저서 『질병의 해부』라는 베스트셀러를 남겼다.

미국 캘리포니아주 코마린다 의과대학의 리 버크와 스탠리 탠 교수는 1996년 「웃음과 면역체계」라는 흥미로운 논문을 발표했다. 성인 60명을 두 그룹으로 나누어 일상생활 자와 1시간 동안 코미디 비디오를 보게 한 후, 혈액을 채취해 비교하였는데, 코미디를 본 그룹의 혈액에는 감마 인터페론이 2백 배 이상 증가했다는 것이다. 감마 인터페론은 면역 체계를 작동시키는 T세포를 활성화시키고, 또 종양이나 바이러스 등을 공격하는 백혈구와 면역 글로불린을 생성하는 B세포도 활발하게 만든다. 즉 외부로부터 침입할 수 있는 세균에 저항할 수 있는 최상의 상태를 만들어 준다는 것이다.

웃음은 사람의 마음과 정서도 안정시키는 힘이 있다. 한번 크게 웃고 나면 엔돌핀을 포함 21가지 쾌감 호르몬이 생긴다고 하였다. 이렇게 웃음은 불안·짜증·공포와 관련된 교감 신경을 억제하고 안정·행복감·안정을 지배하는 부교감 신경을 자극해 혈압을 낮추고 혈액 순환을 돕는다고 한다. 심지어 일본의 가도카와 요시히코(門川義彦)가 쓴 『기업을 살리는 웃음의 기술』이란 책에서는 어려워진 기업도 웃음이 살린다고 하였다.

이처럼, 웃음의 위력은 대단하다는 것이 여러 연구에 의해 밝혀졌다. 그러니까 억지로라도 밝은 표정을 짓고, 호탕하게 웃고, 매사에 '안돼'라는 말보다 '그래'라는 말을 자주 쓰고, 항상 무슨 일이든 잘 풀릴 거라고 생각하면, 정말 모든 일이 순조롭게 돼 가는 게 세상이다. 그래서 미국의 '철강왕'으로 한때 미국 최고 갑부로 존경받는 앤드류 카네기 같은 이도 "밝은 성격은 그 어떤 재산보다 귀중하다"라고 했던 게 아니겠느냐.

나의 천사들아, 우리 식구는 어디서든 잘 웃고, 때로는 호탕하게 웃고, 누가 뭐라면 마음에 안 내켜도 '안돼'란 말보다 '그래, 한번 생각해 보자'라고 긍정적으로 받아들이자.

할배가 보기엔 우리 식구 중에 성준이 외할아버지가 성격도 좋고, 호탕하게 웃는 것은 세계 제일이고, 매사를 긍정으로 대하기 때문에 그렇게 높은 자리까지 갈 수 있었던 게 아닌가 싶다.

성격은 밝아야 한다고 하였는데, 어떻게 하면 밝은 성격의 소유자가 될까. 노력해야지. 온화한 얼굴을 짓도록 힘써야지.

'아니오'보다는 '그렇소'란 말을 많이 하고, 마음에 좀 거슬려도 바로 '안 돼'가 아니라 '생각해 봅시다'라고 말하고, 또, 매사를 도모하기 전, '안되면 어쩌나'하고 걱정부터 할 게 아니라, '모든 건 잘 돌아갈 것'이라고 낙관하고, 그리고 많이 웃고, 상황에 따라 호탕하게 웃는다. 좀 심한 얘기겠지만 웃을 일이 없을 때는 거울 앞에서 혼자서라도 호탕하게 크게 소리내어 웃는다.

왜 그런지 아느냐? 아리스토텔레스는 "성격은 행위의 결과"라고 하였다. 참으로 지혜로운 말씀이다. 무슨 말씀인고 하니 우리는 흔히 마음에 따라 몸이 행동하는 것처럼 보이지만, 사실은 우리의 행동이 마음을 좌우한다는 말이다.

좀 더 쉽게 얘기하면 '가슴을 활짝 편다.', '씩씩하게 걷는다.', '힘찬 군가를 불러보라'. 정신이 맑아지고, 나도 모르게 힘이 나고, 용기가 용솟음치기 마련이다.

할배는 쉰 살 때, 한국전력공사의 사장으로 발탁되었다.

한국전력은 할아버지가 부임할 당시만 해도 한국에서 가장 큰 회사였다. 물론 지금은 삼성이 있고 현대도 몸집이 커져서 사정이 달라졌지만.

젊은 나를 나라에서 기용한 이유는 원래 국영기업이란 독점기업이라 경쟁사가 없이 오랜 세월이 지나다 보면, 회사 분위기가 나태해지고 직원들 생각도 안이해지게 마련이다. 그러니까 회사의 활력이 떨어지고 긴장감이란 찾아보기 힘들다. 이것은 어느 조직이나 경쟁자가 없으면 그렇게 되는 법이다. 나라에서 한국전력에 나를 보낸 것은 바로 이런 폐단을 바로 잡으라고 보낸 것이다.

이런 현상은 나라도 마찬가지— 옛날 제국들이 3~4백 년이 넘으면 내부적으로 문제가 생겨 멸망하고 새 왕조가 태어나는 것과 마찬가지다. 일찍이 로마 제국이 그랬고 중국의 당나라나 송나라 같은 예가 바로 그것이다.

문제는 정신이요, 성격이다. 할배는 생각하였다. '몸의 단련이 정신 단련이다'라는 가르침에 따라 다음 세 가지 행동지침을 만들어서 전 사원이 실행케 하였다.

1) 활기 있게 걷자
2) 오늘 일은 오늘 끝내자
3) 하루 한 번 남을 칭찬하자

어려운 주문은 아니었다. 그러나 직원들의 탄발이 만만치 않았다. "여기가 군대냐, 지시라는 게 뭐, 그 따위냐"는 등.

그러나 할배는 눈 딱 감고 밀어붙였다.

처음에는 웅성이고, 안 보이는 데서는 적당히 걷고— 은연중에 반발을 하였다. 6개월은 그냥 밀었다. 정면으로 지시에 반발하는 사람은 은근히 불이익을 주었다.

그런데 놀랍게도 6개월이 지나면서 점차 회사 분위기가 달라지기 시작하였다. 다들 해보니까 자기 건강이 좋아지는 것 같고, 생활에 활력이 생기고, 회사 전체 사기도 오르는 등, 좋은 일이 한둘이 아니란 걸 느끼기 시작했기 때문이다.

내가 회사를 떠난 지가 40년이 되가는데도, 그 전통은 남아 있고, 할배 얘기를 대를 이어 하고들 있다. "박 사장 때가 좋았어!" 하고.

이처럼 행동을 통해 정신적인, 성격적인 결함을 고칠 수 있다는 사실을 나 자신이 경험하였다.

이렇듯 우리의 행동은 알게 모르게 우리 생각을 지배하고 있다. 즉, 힌두교의 스승이나 불교의 고승들이 그 어려운 고행을 왜 하겠는가. 바로 정신을 단련하기 위한 거다. 즉, 고된 고행을 통해 몸을 단련하여 정신을 단련하기 위해서다.

동자가 처음 절에 가면 마당 쓸기나 설거지 같은 허드렛일을 무작정 시킨다. 마당이 깨끗해도 지겹도록 빗질을 시키고, 설거지 같은 짜증나는 일만 시키는 것은 모두가 정신을 가다듬기 위한 훈련이다.

(4) 지족— 사람은 만족할 줄 알아야

"만족할 줄 아는 사람이 정말 부자다." 사람의 욕심은 끝이 없는 것이라 그 욕심을 다 채우려면 한이 없기 때문에 적당한 선을 정해서 그게 차면 만족해야 한다는 가르침이다. 제1장에도 나오는 노자란 분의 가르침이다.

그런데 적당한 선이 어디냐 하면 한자로 지족(知足)라고 해서 한자를 풀이해 보면 앞의 '지(知)'는 '안다'라는 뜻이요, '족(足)'은 '발'이란 뜻이다. 가령 물을 채워 몸을 담근다면 몸 전체를 담그는 정도가 아니라 발목까지 채운다는 뜻이다.

얼마나 절도 있는 말이냐! 욕심대로 몸 전체를 채운다는 것은 욕심이 지나치다는 뜻이요, 발만 채우는 정도가 가장 마땅하다는 뜻이다. 사람은 그 정도에서 만족할 줄 알아야 된다는 가르침이다. 겸손하다. 절도를 안다.

굳이 풀이한다면, 돈도 절도 있게 버는 게 옳고, 권세도 적당한 선에서 멈춰야 하는 것이요, 명예도 분수에 맞게 날려야 한다는 뜻이다.

19세기 프랑스에 므파상(Guy de Maupassant)이란 작가가 있었다. 너희도 좀 크면 읽을 기회가 있을 것이다. 워낙 유명한 작가라서.

그의 작품으로는 『비계 덩어리』, 『목걸이』, 『여자의 일생』 등 수도 없다. 그의 작품들은 하나 같이 주옥같은 명작이라, 엄청난 독자층을 갖고 있는 사람이었다. 그러니 그는 작품마다 베스트셀러가 되었고 큰돈과 명예를 누렸다.

당연히 그는 사람들의 선망의 대상이 되었고, 당시로서는 몇 사람밖에 누리지 못하는 요트며, 노르망디에 별장과 파리 시내에도 호화로운 아파트를 갖고 있었다.

그런 그가 1892년 정월 초하루, 자기 아파트에서 빈사 상태로 발견되었다. 자살을 시도한 것이다. 병원으로 옮겨진 그는 가까스로 목숨은 건졌지만, 자살의 충격으로 불행하게도 정신병자가 되었다.

일 년 동안 정신병동에서 소리소리 지르다가 43세의 나이로 세상을 떠났다.

그의 묘비에는 이런 글이 새겨져 있었다.

"나는 모든 것을 갖고자 했지만, 결국 아무것도 갖지 못했다."

그는 너무 많은 것을 가졌기 때문이다. 넘치는 부와 명예에 짓눌려 사는데 지쳤다. 행복이 넘쳐 모든 게 허무하고 아무 의미가 없게 느껴진 것이다. 발목까지만 채워야 할 물을 목을 넘어 머리 끝까지 넘치게 했기 때문이다.

얼마 전 선종(善終)하신 프란체스코 교황님은 '참된 삶'이란 글을 남기셨다. 너무도 좋아 여기 옮긴다.

조금 손해 본 듯 살아야
관계가 좋아지고,
조금 져 주는 듯 살아야
마음이 편해집니다.
좀 모자란 듯 살아야
삶이 활기차 지고
조금 부족한 듯 살아야
인생이 깊어집니다.

조금 부족하고
모자란 듯 살아야
좋은 것들이 채워져
인생이 풍부해 집니다.

삭막한 인생길에
서로 배려하고 양보하는 마음이
좋은 인간관계를
만들 수 있습니다.

내가 잘난 것이 아니라
조금 부족한 듯 모자란 듯

여유를 두는 삶을 영위하세요.

그래서 다른 사람이 그 자리에 들어와
함께 행복을 엮어 즐길 수 있는
삶이 지속되기를 빕니다.
웃음이 없는 날은 실패한 날입니다.

영원한 인류의 스승 소크라테스는 이런 말을 하였다.
"가장 적은 것으로도 만족하는 사람이 이 세상에서 제일 부자이고 잘 사는 사람이다."
성격이 좋은 사람은 마음이 너그러운 사람이다. 너그러워야 성격이 모가 나지 않는 법이다. 매사를 낙관하는 사람, 너그러운 사람이다. 그럼, 어떤 사람이 너그러운 사람, 낙관하는 사람인가.

"가스 요금이 너무 많이 나왔다면, 내가 지난달은 따뜻하게 지냈다고 생각하는 사람, 자식이나 부인이 속을 썩이면, 내겐 아직 영원한 내편이 될 가족이 있다고 생각하는 사람.
온몸이 뻐근하고 피곤하다면, 그건 내가 열심히 일했다는 뜻이요, 공공장소에서 남의 떠드는 소리가 거슬린다면, 그건 내 청력이 아직은 좋다는 뜻이며, 시끄러운 자명종 소리에 깼다면, 그건 내가 아직 살아 있다고 생각하는 사람이다."
누군가 내게 보내준 글이다. 이렇게 세상을 낙관하고 무엇이든 받아들일 준비가 된 사람이 정녕 마음이 너그러운 사람이다.
이런 푸근한 인품은 욕심을 안 부리는 것부터가 시작이다. 노자가 말한 '지족(知足)'을 명심하자.

3. 사회를 위하고, 남을 위하는 삶

(1) 세상을 이롭게

할배는 해마다 연하장을 돌린다. 연하장은 가게에서 파는 걸 쓰는 게 아니라, 이 할애비가 손수 그림을 그리고 글씨를 써 만든다. 그러니까 정성이 많이 든다. 또, 할배는 국내외적으로 친구가 많아 한번에 7~8백 장 정도는 직접 서명을 해야 한다. 꽤 힘이 드는 작업이다. 그러나 할배는 안 보내면 몰라도 일단 남에게 하는 새해 인사장이라 흔한 상품용 연하장은 보내고 싶지 않은 것이다. 힘들어도 작년까지 계속하고 있다. 내 정성을 아는 사람들은 아주 고마워하지.

천하위공(天下爲公)이란 말이 있다. 『예기』에 나오는 말로, 지도자는 천하를 위해 매사를 공정하게 처리해야 한다는 말이다. 나는 이 글귀를 올해(2025년) 연하장의 사자성어로 썼고, 작년에는 무위자연(無爲自然), 재작년에는 우공이산(愚公移山)을 썼다.

오래전에 할배는 나의 손녀, 즉 너희 엄마들을 위해 책을 썼다고 하였는데, 그 책에서 우리가 세상에 나온 목적이 다름 아닌 세상을 이롭게 하기 위한 거라고 했다. 천하위공도 이와 통하는 얘기다. 매사는 사(私)가 아닌 공(公)을 위주로 생각하고 처리해야 한다는 뜻이기도

하다. 그러니까 우리가 세상을 사는 것은 나도 위하지만, 그보다 앞서 남을 생각하고 사회와 나라를 먼저 생각하는 태도가 중요하다는 말이다.

사실은 남을 돕는 것이나 사회를 위해 봉사한다는 것은, 따지고 보면 자신에게 손해이다. 신경을 써야 하고, 시간을 할애해야 하고, 때로는 돈도 써야 한다. 손익만 따지면 자기는 득될 게 없다. 그러나 마땅히 그렇게 해야 하고, 그렇게 하는 것이 우리가 이 세상을 사는 이유이다. 선뜻 받아들이기 힘들 것이다. '바보 아니야? 내가 왜 그런 손해를 봐야 해?'란 생각이 들 수도 있다. 그러나 그렇게 하는 것이다. 그게 옳은 일이다.

내 인생인데 남부터 생각하라는 말은 꼭 위선으로 들릴 수도 있다. 그러나 그렇게 살아도 절대로 손해 보는 일 없다. 있어도 개의치 말아야 한다. 세상은 꼭 내 이익만 챙긴다고 득이 되는 게 아니다. 손해를 보는 게 외려 큰 득이 될 때도 있다. 그게 이 세상의 묘미다. 오래 살아보면 할배 얘기가 백번 옳다고 느낄 것이다.

그런데, 남을 위하는 삶이란 꼭 큰 희생만을 생각하는데, 사실은 아주 작은 것에서부터 시작이다. 누구나 슈바이처 박사같이 일생을 아프리카의 험지에서 살아야 하고, 유관순 누나같이 꼭 나라를 위해 목숨을 바치라는 것이 아니다.

안도현 시인은 이런 시를 썼다.
"삶이란
나 아닌 그 누구에게
기꺼이 연탄 한 장이 되는 것"

연탄 한 장의 작은 선의로부터, 남에게 건네는 따뜻한 말 한마디까지, 모두가 남을 위하고 사회를 밝게 하는 마음 씀이다.

그래서 불교에서는 남에게 베푸는 것을 큰 은혜로 여긴다.

이를테면 '무재 7시'라고 해서 일곱 가지 보시(布施)를 말하는데, 보시란 욕심을 버리고 기쁘게 나누어 준다는 뜻이다. 즉, 따듯한 눈빛과 밝고 환한 얼굴, 따듯한 말 한마디, 그리고 몸과 마음으로 봉사하는 등, 일곱 가지나 들고 있다.

일본에는 '경영의 신'으로 추앙 받는 세 사람이 있는데, 마쓰시다 전기의 마쓰시타 고노스케(松下幸之助) 회장, 혼다자동차의 혼다 소이치로(本田宗一郎) 회장, 위기에 빠진 일본항공(JAL)을 구한 이나모리 가즈오(稲盛和夫) 회장이 그들이다.

세 사람의 공통점은 모두가 기업은 사회를 위하는 것이라는 신념으로 돈에 앞서 직원들의 복지와 사회 기여를 제일 우선으로 한 기업인들이다. 그러니까 흔히 기업이 추구하는 '이윤 추구'에 앞서 사회를 위하고 봉사하는 정신으로 기업 활동을 하였고, 모두가 대성하여 사회적으로 국가적으로 크게 기여를 했다.

그중에서도 이나모리 회장은 책도 쓰고, 그가 창업한 여러 기업이 다 번창하고, 만년인 2010년에는 파산한 일본항공(JAL)의 회장으로 취임해서 이를 흑자 회사로 돌리는 등 놀라운 경영 능력을 보였다. 그럼 무엇이 이런 엄청난 일을 가능케 하였는가!

바로 그의 철학이다. 남을 위하는 삶, 사회를 이롭게 하는 철학이다. 그가 쓴 『바위를 들어 올려라』를 보면 그의 경영 철학이 잘 나타나 있는데, 이 책은 그가 처음 창업한 교세라(京セラ)란 세라믹 계열의 회사 직원들을 위한 지침서 「교세라 철학 수첩」을 책으로 완성한 것이다.

이 책은 3부로 되어 있는데 중요한 그의 철학이 담긴 제 1부만 간단히 소개한다.

멋진 인생을 살아가기 위하여;

1) 마음을 닦는다
2) 보다 좋은 일을 한다
3) 바른 판단을 한다
4) 새로운 일을 이루어낸다
5) 역경을 이겨낸다
6) 인생을 생각한다

경영학 책이라기보다 수신서다. 그러나 이런 철학으로 1984년 KDDI(전신이 제2전전)를 창립, 일본의 대회사 NTT 통신을 능가하는 회사로 성장시켰고, 159개의 자회사를 가진 세계 100대 기업의 하나인 교세라 그룹을 만들었다.

이나모리 회장이 세계적인 기업인으로 성공한 그 원동력은 무엇이었을까.

그의 책 『바위를 들어올려라』의 서문에서 "내 머리를 떠나지 않는 골똘한 생각은 '어떻게 하면 바른 판단을 내려 회사를 발전시킬 수 있는가'로 고민하였고, '인간으로서 무엇이 바른가를 스스로에게 묻고 바른 길을 따라 꿋꿋하게 나가는 거'라고 결론지었다. 그리고 거짓말 하지 말라, 또, 남을 속이지 말라 같은 보편적인 윤리관을 기준으로 판단하기로 했다"라고 하였다. 그러니까, 철학이라고 무슨 대단한 이론을 내세우는 법도 없고, '거짓말 하지 말라' 같은 지극히 상식적인 도덕을 기준으로 판단하였다.

교세라의 사훈은 경천애인(敬天愛人)이다. 곧 하늘을 경배하고, 사람을 사랑하라는 말이다. 그래서 그의 경영의 중점은 직원의 행복이었고, 사회와 인류를 위해 공헌하는 것을 강조하였다.

이렇게 사사로움을 더나, 항상 이타적— 남을 이롭게 하는 데 더 큰 관심을 가졌다.

할배가 강조한 남을 먼저 생각하는 거 크게 보면 절대로 손해 보는 일도 아니며, 오히려 이나모리와 같이 세계적인 경영인으로 성공하는 길이란 것을 명심하자.

　이나모리는 "사람의 마음속에는 '나만 좋으면 된다'라는 이기심과 '남을 돕겠다'는 이타심이 공존한다"고 하였다. 왜냐하면 자기부터 잘되고 보자는 이기심을 가지면 시야가 좁아져 지혜로운 판단을 못하는 반면, 이타심으로 일을 추진하면 시야가 넓어져 보다 지혜로운 판단을 하기 때문에 '이기심'을 단호히 경고하고 있다.
　자, 어떠냐. 할배 말이 맞지?
　나의 천사들아, 너희도 큰 꿈을 가졌다면 이렇게 남부터 생각하는, 또 사회를 먼저 위하는 철학을 가져야 할 것이다.

4. 정직과 감사하는 마음

(1) 모든 덕성의 기본은 정직

아브라함 링컨이 불우했던 시절, 한때 그는 상점의 점원으로 일한 적이 있었다.

어느 날 저녁, 장사를 마치고 장부를 정리하다 보니 5센트가 남았다. 링컨은 곰곰이 생각해 보았다. 그러나 도무지 남는 원인을 알 수 없었다.

하는 수 없이 문을 닫고 집으로 돌아가는 중에 문득 오후 늦게 빵을 사러 왔던 한 부인이 생각났다. 계산이 잘못되었다면 퇴근이 바빴던 링컨이 실수로 5센트를 더 받았을 수 있다고 생각하였다.

그는 다시 상점으로 돌아가 5센트를 가지고 부인의 집으로 갔다. "아무래도 제가 아까 계산을 잘못한 것 같은데 혹여 5센트를 더 주신 게 아닌가요?"

부인은 안으로 들어가 한참 후에 나왔다. 그리고 웃으면서 말하길 "그래, 그런 것 같아요.'

링컨은 즉시 5센트를 돌려드리면서 "대단히 죄송하게 되었습니다. 다시는 이런 일이 없을 겁니다."

5센트라는 적은 돈이었지만 링컨의 정직한 성품은 동네 사람들의 신임을 얻게 되었다.

 사람의 품성 가운데 정직, 겸손, 근면 등 수많은 덕성이 있지만, 그 중에서도 정직은 그중 중요한 덕성이다. 모든 덕성의 기본이 정직이기 때문이다. 좀 심하게 말하면 할배는 거짓말하는 사람은 사람으로 치지 않는다. 그만큼 정직은 우리 인간에게 중요한 덕목이다.
 천사들아, 정직은 어떤 일이 있어도 지켜야 한다. 그런데 어려울 때가 있다. 참말하면 자기가 손해 볼 때다. 예컨대, "예", "아니요" 단 두 마디 중, "예"하면 자기가 당장에 큰 손해를 볼 때다. 그럴 땐 누구나 잠깐은 망설이게 된다. "아니요!" 하면 당장에 손해도 피하고 야단도 안 맞을 때, 이럴 땐 "예"라고 답하기 어렵다. 이것이 고비다. 그러나 답은 명쾌하게 "예"라고 해야 우리 식구다. 정직은 어떤 경우에도 정직이요, 만사를 무릅쓰고 지키는 게 정직이다. 천사들아, 분명히 명심하렷다.

 『탈무드』에 이런 얘기가 있다.
 산골 작은 마을에 가난하지만 정직하기로 소문난 농부가 살았다. 농부는 가난하여 오두막을 짓고 살았는데, 집 바로 뒤로는 무너질 것 같은 산비탈이었다.
 하루는 이웃 마을에 사는 지혜롭기로 소문난 랍비가 가난한 농부를 찾아왔다.
 "착한 농부 양반, 우리 동네에는 자네만큼 정직한 사람이 없어 내가 귀한 물건을 좀 맡기려 자넬 찾아왔네."
 그러면서 값비싼 보석을 내놓았다.
 "아니 랍비님, 우리 집은 초라하고 가난해서 이렇게 귀한 물건을 보관하기가 어렵습니다."
 농부는 정말 두려웠다. 보석이 자기는 가늠할 수도 없이 크고 값비싼 것으로 보였기 때문이다.

"아닐세, 자네는 정직할 뿐만 아니라 누구도 자네가 비싼 보석을 보관하리라고는 생각 안 할 테니까 자네 집만큼 안전한 곳은 없네. 부디 한 주일만 맡아주게."

망설이던 농부는 랍비의 말을 듣고 값비싼 보석을 맡기로 하였다. 한 주일이면 긴 세월은 아니니까 할 만하다고 생각하였다.

랍비가 돌아가자 욕심 많은 그의 아내가 남편에게 속삭였다.

"여보, 이런 귀한 보석이 우리 손에 들어오다니, 이건 분명 하늘이 우릴 도우려는 거요. 이 물건을 가지고 어디 멀리 도망갑시다."

"무슨 그런 소릴!"

"아 글쎄, 이게 웬 복이요. 이 초가집도 버릴 겸, 멀리 도망가서 보석을 팔아 우리도 남들처럼 잘 살아 봅시다."

"시끄럽다니깐!"

"여보, 내말 들어요. 눈 한 번 딱 감고 멀리 가면 그만인데—."

"조용하지 못해?!"

농부는 단호했다. 아내는 시무룩해져 방을 나간다.

1주일이 되어 랍비가 찾아왔다. 정직한 농부는 간직했던 보물을 잘 되돌려 주었다.

랍비는 돌아오면서 찬찬히 농부의 집 주위를 살펴보았다. 자기가 보기엔 머지않아 닥칠 장마에 농부의 집이 온전치 않을 거라고 내다봤다. 그는 돌아오는 대로 급히 자기 마을에 집과 농토를 마련하고 농부 내외를 이사시켰다.

아니나 다를까, 며칠 내에 닥친 장마에 옛날 농부의 집은 산사태로 흔적도 없어졌다.

보물을 맡긴 부자가 랍비에게 크게 사례를 한 돈으로 농부를 도왔던 것이다.

강성한 제국도 순식간에 망하게 한다는 거짓말과 관련된 역사적 교훈을 하나 소개하마.

우리가 잘 아는 이웃 나라인 중국은 역사도 길고 땅도 광대하여 우리나라보다 약 100배는 큰 나라다.

중국은 예수님이 나오시기 전(BC) 400년이란 아주 옛날부터 대표적인 일곱 나라인 한나라, 위나라, 조나라, 연나라, 제나라, 초나라, 진나라 등으로 갈려 200년 이상 전쟁을 계속하여 소위 '전국시대'란 이름이 붙었다.

이런 혼란 속에, 진나라에 진시황이란 영웅이 태어나서 중국을 통일하는 위업을 세웠다(BC 221). 진시황은 뛰어난 임금으로 만리장성도 쌓고, 도량형 제도를 통일하고, 엄격한 법치주의로 세계 역사상 최초로 위대한 나라를 중국 대륙에 세웠다.

그러나 이렇게 엄청난 제국도 건국하여 15년을 넘기지 못하고 망했다. 망한 이유가 나라의 대신들이 "예"와 "아니오"를 제대로 하지 않았기 때문이다.

진시황을 모시던 조고(趙高)와 이사(李斯)라는 두 간신이 진시황이 죽자(BC 210) 변방에 나가 있던 제일 큰아들을 죽이고(자살하게 한다) 호해라는 똑똑치 못한 둘째를 임금 자리에 앉혔다.

그리고 두 간신은 서로 권력 다툼을 하다가 조고만 남아 임금을 제치고 제 마음대로 나라를 휘둘렀다.

한번은 임금 호해와 여러 신하들을 한자리에 모았다. 그 자리에는 조고가 끌고 온 사슴 한 마리가 있었다. 조고는 자기가 잘난 것을 임금 호해 앞에서 보이기 위해 연극을 꾸민 것이다.

"임금님, 이 앞에 있는 동물이 사슴입니까, 말입니까?"

"그야 누가 봐도 사슴이지, 어떻게 말이란 말이오!" 임금 호해가 대답했다.

그러자 조고는 임금을 향해, "아닙니다. 사슴이 아니라 말입니다.

어디 신하들한테 물어볼까요? 사슴인지 말인지."

그러면서 배석한 신하들을 향해, "이 동물이 사슴이라고 생각하는 대신은 앞으로 나와 보시오."

그런데 놀랍게도 아무도 앞으로 나오는 이가 없다. 조고가 무서워 감히 앞으로 나가질 못한다. 조고가 임금 앞에서 사슴을 말이라고 했으니 조고의 뜻을 거스를 수가 없었던 것이다. 그러자 조고는 의기양양해서 임금을 향해 이렇게 말했다.

"보세요, 누구도 사슴이라고 말하는 대신이 없지 않아요!"

이때, 대신들은 마땅히 "말이 아니라 사슴이지요."라고 했어야 했다. 그러나 대신들은 조고가 무서워 사슴을 말이라고 했던 것이다. 그러니까 위대한 진나라도 건국한지 15년 만에 망했다.

이 지록위마(指鹿爲馬) 고사는 사마천의 『사기』에 나오는 얘기다.

얼마 전 미국의 하버드 대학에서 정직(Honesty)을 연구하는 유명 교수가 거짓 통계를 조작했다는 부정행위로 종신교수 던직 처분을 당했다. 문제의 교수는 지노(Francesca Gino) 교수로 그의 면직 처분은 종신교수제가 실시된 1940년 이후 최초라 사회적으로도 큰 파문을 일으켰다.

지노 교수의 주된 연구는 사람의 정직성을 좌우하는 조건에 대한 여러 가지 실험을 토대로 했기 때문에 큰 명성을 얻었다. 예를 들면 계약서를 작성 할 때, '거짓말을 안 한다'라는 구절을 서명란 앞에 둘 때와 뒤에 둘 때의 거짓말의 확률 같은 것이다.

누가 뭐래도 미국은 위대한 나라라고 할배는 생각한다. 미국의 초대 대통령 조지 워싱턴은 "최선의 정책은 정직이다."라고 선언하고, 정직을 모든 정책의 최우선으로 삼았다. 미국의 37대 닉슨 대통령은 '워터게이트'라는 정치사건 때, 거짓말을 했다는 이유 하나로 대통령직을 사임했다. 미국은 그 정도로 정직성을 중요시하는 나라다.

하버드 같은 최고의 명문대학에서 정직을 전문적으로 연구하고 또 가르치고, 대통령 자리도 거짓말했다는 한 가지 이유로 내 놓아야 하는 미국이란 나라— 정말 위대한 나라다.

(2) 겸손

정직 다음으로 큰 미덕이 겸손이다. 겸손하면 우선 필요없는 적을 만들지 않는다. 처세술의 제1과는 적을 만들지 않는 것이다. 세상은 나만 사는 게 아니다. 같이 사는 게 사람이요, 세상이다. 바람개비는 바람 없이 혼자서는 못 돌아가듯, 사람은 혼자서 못 산다. 친구가 있어야 하고, 우리 편이 많아야 세상 사는 게 쉬워진다.

독불장군은 전쟁도 못하고 살아남지도 못한다. 그래서 할배는 비록 정당한 논리일지라도, 논리로 사람을 이기려 들지 말라고 했다. 이겨서 얻는 건 원망뿐이다. 이겨서 남는 것은 적군이요, 허무뿐이다. 그래 이겼다 치자. 네 자존심은 하늘을 찌르겠지? 반대로 상대편의 자존심은 얼마나 상했겠냐. 그래, 상대를 적으로 만든 다음에 네 자존심이 올라간들— 결국 남는 것은? 손해뿐이다.

네 명예를 더럽히지 않는 한, 웬만하면 져주라. 인간관계에서는 지는 게 이기는 거다. 그게 겸손이다. 그러나 겸손은 쉽지 않다.

책을 보아도 그렇고, 할배도 경험해 보니까 웬만큼 수양을 쌓은 사람도 겸손하지 못하더라. 그래서 할배는 강조를 하는 것이다.

할배는 한전 사장을 마치고 10년 정도 신설한 보험사 회장으로 일한 적이 있었다. 그때도 군 선후배나 체육계 인사, 기업인들이 더러 찾아오던 때라, 회사에서 내 방과 연결해서 커다란 접견실을 만들어 주었다.

접견실 벽면에 그림과 서예 작품들을 좀 걸어 놓았는데, 서예 작품으로는 당시에 꽤 유명했던 갑(甲)이란 선생과 을(乙)이란 선생 두 분의 작품이 걸려 있었다.

하루는 '갑'이란 분이 찾아왔는데 접견실에 들어서자 자기 글씬 쳐다보지도 않고 '을' 선생 글을 찬찬히 본다.

"글공부 좀 더 해야겠군!"이라고 혼잣말을 한다.

한참을 지나 하루는 '을'이란 분이 날 보러 왔다. 그 양반도 접견실에 들어서자 자기 글은 쳐다보지도 않고 곧장 '갑' 선생의 글씨 앞에서 한참 서 있다가 돌아서면서 고개를 쩔레쩔레 좌우로 흔든다.

'한참 멀었구먼!'이란 뜻이었다.

그 당시 비서실에서 일한 친구한테서 들은 얘기다. 두 분 다 고전에 능하고 인품도 있는 분들인데, '내가 최고(最高)'라는 자부심 때문일까— 역시 겸손은 이런 분들도 못한다.

또 다른 명필 얘기로 19세기, 한문의 본고장인 청나라에까지 이름을 떨친 추사(秋史) 김정희(金正喜)의 일화다.

1840년 제주도로 귀양을 가던 길에 추사는 친구 초의선사(草衣先士)가 주지로 있는 해남의 대흥사(大興寺)에 들렀다.

대웅전에는 '대웅브전(大雄寶殿)'이라고 쓴 편액이 걸려 있다. 우리나라 명필로 소문난 원교(圓嶠) 이광사(李匡師)의 글씨다. 이광사는 양명학자로, 또 서예가로 '동국진체(東國眞體)'를 확립한 조선 최고의 명필이었다.

그런데 대흥사를 들른 김정희는 대웅보전(大雄寶殿) 편액을 보고 초의에게 하는 말이 "내가 편액을 새로 써줄 터이니 저딴 거는 떼어버리게."라고 하였다.

추사는 평소에도 "조선의 글씨는 이광사가 망쳤다."면서 이광사의 작품을 싫어했다는 거다.

효명세자의 서예 스승에 금석학의 대가이면서 청나라에서도 칭송받는 추사였기에 그의 자만심은 하늘을 찔렀을 것이다.

그러나 제주 귀양살이 8년을 마치고 돌아오는 길에 다시 대흥사에 들른 추사는, 초의선사에게 자신의 편액을 떼고 다시 이광사의 편액을 걸어달라고 부탁하며 새로 '无量壽閣(무량수각)'이란 현판을 써주었다.

지금도 대흥사에 가면 대웅전에는 이광사의 大雄寶殿(대웅보전) 편액이, 대웅전 옆의 백설당에는 추사의 无量壽閣(무량수각) 편액이 걸려 있다.

추사 같은 훌륭한 분도 혹독한 유배를 맛본 다음에야 겨우 겸손을 배우셨나 보다.

UN이 해마다 발표하는 인류행복지수(人類幸福指數)에서 매년 상위권에 올라가는 국가들이 있다. 덴마크·노르웨이·스웨덴인데, 이 세 나라 중에 동화의 나라로 잘 알려져 있는 덴마크는 언제나 세계에서 국민이 가장 행복한 나라 중에 으뜸 국가로 손꼽히고 있는 나라다.

덴마크가 이상적인 복지정책과 바람직한 교육 시스템을 갖고 있기도 하지만, 무엇보다도 국민 행복의 토대에는 그들의 문화 속에 '얀테의 법칙(Jante's Law)'이라는 것이 있기 때문이라고 알려져 있다.

얀테의 법칙은 덴마크 출신의 작가 산데모세(Aksel Sandemose)가 쓴 풍자소설(諷刺小說) 속에 있는 내용으로, 덴마크를 비롯해서 북유럽 국가의 많은 사람들이 일상생활에서 활용하는 10개 조의 규칙을 말한다.

그 첫째는 스스로 특별한 사람이라고 생각하지 말라.

둘째, 내가 다른 사람들보다 좋은 사람이라고 착각하지 말라.

셋째, 내가 다른 사람들보다 더 똑똑하다고 생각하지 말라.

넷째, 내가 다른 사람보다 우월하다고 자만하지 말라.

다섯째, 내가 다른 사람보다 더 많이 알고 있다고 생각하지 말라.
여섯째, 내가 다른 사람들보다 더 중요한 위치에 있다고 생각하지 말라.
일곱째, 내가 무엇을 하든지 다 잘 할 것이라고 장담하지 말라.
여덟째, 다른 사람을 놀리고 비웃지 말라.
아홉째, 다른 사람이 나에게 신경 쓰고 있다고 생각하지 말라.
열째는 다른 사람을 가르치려 들지 말라.

덴마크 국민들이 행복한 이유가 다른 나라보다 잘났거나 부유해서가 아니라고 했다. '사람은 누구나가 다 존귀하다'라는 가치관을 바탕으로 상대방에 대한 존중과 배려하는 마음으로 살아간다. 바로 겸손이다.

너희도 익히 아는 슈바이처 박사는 신학, 의학, 음악에 이르기까지, 다양한 분야의 박사로 많은 책과 연주 업적을 남겼다. 뿐만 아니라 의료 봉사를 위해 아프리카 오지의 하나인 가봉의 방바레네 지역에 병원을 설립하고 평생을 아프리카인을 위해 바쳤다.
한 번은 그의 병원 설립 모금을 위해 고향을 방문한 적이 있었다. 이 소식을 들은 가족과 동네 사람들이 슈바이처를 마중하러 역으로 달려갔다.
마침내 슈바이처가 탄 기차가 역에 도착하였다. 이들은 의례히 그가 2등 칸에 탔으리라고 생각하고, 박사가 내리기를 기다렸다. 박사는 끝내 안 내린다. 그런데 뜻밖에도 그는 서민들이 타는 맨 뒤 3등 칸에서 내리는 게 아닌가.
그때야 사람들은 우르르 몰려가 반가이 그를 맞이했다.
누군가가 박사에게 물었다.
"박사님, 왜 3등 칸에 타셨습니까? 2등 칸 표가 다 팔렸나 보지요?"

그는 웃으며 대답하였다
"아, 글쎄 말이요. 4등 칸이 없어서 3등을 탔지요."

『성서』에 이런 구절이 있었다.
"사람아 주께서 선한 것이 무엇임을 네게 보이셨나니 여호와께서 네게 구하시는 것은 오직 정의를 행하며 인자를 사랑하며 겸손하게 네 하느님과 함께 행하는 것이 아니냐." (미6:8)

(3) 감사하는 마음

또, 감사하는 마음이 중요하다. 매사에 감사하는 것이다. 매일 아침 태양을 보는 것도 감사하고, 떠다니는 흰구름도 감사하자. 형제가 있는 것도, 부모와 할배가 계시는 것도 고맙고 감사할 일이다. 아차! 증조할배는 빠지마. 할배가 정말 겸손을 모르는구나.

따듯한 집이 있는 것도 감사하고, 끼니마다 먹는 것도 고맙고, 선생님과 친구가 있는 것도 감사할 일이요, 또 새소리, 음악 소리를 듣는 것도 따지고 보면 감사할 일이다. 할배 친구들 중 귀가 제대로 들리는 사람은 한둘 뿐이다.

감사하는 마음은 기쁨을 부르고, 기쁨은 행복을 초대한다. 그러니 감사를 모르면 세상이 얼마나 삭막하겠느냐!

유명한 유화 작품의 하나로 「은혜(The Grace)」란 그림이 있다. 이 그림은 사진사의 딸인 나이버그(Rhoda E. Nyberg)가 그린 그림이다.

이 그림의 유래는 이렇다. 로다의 아버지 엔스트롬(Eric Enstrom)은 미국 미네소타 주 보베이라는 작은 탄광촌에서 사진관을 운영하고 있었다.

하루는 남루한 옷을 입은 백발이 성성한 노인이 신발 털개를 팔러 왔다. 노인은 사진관에서 잠시 쉬기를 바랐다. 지쳐 보이는 노인에게 차와 스프, 그리고 약간의 빵을 대접했더니, 노인은 테이블에 앉아 감사 기도를 올렸다.

사진사 엔스트롬은 그 광경을 보고 큰 감동과 전율을 느꼈다. 작은 것에도 감사하는 노인이 그에겐 큰 사람으로 보였다. 엔스트롬은 '노인은 초라해 보였지만 다른 사람들이 갖고 있지 않는 많은 것을 가졌다'는 생각을 하였다. 즉, 작은 것에도 감사하는 마음이다. 그리고 그 소박한 감사 기도 속에서 그 노인이 세상 누구보다 부유한 사람으로 느껴졌다. 그는 그 자리에서 노인의 사진을 찍었다.

훗날 그 사진을 보고 크게 감동한 그의 딸이 사진을 유화로 그렸는데 그 유화가 바로 「은혜」이다.

감사와 관련된 실화를 하나 소개하마.

직원들에게 대우가 좋기로 소문난 한국에 있는 한 외국계 기업에서 신입 사원 채용 공고를 냈다. 지원자 중 1, 2차 필기시험과 면접을 거친 후 다섯 명의 최종 예비 합격자가 선정되었다.

인사부장이 이들 다섯 명에게 3일 이내에 최종 결과를 알려줄 것이라고 통보했다. 다섯 지원자들은 초조한 심정으로 결과를 기다리고 있었다. 다섯 명 중, 유일한 여성 지원자는 며칠 후 회사로부터 다음과 같은 내용의 이메일을 받았다.

"저희 회사에 지원해 주신 것을 감사합니다. 그러나 안타깝게도 귀하는 이번에 회사에 채용되지 않았습니다. 채용할 인원의 제한으로, 귀하처럼 재능 있고 뛰어난 인재를 모시지 못하여 매우 유감으로 생각합니다."

그녀는 마음이 아팠지만 한편으로는 이메일에 담긴 진심어린 위로의 내용에 감동을 받았다. 그래서 아래와 같은 짧은 감사의 응답 메일을 회사로 보냈다.

"감사합니다. 부족한 저를 최종 예비 합격자 명단에 포함시켜 주신 것만으로도 저는 만족합니다. 귀사의 발전을 기원하며, 감사의 마음을 늘 간직하겠습니다."

그런데 3일째 되던 날, 그녀는 뜻밖에도 회사로부터 최종 합격 통보를 받았다.

나중에 알고 보니 그녀가 받았던 불합격 통지 이메일 내용은 바로 마지막 시험 문제였다. 누가 매사에 감사하는지를 테스트하는 메일 시험 문제였던 것이다.

즉, 마지막까지 남은 다섯 명의 지원자 중, 마지막 메일 통보에 답장을 한 지원자는 오직 그녀 한 사람뿐이었던 것이다.

150여 년 전, 우리나라를 '조선'이라고 불렀다. 그때는 우리나라를 왕이 다스렸다. 그땐 정말 나라가 어려웠다. 백성들이 너무 못 살았고, 사회도 낙후하여 부끄러운 얘기지만 지금 세계에 원조를 호소하고 있는 아프리카에 못지 않았다. 정치를 잘못 해도 너무 잘못했기 때문이다. 정치하는 사람들이 '천하위공' 하는 정신이 없었기 때문이다.

지금은 번듯한 우리 것으로 알고 있는 연세대학교나 이화여자대학, 또, 세브란스병원 등이 우리 능력으로 지은 게 아니라 모두가 미국의 도움으로 이루어진 것이다. 누가 다 했느냐?

바로 미국의 선교사들이다. 우리가 부탁한 것도 아니다. 부탁할 줄 모를 정도로 우리는 몽매했다. 사실, 이런 얘기는 부끄러워 함부로 못 하는 것이지만— 식구끼리니까, 부끄러운 것도 알고, 반성하기 위해서도 너희에겐 얘기를 하는 것이다.

왜, 무엇 때문에 부자 나라에서 행복하게 사는 사람들이 그 모든 것을 버리고 가장 더럽고, 희망도 없는 나라에 와서 자신만이 아니라 가족의 희생도 무릅쓰고, 한평생 조선을 돕다가 생을 마치고, 뼈까지도 우리 땅에 묻혔을까. 생각하면 너무 고마운 분들이다.

대표적인 선교사 몇 분을 소개하면 다음과 같다.

• 호러스 알렌(Horace N. Allen, 1858~1932/安連)은 최초의 공식 선교사로 갑신정변(1884)때 중상을 입은 민영익을 치료하여, 당시 왕이던 고종의 신임을 얻었다. 의사였던 이분은 우리나라 최초의 서양식 국립병원인 '제중원'을 설립해서 서양 의술을 처음으로 이 나라 젊은이들을 뽑아 가르치기도 했다.

• 호머 헐버트(Homer B. Hulbert, 1863~1949/許轄甫)는 미국의 감리교회 선교사, 사학자이며, 7개 국어를 구사하는 언어학자였다. 이분은 언어학자답게 조선에서 영어를 가르쳤던 교육자로, 독립신문 발행을 돕고, 또, YMCA 초대회장, 한국어 연구와 보급에 앞장선 한글학자이기도 하였다. 고종을 도와 대한제국 말기 국권 수호를 위해, 일제 강점기 한국의 독립운동을 지원하였다.

• 새뮤얼 무어(Samuel F. Moore, 1846~1906/牟三悅)란 분은 백정과 그 자녀를 위한 선교, 교육 사업을 시작하였고, 백정들의 면천(천인의 신분을 면하게 하는일)에 힘썼고, 승동교회를 개척하였다.

• 호러스 언더우드(Horace G. Underwood, 1859~1916/元杜尤)는 미국의 장로교 선교사로, 1885년 감리교 선교사 아펜젤러와 함께 제물포항에 도착, 선교 활동을 하다가 몽매한 우리 백성들을 깨우치

기 위해 연세 전문학교를 설립하고(1885) 정동교회(현 새문안교회) 등을 설립하여, 음양으로 우리 독립을 위해 활약하였다.

• 헨리 아펜젤러(Henry G. Appenzeller, 1858~1902/亞篇薛羅)는 1885년 조선에 입국하여 활동한 미국 감리회(북 감리회) 선교사이다. 암울했던 구한말에 내한하여 헌신한 개신교 선교사 1세대의 대표주자 중 한 사람이다. 배재학당과 정동교회를 설립하는 등 교육과 선교에 힘썼으며, 『성경 번역』에도 큰 기여를 하였다. 그의 아들 헨리 다지 아펜젤러는 아버지를 이어 배재학당에 교장으로 취임해 교육에 헌신했고, 딸 엘리스 레베카 아펜젤러 역시 이화학당을 발전시키는 데 큰 업적을 남겼다.

• 올리버 에이비슨(Oliver R. Avison, 1860~1956/魚丕信)은 언더우드의 제안에 교수직을 버리고 선교사로 입국, 알렌, 헤론 선교사에 이어 제중원 4대 원장으로, 1899년에 제중원 의학교를 설립하고 초대 교장에 취임하였다. 1904년 미국인 사업가 루이스 세브란스(Louis H. Severance, 1838~1913)의 후원을 받아 숭례문 밖 복숭아골(현재 서울역 앞)에 병원을 신축하면서 기증자의 이름을 따서 세브란스 기념병원(Severance Memorial Hospital)으로 이름을 바꾸었다. 제중원 의학교도 세브란스병원 의학교로 명칭을 바꾸었다.

• 메리 스크랜튼(Mary F. B. Scranton, 1832~1909/施蘭敦)은 미국의 교육자이자 개신교 감리교회 선교사로, 한국 최초의 여성 교육기관인 이화학당을 1886년에 설립하여 한국 여성 교육의 시초가 된 인물이기도 하다. 여사는 유언으로 조선에 묻히길 희망하여 양화진 외국인 선교사 묘에 묻혔다.

• 존 헤론(John W. Heron, 1856~1890/蕙論)은 개신교 선교사로서는 최초로 조선에 파견될 선교사로 임명되었으나, 조선 정국이 불안하다는 선교회의 판단에 따라 일정이 지체되어 알렌이나 언더우드보다 부임이 늦어졌다. 알렌에 이어 2대 제중원 원장으로도 취임하였고, 1890년 7월 26일 전염성 이질로 향년 33세로 세상을 떠났다. 3일 후 개신교 선교사로서는 최초로 양화진에 묻혀, 오늘날 양화진 외국 선교사 묘지가 있게 하였다.

• 스왈런(William L. Swallen, 1859~1954/蘇安論)이란 분은 한국에 최초로 사과 묘목을 가지고 온 분이며, 많은 한국적 찬송가를 작사, 작곡했을 뿐 아니라, 평양신학교 설립에 깊이 관여하였다.

• 윌리엄 베어드(William M. Baird, 1862~1931/裵偉良)는 미국 북 장로교의 선교사로, 1891년에 한국에 와서 선교활동을 시작. 1897년에 평양으로 이주하여 숭실학당을 개설하였다. 1906년에 이를 한국의 최초의 근대 대학(대한제국으로부터 인가)으로 발전시켰다.

개화기 가톨릭과 기독교의 선교 활동은 예수의 박애정신을 세계에 널리 보급하겠다는, 죽음을 무릅쓴 활동이었다. 그들은 생명을 위협 받는 박해 속에서도 복음 전달에 진력하였고, 어려운 조선의 계몽에도 큰 역할을 하였다.

가톨릭 신부들은 프랑스 외방종교에서 1866년에 파견된 모방 신부를 최초로 샤스탕, 엥게르스 주교 등 총 10여 명이 조선에서 활동을 하였다. 그러나 1791년 신해박해를 시작으로, 대원군 시절인 병인박해(1866) 때는 프랑스 신부 12명 중 9명이 목숨을 잃었다. 뿐만 아니라 전국적으로 천주교 신자 1만여 명 이상이 형장에서 순교하였다.

1886년 조불수호통상조약으로 종교 활동이 허용되면서, 기독교 선교사들의 활동이 활발해졌고, 앞서 본 바와 같이 많은 미국의 선교사들에 의해 조선은 본격적으로 개화기를 맞게 되는 것이다.

생각해 보면 개화기 조선의 계몽을 위해 노력한 나라는 미국뿐이다. 우리가 부탁한 것도 아니며, 그렇다고 미국이 우리에게 무슨 큰 빚이 있었던 것도 아니다. 미국의 선교사들은 주님의 복음을 전하기 위해 조선에 와서 우리를 도와준 것이다.

이 세상에는 모두 200여 개 나라가 있지만, 오로지 미국의 선교사와 프랑스 신부들만이 조선에 와서 목숨을 바쳐가며 도움을 주었다.

이웃인 일본이나 중국은 돕기는커녕 몇백 년 동안 해코지나 했다. 할배는 솔직히 그들을 원망하고 싶진 않다. 따지고 보면, 모든 게 우리가 못났던 탓이다. 너희들도 그들을 원망하지 마라. 모두가 내 탓인 걸 알아야 한다.

개화기에 미국의 선교사들이 우리나라에 와서 우리를 도와준 일은 말할 것도 없고, 이북이 쳐내려 왔을 때, 하마터면 나라를 뺏길 뻔했을 때도, 미국의 도움으로 북한을 물리칠 수 있었다. 이 전쟁에서 전사한 미국 청년들만 3만 8천여 명이었다. 정말 고마운 일이 한둘이 아니다.

(4) 노아의 방주 작전(Operation Noah's Ark for Korea)

그런데, 할배도 몰랐던 일을 최근에 안 게 있다. '노아의 방주 작전'이라는 것인데, 미국이 전쟁 중 우리를 도와준 일 가운데 매우 특이한 일이라 여기 소개한다.

우리나라가 전쟁으로 농사가 피폐해지자, 중요 양식이 될 씨앗과 가축, 심지어 꿀벌까지도 미국에서 대량으로 태평양을 건너 수송한 작전이다. 이것은 마치 창세기 때, 노아가 방주를 띄워 홍수를 피해 세상의 동물과 식물을 구했듯이, 우리 농업이 결단나지 않도록, 온갖 종자와 벌꿀까지도 실어 나른 것이다.

그 내용을 살펴보자. 이 작전을 맡은 기관은 비영리기관 헤퍼(Heifer International)라는 민간단체로, "한 잔의 우유보다는 소 한 마리(Not a cup, but a cow)"라는 모토로 젖소, 황소, 돼지, 염소, 닭 등 가축 3천 200마리, 종란 21만 개, 꿀벌 200통 등 여러 동물들을 한국으로 이송하여 3년간의 전쟁으로 망가진 축산업의 기반을 다시 세우는데 '종자' 역할을 했던 것이다.

대포, 탄약과 전차 등 전쟁 물자를 싣고 태평양을 건너는 수송선에 선원이 아닌 '카우보이 모자(Ten-gallon Hat)'를 쓰고, 가죽 부츠를 신은 목동들이 눈에 띄어 사람들이 기이하게 생각했었는데, 실은 1952년부터 1976년까지 총 44회에 걸쳐 약 300여 명의 진짜 카우보이들이 동물들을 한국으로 수송했다. 그들은 들판을 달리는 카우보이가 아니라, 태평양을 건너는 해상 카우보이였던 것이다. 그들이 태평양을 건너면서 겪은 가장 어려운 일은, 들판 아닌 바다 위의 수송선이라, 수천 마리가 수시로 쏟아내는 배설물을 치우는 것이 그중 고생스러웠다는 뒷얘기가 있다.

헤퍼는 젖소를 농가에 대부(loan) 형식으로 기증하고 첫 새끼를 낳으면 기독교 연합 봉사회를 통해 다른 농가에 제공해주는 '선물 이어가기(passing on the gift)' 방식을 썼다. 이런 방식으로 한국 농가가 보유한 젖소 수는 점점 늘어갔다.

1970년대 초 화물(컨테이너) 수송선이 부족하여, 수송이 어려워지자 헤퍼는 한때 수송 수단으로 항공기까지 썼는데, 비용이 많이 늘어나 어려움을 겪기도 했다. 1972년 당시 70마리의 젖소를 항공기로 한국에 보내는 데 약 2만 8천 달러의 수송비가 들었다는 기록도 있다.

유명한 연세우유도 헤퍼의 젖소 구호 덕에 탄생했다. 1962년 헤퍼가 제공한 젖소 10마리가 도착하면서 연세유업이 시작된 것이다.

헤퍼는 전국 축산농가에 젖소 등, 가축을 전달하는 것에 그치지 않고, 사육 방법 등에 대한 교육도 병행했다. 그리고 한국의 축산 기반이 어느 정도 회복됐다고 판단한 1976년 한국에서 철수했다.

우리나라 방방곡곡에서 번창하고 있는 축산업은 미국의 노아의 방주 작전으로 이루어진 것이다. 그 결과 우리나라는 우유 생산량 세계 상위의 낙농업 강국이 된 것이다.

처음 원조를 받은 지 70여 년이 지난 지금 노아의 방주 작전은 새로운 항해를 시작했다. 원조를 받던 대한민국이 또 다른 나라에 가축을 원조하여, 나눔의 정신을 실천하고 있는 것이다. 헤퍼의 한국법인 헤퍼 코리아가 2022년부터 네팔로 101마리의 한국형 젖소를 보낸 것이다. 미국에서 한국으로, 한국에서 네팔로. 네팔은 향후 몇 년 후엔 또 다른 나라로 젖소를 보내는 '패싱 온 더 기프트'가 계속 퍼져나가는 선순환의 여정이 이어질 것이다.

서울 녹번동 은평평화공원에는 군복 차림의 외국인 동상이 서 있다. 6·25전쟁 첫 해인 1950년 9월 22일, 서울수복작전 때 녹번리 전투에서 29세로 전사한 미국 해군 대위 윌리엄 해밀턴 쇼(William Hamilton Shaw)를 기리는 조형물이다.

동상에 새겨진 다음과 같은 성경 구절이 가슴에 와 닿는다.

"사람이 친구를 위하여 목숨을 버리면 이에서 더 큰 사랑이 없나니 너희가 나의 명하는 대로 행하면 곧 나의 친구라."(요한15:13-14)

그는 일제 강점기의 한국 선교사 윌리엄 얼 쇼의 외아들로 1922년 6월 5일 평양에서 태어났다. 그곳에서 고등학교를 마친 그는 미국 웨슬리언대를 졸업하고, 2차 세계대전 중 해군 소위로 노르망디 상륙작전에 참전하기도 했다.

1947년에는 한국으로 돌아와 해군사관학교 교관으로 근무하며 한국 해안경비대 창설에 기여했다. 제대 후 하버드대에서 박사 과정을 밟던 중 6·25전쟁이 터지자, 젊은 부인과 두 아들을 처가에 맡기고 재 입대했다. 이때 그는 부모와 주변 친구들에게 이렇게 말했다.

"내 조국에 전쟁이 났는데 어떻게 마음 편히 공부만 하고 있겠는가. 한국에 평화가 온 다음에 공부를 해도 늦지 않다."

한국에서 자란 그는 유창한 한국어를 구사했기 때문에 맥아더 장군을 보좌하여 인천상륙작전에 성공한 뒤, 해병대로 보직을 바꿔 서울 탈환에 나섰다가 애석하게도 인민군 매복조의 습격을 받아 전사했다.

그의 숭고한 사랑에 감명받은 미국 감리교 교인들은 아버지 윌리엄 얼 쇼가 공동 창립한 감리교대전신학교(현 목원대)에 '윌리엄 해밀턴 쇼 기념교회'를 건립했다.

그의 부인은 남편을 잃은 슬픔 속에서도 하버드대 박사 과정을 마치고 서울로 와 이화여대 교수와 세브란스병원 자원봉사자로 평생을 바쳤다.

아들과 며느리도 하버드대에서 한국사로 박사학위를 받고 내한해 장학사업과 한·미 학술 교류에 힘썼다. 은평평화공원의 그의 동상 옆에는 기념비도 있다.

비석도 연세대 총장을 지낸 백낙준 전 문교부 장관 등 60여 명이 '키가 크고 평양 말씨를 쓰던 벽안의 친구'를 위해 1956년 녹번 삼거리에 세웠다가 은평평화공원으로 옮겨온 것이다. 비석 받침대에는 제자이자 친구인 해군사관학교 2기생들의 헌사가 새겨져 있다.

그와 한국 친구들의 특별했던 우정은 국가 간 우방과 동맹의 의미를 일깨워준다. 한국을 위해 목숨보다 더 큰 사랑을 바친 그를 기억하는 사람들은 매년 6월 6일과 9월 22일이면, 미국인이면서 자기가 태어난 나라, 한국을 자기 조국이라고 생각하며, 6·25전쟁에 참전했다가 산화한 해밀톤 대위를 추모하여 찾는 이가 많다.

우리는 이런 분들을 잊어서는 안 될 것이다. 너희도 명심할 일은 입은 은혜는 잊지 않는 게 사람의 도리란 걸 알아야 한다.

5. 신앙을 가져라

　나의 천사들아, 세상에 답답한 사람이 누군줄 아느냐? '신이 있다, 없다'를 따지는 사람이다. 그것은 마치 네 아버지가 있느냐, 없느냐를 따지는 것과 같다. 생각해 보아라. 아버지 없이 우리가 어떻게 이 세상에 나올 수가 있었겠느냐! 너 자신이 아버지의 존재를 증명하듯, 이 우주의 삼라만상과 어김없는 대우주의 운행이 우리가 모르는 위대한 힘, 곧 신의 존재를 증명하는 것이다.

　신은 너무도 크고 위대해서 우리는 알 수가 없다. 그러니까 따져서 신을 믿겠다면 '부지하세월'이다. 부지하세월이란 언제가 될지 모른다는 말이다. 글, 영영 믿지 못한다는 옛말이다.

　그러므로 신앙은 맹목적이어야 한다. 무조건 믿으라는 것이다. 이럴 때는 맹목이 아니라 사람다운 성실함이다. 왜냐하면 분명히 있는 신을 자기가 이해 못한다고 못 믿겠다는 것은 억지이다. 인간다운 성실성이 부족하기 때문이다.

　성준아, 상윤아, 태경아, 우리를 이 세상에 있게 해주신 위대한 존재 앞에 겸허하고 감사하자. 그리고 뜻있게 살아보겠다고 감사하는 마음, 그게 신앙이다. 좀 어려운 얘기지만 아우구스티누스(Augustinus) 같은 위대한 사람도 "믿기 위해 알려고 하는 것이 아니라 알려고 믿는 것이다."라고 했다.

할배도 알아서 믿는 게 아니다. 내가 알고 모르고를 떠나 신이 계신 것은 증명이 되었으니까 믿는 것이다. 어떤 이는 아예 신은 없다고 우긴다. 또 어떤 이는 신은 죽었다고까지 주장한다. 할배는 둘 다 틀렸다고 생각한다. 정말 신이 없다면 굳이 없다고 고집할 필요가 없다. 더구나 죽었다고 주장하는 사람은 더 없이 강한 유신론자다. 있지도 않은 신이 어떻게 죽겠느냐!

할배는 오래 살면서 여러 번 하느님의 증표를 체험하였다.
할배가 젊을 적에 한국중공업이라는 망해가는 회사를 맡은 적이 있었다. 물론 나라에서 시킨 일이다. 부임해서 회사 실태를 자세히 조사해 보니까 도저히 내 힘으로는 살릴 수 없는 회사였다. 그러나 부임해서 채 1년이 안 되어 5억 불이 넘는 해외 수주를 해서 일거에 회사를 기반 위에 올려놓았다. 80년대 초반이었으니까 아주 큰돈이다. 솔직히 내가 한 건 기도뿐이었다. 물론 눈감고 기도만 한 게 아니라, 간부들을 독려해서 국내에서 뛰고, 해외에서도 뛰었다. 그러나 1년도 안 된 기간 내에 해외 공사를 두 건이나 따서 5억 불 이상 계약을 성사시킨 것이다. 내가 한 게 아니라 하느님이 역사하신 거다. 왜냐하면 그건 기적이니까.

또 86년 서울 아시안 게임 때다. 그때 정부는 이 대회를 크게 성공시키려고 노심초사하였다. 우리나라로서는 중진국으로 한참 일어설 때라 처음 하는 국제 규모의 행사를 정말 잘 해서 우리나라의 진가를 세계에 알리고 싶어 애를 썼다.
그런데 그 당시 할배가 맡고 있던 육상연맹이 금메달을 7개나 따서 정부도 놀라고 국민들도 크게 환호했다. 그때도 할배가 직접 뛴 게 아니다. 선수가 잘했기 때문이다. 그런데, 7개 금메달 중 하나만 우리 선수의 실력으로 땄을 뿐 나머지 6개 금메달은 도저히 딸 수 없는 선수가 떴다. 정말 이건 기적이 아니고는 일어날 수 없는 일이었다. 그때도 할배는 새벽 기도를 한 달이나 했다. 성당이나 집에서 한 게 아니고 경기가 열릴 운동장에 새벽이면 가서 운동장을 두어 바퀴 돌고 스탠드에 홀로 앉아 간절히 기도했다. 그러니까 기적이 일어난 것이다. 모두가 기도의 힘이요, 정성의 결과라고 나는 지금도 믿고 있다.

애들아, 인생이 무엇인지 따지면 안 되듯이, 신이 '있다, 없다'를 따져서도 안 된다. 신은 따져서 믿는 대상이 아니라 그냥 믿어야 하는 대상이다. 그저 믿으면 되는 대상이다. 이것은 곧, 이 우주에서 가장 위대한 존재 앞에 고개 숙이는 인간의 겸허한 모습이며, 인간의 책임을 다하려는 정신이기도 하다.

제3장
인생은 노력이다

1. 사람의 노동은 숙명인가

(1) 시시포스 신화

고대 그리스 신화에 시시포스 신화라는 게 있다. 시시포스는 아이올로스의 아들로 태어나 코린토스(에피라)를 건설해 그곳의 왕이 되었다.

그는 꾀가 많고 욕심이 많고, 남 속이기를 좋아했다. 또, 여객과 방랑자를 죽이기도 했다. 죽음의 신인 타나토스가 그를 저승으로 데리러 왔다가 오히려 시시포스에게 붙들려 족쇄를 채우는 바람에 한동안 죽는 사람이 없었다. 마침내 전쟁의 신, 아레스가 나서서 타나토스를 구출하고, 시시포스를 데리고 지옥으로 갔다.

저승에서 시시포스는 큰 바위 돌을 산꼭대기까지 힘들여 굴려 올려놓아야 하는 형벌을 받는다. 그런데 바위는 다시 굴러 내려오고, 또다시 처음부터 바위돌을 산 정상으로 굴러 올리면, 또 내려오고, 다시 굴려 올리고… 하는 형벌이 계속 되는 것이다.

이처럼, 시시포스가 영원한 노동을 하는 것은 '사람이 세상을 살려면 노동이 숙명처럼 된 운명'에 비유한 것이다.

그러나 프랑스의 철학자 카뮈(Albert Camus)는 떨어지는 바위를 계속 굴려 올리는 시시포스의 노력을 인간의 승리라고 평가하였다.

왜 카뮈는 끝없는 시시포스의 노력을 인간의 승리라고 했을까. 사람이 세상에 나오면 무슨 일이든 노동을 해야 한다. 먹기 위해 농사를 지어야 하고, 배우기 위해 공부도 해야 하고, 가족을 부양하기 위해 일을 해야 한다. 그러니까 산다는 것은 '끊임없이 배우고, 일하고, 노동을 해야 한다'는 의미다. 마치 시시포스가 굴러 내려온 바위를 몇 번이고 다시 정상으로 밀어 올려야 하듯— 끝없이 일 해야 하는 게 사람이다. 그런데 사람들이 몇 번이고 시시포스 같이 굴하지 않고 노동을 계속한다면, 바로 사람의 승리가 아니고 무엇인가!

그러니까 사람은 어쩌면 산다는 자체가 '일을 하기 위해 사는 것'이요, 작은 일이건 큰 일이건 일을 위해 노동을 하지 않으면 안 되는 게 우리의 숙명이다.

기독교인인 우리도 평생을 노동을 하지 않으면 안 되는 게 사람의 숙명임을 『성경』을 통해 믿고 있다.

「창세기」에 보면 하느님은 사람의 조상인 아담과 이브를 만드시고 동쪽에 있는 에덴의 동산 하나를 꾸며 두 사람을 그곳에 두셨다. 그리고 이브를 만들기 전, 아담에게 "동산에 있는 모든 열매는 다 먹어도 되지만 선과 악을 알게 하는 그 열매를 따 먹는 날, 너는 죽을 것이다." 라고 엄한 명령을 내리셨다.

그런데 뱀의 꼬임으로 이브가 선과 악을 분별하는 열매를 따 먹고, 남편인 이브도 먹게 하였다. 쉽게 말하면 아담과 이브는 하느님을 배신한 것이다. 그래서 하느님께서는 이들을 에덴에서 내치시고, 이브에게 "너는 내가 따 먹지 말라는 열매를 따 먹었으니 너는 사는 동안 줄곧 고통 속에서 땅을 부쳐 먹으리라"고 하신 것이다.(창세 3:17)

따라서 사람은 애초에 하느님을 배신한 죄로 '흙으로 돌아갈 때까지 땀을 흘려야 양식을 먹을 수 있게' 된 것이다.(창세 3:19)

사도 바울(히브리어로는 사울)이란 사람은 "일하기 싫으면 먹지 말라"라는 말까지 했다. 좀 매정한 말로 들리겠지만, 사실은 맞는 말이다.

인도의 간디 기념관에 가면 7가지 경구가 있다고 한다. 즉,
- 원칙이 없는 정부는 망한다.
- 노동 없이 얻는 부는 망한다.
- 양심 없이 취하는 쾌락은 망한다.
- 인격 없는 교육은 망한다.
- 희생 없는 신앙은 망한다.
- 도덕 없는 경제는 망한다.
- 인간성이 결여된 교육은 망한다.

그중 두 번째가 '노동 없이 취하는 부는 망한다'이다. 땀 흘리지 않고— 즉, 노동 없이 얻는 부는 망한다는 것이다.

『탈무드』에 이런 얘기가 있다.
한 농부가 늘 가난하게 살았다. 욕심은 많고, 농사일을 게을리 한 탓이다. 하루는 깊은 잠이 들어 이상한 꿈을 꾸었다. 자기가 염라대왕을 찾아간 것이다.
놀란 염라대왕이 농부에게 물었다.
"찾지도 않은 네가 어이 왔느냐?"
"궁금한 일이 있어 왔습니다."
"그래, 무엇이 궁금하냐?"
"대왕님, 사람 사는 세상의 1만 년은 하늘나라에서는 몇 년인가요?"
"1만 년은 단 1분이지."

농부가 놀라서 물었다.

"네? 1만 년이 그렇게 짧은가요? 그럼, 하늘나라의 1월은 우리 세상에서 얼마인가요?"

"너희 세상에서는 100억쯤 될 거다."

"그래요, 그럼 대왕님, 부탁을 하나 해도 되겠습니까?"

"내게 부탁할 일이 뭐 있느냐?"

"다름이 아니오라 제게 1원 만 빌려 주십시오."

"그래, 어렵지 않다."

"빌려 주시는 거죠?"

"대왕이 거짓말 하겠느냐! 그런데 조건이 하나 있다. 딱 1분 만 기다려라. 그럼 내가 1원을 빌려 주지. 돌아가서 기다려라."

농부는 얼른 생각해 보았다. '하늘나라 1분은 우리 세상의 1만 년이 아닌가?'

"아이고, 대왕님, 안 빌리고 돌아가겠습니다."

노력없이 부를 챙겨서는 안 된다.

(2) 1만 시간의 법칙

'1만 시간의 법칙'이란 게 있다. 글래드웰(Malcolm Gladwell)이 2008년에 쓴 『아웃라이어』란 책에 소개되면서 유명해진 용어다. 이것은 쉽게 말해 어느 분야건 아주 잘하는 '달인'이 되려면 적어도 1만 시간의 연습과 노력을 해야 한다는 법칙이다.

이 법칙은 심리학자 에릭슨(K. Anders Ericsson)이 베를린 음악 아카데미 학생을 상대로 관찰한 결론을 바탕으로 연구한 결과라 설득력 있는 법칙으로 인정받게 되었다.

처음 연구의 대상은 바이올린 연주 학생을 상대로 관찰하였고, 다음 피아노 연주자들에 대해서도 연구한 결과 공통적으로 1만 시간 연습을 한 학생들이 전문 연주자가 된다는 결론을 얻은 것이다.

여기서 유념할 일은 실력이란 '타고난 재능과 연습의 양'인데, 달인이 되자면 재능도 있고 연습도 1만 시간은 해야 한다는 것이다. 재작년 미국의 반 클라이번 피아노 경연대회에서 1등을 한 임윤찬도 경연을 앞두고도 새벽 3~4시까지 연습한 것을 보면 연습, 곧 노력이 얼마나 중요하다는 것을 알 수 있다.

우리가 아는 피아노 천재 모차르트의 어릴 적 작품은 사실은 놀라운 것이 아니라고 이 책에서는 얘기한다. 즉, 모차르트의 초기 작품은 대개 그의 아버지의 도움으로 이루어진 것으로 보이며, 그의 어릴 적 작품으로 알려진 일곱 편의 피아노 협주곡도 다른 작곡가들의 작품을 배열한 것에 지나지 않는다는 것이다. 현재 그의 걸작으로 평가 받는 '협주곡 9번'과 '작품번호 721'은 스물한 살 때 만들어진 것이다. 이것은 모차르트가 협주곡을 쓰기 시작한 지 10년이 지난 시점이었다.

1만 시간의 법칙은 음악뿐만이 아니라 체스 세계에서도 마찬가지, 그랜드 마스터가 되려면 적어도 10년의 세월이 필요하다는 얘기다. 전설의 바비 피셔(Bobby Pischer)도 달인이 되기까지 9년이 걸렸다는 것이다. 이처럼 1만 시간은 위대함을 낳는 매직 넘버이다. 다시 말하면 노력 없이는 성공이란 있을 수 없다는 얘기이다. 명심 하렷다.

유명한 손흥민 선수도 1만 시간의 법칙으로 대성한 축구 선수다. 그의 아버지 손웅정은 「스포츠 서울」과 인터뷰에서 "나와 흥민이는 1만 시간의 법칙을 믿는다."라고 하였다. 그의 아버지는 연습과 노력만이 성공의 길이란 것을 굳게 믿고, 누구보다 더 많은 연습과 노력을 하도록 손흥민을 키웠다. 때문에 오늘의 손흥민 선수가 나오게 된 것이다.

한석봉(韓石峯)은 우리나라의 제일가는 명필의 한 사람으로 친다. 한석봉이 자기 글씨에 자신이 생겨 하루는 집에 계시는 어머님을 찾아뵈었다. 오랜만에 아들을 본 어머니는 아들을 반가이 맞으며 아들에게 물었다.

"석봉아, 잘 왔다. 그래 글씨 공부는 많이 하였느냐?"
"네, 어머님. 이제는 자신이 있습니다."
"그래, 장하다. 그럼 나하고 시합을 한번 해볼래?"
"무슨 시합을 어머님과 한다는 말씀입니까?"
"나야 부엌일을 하는 주부이니 내 부엌 칼 쓰는 것과 너 글씨 솜씨를 겨루어 보자는 거다."
"좋습니다. 그럼 한번 시작해 볼까요?"
그때, 한석봉의 어머니는 방안의 호롱불을 '훅~'하고 꺼버렸다.
"어머님, 왜 불은 끄십니까?"
"그래야 진짜 실력을 아느니라."
불을 끈 깜깜한 방에 어머니는 도마와 떡가래를 준비하고, 석봉은 벼루와 붓을 준비하여 솜씨를 겨루기로 하였다.

불을 끈 어두운 방에서 석봉의 어머니는 부지런히 떡가래를 썰었다. 한편, 석봉은 종이 위에 붓글씨를 쓰기 시작했다.

한참을 지나 석봉의 어머니는 호롱불을 다시 켰다. 어머님이 썬 떡가래는 그 크기가 똑 같았는데, 석봉이 쓴 붓글씨는 삐뚤빼뚤 엉망이었다.

석봉은 일어나 어머님께 큰절을 하고는 선 채로 어머님께 말했다.
"어머님, 제 글씨가 아직은 멀었다는 것을 알았습니다. 다시 가서 글씨 공부를 더하고 오겠습니다."

"수고하는 농부가 곡식을 먼저 받는 것이 마땅하니라."(딤후2:6)

『성경』 말씀이다.

손기정 선수는 1936년 베를린 올림픽대회 마라톤에서 2시간 29분 19초란 올림픽 기록을 수립하면서 우승하였다.

그는 선천적으로 뛰어난 체력의 소유자이기도 하였지만, 올림픽에서 금메달을 딸 수 있었던 것은 누구보다 훈련을 열심히 한 덕분이었다.

1930년대 서울은 인구가 40만 정도였고, 자동차는 어쩌다 볼 수 있는 귀한 운송 수단이었다. 그래서 마라톤 연습 코스도 서울 중심가를 한 바퀴 도는 것이었다. 즉, 만리동 양정중학교에서 출발하여, 염천교—서울역—남대문—을지로—동대문운동장—혜화동—창경원—돈화문—안국동—광화문—서대문—의주로—염천교—만리동 학교로 이어지는 서울 시내 코스였다.

연습이 끝나면 다른 선수들은 바로 샤워실로 갔는데, 손기정 선수만은 40km가 넘는 연습 코스를 한 바퀴 더 돌고 샤워를 했다.

미국의 헬런 켈러(Helen A. Keller)의 생애는 우리에게 노력의 위대함을 보여주는 귀중한 교훈이다.

헬런 켈러는 1880년 미국의 앨라배마에서 태어났다. 그녀의 엄마 케이트(Kate)는 남북전쟁의 명장 로버트 E. 리의 사촌이자 채터누가 전투에서 활약한 남군 애덤스(Charle W. Adams) 장군의 딸이었다. 헬렌은 태어난 지 19개월 만에 불행하게도 뇌막염에 걸렸다. 이 병으로 그녀는 눈도 못 보고 귀도 듣지 못하는 중증 장애자가 되었다. 헬렌은 7살까지는 아무런 교육도 받지 못하고 몇 개의 수화만으로 대화하는 훈련밖에 받지 못했다.

헬렌 켈러의 어머니는 청각 장애인을 위해 큰 도움을 주고 있는 전화기 발명가 알렉산터 벨(Alexander G. Bell)에게 부탁하여, 시각 장애 학교장이 알선한 그 학교 졸업생 앤 설리번(Johanna M. Sullivan) 선생을 가정 교사로 소개 받는다. 이후 헬렌과 설리번은 40년간 동반자의 인연을 맺는다. 훗날 이 두 사람의 관계는 인류사에 빛나는 위대한 일을 해낸다.

1883년 3월 가정 교사가 된 설리번은 이루 달할 수 없는 고생을 한다. 왜냐하면 헬렌은 중증 시각, 청각 장애인이면서 성격까지 괴팍하여 가정 교사인 설리번에게 걸핏하면 덤비고, 반항하여 설리번을 몹시 괴롭혔다. 선생님의 말을 듣기는커녕 말끝마다 투정부리고, 음식을 손으로 먹는 등 거의 짐승에 가까운 행동을 하였다.

그러나 인내심이 강한 설리번은 모든 것을 참고 오직 사랑으로 헬렌을 감싸며 차근차근 헬렌을 타일렀다. 설리번의 사랑의 힘이 주효했는지 헬렌은 세상 만물의 이름에 관심을 갖기 시작하였다.

설리번은 제일 먼저 자신이 가져간 인형의 이름 Doll(인형)이란 글씨를 헬렌의 손바닥에 그려 보였다. D. O. L. L이라고 몇 번이고 손바닥에 그렸다. 헬렌도 얼마 안 되어 '인형' 하면 'D.O.L.L'이라고 쓰게 되었고 인형이라는 뜻도 알게 되었다.

이렇게 이 세상 모든 눈에 보이는 물체들, 나무며 집이며 새와 하늘과 해의 이름을 익혔다. 그리고 이들 이름을 쓸 줄도 알게 되었다. 이런 훈련을 거친 후, 헬렌은 시각 장애 학교와 청각 장애 학교를 마쳤다. 그리고 마침내 헬렌은 1900년에 하버드대학교 부속 여자대학교인 레드클리프 대학교 입학을 허가받게 되었다.

24살이던 1904년에 이 학교를 우등으로 졸업하면서 최초로 학사 학위를 받은 시각, 청각 장애인이 된다. 헬렌은 독일어를 비롯해 5개 언어를 구사하고, 세계 50여 개 이상 언어로 번역된 『내 인생 이야기(The Story of My Life)』(1903) 등 12권의 저서를 출간했다. 놀라운 일이다. 생각해 보아라. 눈도 안 보이고 듣지도 못하는 헬렌이 이런 성취를 이루자면 얼마나 피땀나는 노력을 했겠느냐!

헬렌 켈러의 진정한 위대함은 그녀가 자신의 한계를 극복하는 데 그치지 않고, 세상을 변화시키는 데 헌신했다는 점에 있다. 그녀는 작가, 강연인, 사회 운동가로 활동하며 장애인의 권리, 여성의 참정권, 노동자의 권리, 그리고 세계 평화를 위해 큰 역할을 하였다. 헬렌이나 설리번 선생은 그야말로 노력의 힘이 얼마나 위대한가를 보여주는 표상이다.

헬렌 켈러는 훗날 이런 말을 남겼다.

"인간의 성격은 편안한 생활 속에서는 발전할 수 없다. 시련과 고생을 통해서 인간의 정신은 단련되고, 또한 어떤 일을 똑똑히 판단할 수 있는 힘이 길러지며, 더욱 큰 야망을 통해 그것을 성공시킬 수 있는 것이다."

헬렌 켈러의 어머니가 찾아간 유명한 알렉산더 벨도 젊을 때는 공부를 소홀히 했나 보다. 공부는 게을리하면서 성공하기를 기대하니까 맨날 그 모양 그 꼴이었다.

하루는 벨 자신이 실망에 빠져 워싱턴에 있는 스미소니언 재단의 이사장을 찾아갔다. 조언을 구하러 간 것이다.

"나는 해볼 만큼은 다하고 있다고 생각하는데, 왜 나는 성공을 못 하는 겁니까?"

그 말을 들은 이사장은 벨에게 물었다.

"당신은 몇 시에 침대에 들어갑니까?"

"10시에 들어가 8시간은 자지요."

"미국의 20대 대통령은 '10분의 투자'를 강조했습니다. 공부를 더 열심히 하세요!"

그때부터 벨은 열정을 가지고 열심히 공부해 마침내 세계적인 명사가 되었다.

여기서 '10분의 투자'란 이런 얘기다.

1881년에 당선된 미국의 제20대 대통령 가필드(James A. Garfield)는 대학 시절 기숙사 친구 중에 수학의 천재라는 학생을 도저히 따라잡을 수가 없었다.

며칠을 궁리 끝에 그 친구는 도대체 몇 시에 자는가를 관찰했다. 같은 기숙사의 그 친구의 방 불은 근 12시가 넘어서야 꺼지는 게 일상이었다. 그래서 가필드는 그 친구 방의 불이 꺼지기 전에는 절대로 잠자리에 들지 않았다. 그 친구 방의 불이 꺼지고 최소 10분 이상 공부를 더한 다음에야 잠자리에 들었다.

오랜 세월 가필드는 꾸준히 그 친구보다 10분 이상 공부를 더 했다. 얼마 지나지 않아 가필드는 그 친구를 능가하기 시작했다.

이것이 소위 가필드의 '10분의 투자' 원칙이다.

2002년 노벨 화학상 공동 수상자인 일본의 다나카 고이치(田中耕一)는 박사도 아니요, 대학 교수도 아닌, 대학을 졸업한 평범한 셀러리맨이었다. 그러나 그가 직장에서 연구하던 단백질의 성체 고분자를 간단히 분석할 수 있는 새로운 방법으로 신약 개발과 암 조기 발견의 가능성을 열었다는 성과로 노벨 화학상을 타게 된 것이다.

그의 장점은 오로지 연구에 열과 성을 다하는 지극 정성의 태도였다. 셀러리맨이면 누구나 바라는 승진 시험도 마다하고 주임 자리에 만족하며 오로지 연구에만 골몰하였다. 지극한 노력과 정성으로 노벨상이라니!

우리는 아직 평화상과 문학상밖에 못 탄 것을… 우리들은 깊이 반성하고 공부에 열성을 다하자.

성공한 사람들에게는 공통점이 하나 있다. 노력이다. 정성을 다하고, 남이 한 번하면 두 번을 연습하고, 주야로 끊임없이 노력한다는 점이다. 눈 멀고 귀가 안 들려도 노력하면 박사가 되고 세계인을 감동시키는 책을 쓴다. 그러니까 열쇠는 '누가 더 열심히 하였는가', '누가 더 많은 땀을 흘렸는가'이다. 땀 흘리며, 피나는 노력 없이는 절대로 성공할 수가 없다. 이건 변함없는 세상 이치다.

(3) 사도 바울

앞서 소개한 바울은 기독교에서는 큰 인물이라 좀 알아 둘 필요가 있다. 그는 초기 기독교 교리를 체계화한 사람으로, 『신약성경』 27권 중에 13권의 서신서를 저술하여 기독교의 발전에 큰 업적을 이룩한 분이다.

사도 바울은 예수님이 살아계실 때 살았던 사람으로 아주 큰 인물이었다. 좀 부끄러운 얘기지만 이 할배도 이 분을 본받으려고 세례명을 같은 '바오로'라고 한 것이다.

바울은 오늘날 튀르키예의 다소에서 태어나 원래 천막 만드는 일을 하면서 우리 기독교인들을 잡아들이고, 예수님을 박해했던 사람이었다. 그러나 예수 믿는 자들을 잡아들이기 위해 다마스쿠스(오늘날 시리아의 수도)로 가는 도중에 예수의 음성을 듣고 회심한 후, 기독교의 열정적인 전도자가 되었다.

바울은 원래 당대의 최고의 율법학자인 가말리엘 문하에서 교육을 받은 율법학자였으나, 예수님을 만난 이후에는 여러 차례 죽음을 무릅쓰고 전도 여행을 다니며 로마제국 전역에 예수님의 복음을 전파했다.

사도 이야기가 나왔으니 먼저 바오로의 사도권을 잠깐 이야기하고 가자. 원래 사도가 되려면 예수님의 12제자로 예수님과 함께 생활하고 부활하신 예수님을 만나고 승천하시는 예수님을 목격한 분이어야만 한다. 그러나 바오로는 예수님의 12사도도 아닐 뿐더러 생전의 예수를 직접 만난 적도 없던 사람이었다.

『신약성경』의 「사도행전」을 보면 그는 열렬한 유대교도로 예수 믿는 사람들을 잡아 죽이러 다마스쿠스로 가던 중, 갑자기 하늘이 번쩍이면서 강렬한 빛이 바오로를 비추었다. 그는 정신을 잃고 쓰러졌다. 그러자 빛 가운데서 다음과 같은 우렁찬 목소리가 들렸다.

"사울아, 사울아, 어찌하여 네가 나를 박해하느냐?"
"주여, 당신은 누구십니까?"
"나는 네가 박해하는 예수이니라."
사울은 두려워 매우 떨면서 말하였다.
"제가 무엇을 하기를 원하시나이까?"라고 하자,
"일어나서 도시로 들어가라. 네가 무엇을 해야 할지 일러주는 사람이 있을 것이다. 그러면 네가 해야 할 일을 듣게 되리라."

천상으로부터 우렁찬 목소리를 바오로와 동행하던 사람들은 모두가 들었지만, 아무것도 보이지 않아 어안이 벙벙하여 그저 넋을 잃고 서있기만 하였다.

그런데 쓰러졌던 그는 땅에서 일어나 눈을 떴으나 세상이 깜깜하였다. 아무것도 보이질 않는다. 장님이 된 것이다. 동행하던 주변 사람들이 사울의 손을 잡고 인도하여 다마스쿠스로 갔다. 그러나 바오로는 너무나도 큰 충격에 사흘 동안 먹지도 마시지도 않았다.

그런데 기적이 일어났다. 그리스도인 신자 아나니아가 그를 찾아왔다. 그리고 바오로를 위해 간절한 기도를 올렸다. 그러자 그는 눈을 크게 떴고, 밝고 환한 세상을 다시 보게 되었다.

아나니아는 환상 중에 나타난 예수의 지시를 받았던 것이다. 바오로는 놀라워하며 크게 뉘우치게 되었다. 그리고 깨달았다.

'그동안 내가 몰라도 너무 몰랐구나. 우리의 구세주 예수를 몰라보고 외려 예수를 박해하다니…'

그 길로 그는 그리스도인이 되었다. 며칠 전에 겪은 기적이 그에겐 너무도 큰 충격이었던 것이다. 그로부터 바오로는 예수가 하느님의 외아들임을 널리 설파하며 진정한 기독교인으로 거듭났다.

그러나 그를 아는 유대인들은 놀랐다. 사람이 변해도 너무 크게 변하였기 때문이다. "저 사람, 예수 믿는 사람들 잡아다가 신고하던 바오로 그자가 아니야? 사람이 변해도 분수가 있지."

그러나 세상은 그의 변신에 놀라워하는 한편 바오로는 유대교인들에게 배신자로서 취급되어 살해 위협을 받게 된다. 그는 전도 여행 중에 여러 차례 살해 위협을 받는다.

그는 세 차례 그리스도 전도 여행을 하였는데, 그가 다닌 전도의 길은 무려 약 20,000km에 달했다. 성경에서는 그의 전도 여행 중에 겪은 수많은 고난과 박해를 이렇게 기록하고 있다.

"내가 수고를 넘치도록 하고, 옥에 갇히기도 하고, 매도 수없이 맞고, 여러 번 죽을 뻔하였으니, 유대인들에게 사십에서 하나 감한 매를 다섯 번 맞았으며, 세 번 태장으로 맞고 한 번 돌로 맞고 세 번 파선하고 일주야를 깊은 바다에서 지냈으며, 여러 번 여행하면서 강의 위험과 강도의 위험과 동족의 위험과 이방인의 위험과 시내의 위험과 광야의 위험과 바다의 위험과 거짓 형제 중의 위험을 당하고 또 수고하며 애쓰고 여러 번 자지 못하고 주리며 목마르고 여러 번 굶고 춥고 헐벗었노라. (고린도후서 11장 23~27절)

그는 전도 여행 중에도 자신의 직업인 천막 만드는 일을 계속하여, 자기와 동행한 사람들의 전도 경비까지 충당하였다.

(4) 형설지공

앞서 할배는 인생은 운명이 결정 하는 게 아니라 노력과 정성에 달렸다고 했다. 나의 포부가 크면 클수록, 노력을 더하지 않으면 안 된다. 그래서 록펠러와 아인슈타인은 "노력 없이 성공은 없다."라고 똑 부러지게 단언했다. 뿐만 아니라 말콤 포브스(Malcolm S. Forbes)는 "노력이 운보다 중요하다."고 지혜로운 말을 했다. 포브스의 아버지는 미국의 유명한 잡지 「포브스」의 발행인이었고, 본인은 뉴저지 상원 의원을 두 번이나 역임한 사람이다.

우리가 잘 아는 베토벤의 생가를 찾은 사람들은 생전에 그가 치던 피아노를 보고 놀라지 않을 수 없을 것이다. 그가 아끼던 피아노의 건반이 움푹 파여 있기 때문이다. 얼마나 열심히 건반을 두드렸으면, 그 단단한 건반이 움푹 파이기까지 했겠느냐!

중국의 고사에 형설지공(螢雪之功)이란 말이 있다.

옛날 아주 옛날, 동진이라는 나라에 차윤(車胤)이라는 선비가 살았다. 집안은 가난하였으나 어려서부터 부지런하고 책을 많이 읽었다.

차윤의 집은 가난하여 등불을 켤 기름을 사지 못해 여름이 되면 깨끗한 비단 주머니를 구해 그 속에다 수십 마리의 반딧불 벌레를 잡아 넣어, 반딧불 아래서 책을 읽었다.

훗날 그의 학문을 인정한 황제가 그를 발탁하여 상서랑(황제의 비서)에 임명하였다. 그때부터 책 읽는 방의 창문을 형창(螢窓)이라 부르게 되었다.

같은 시대에 손강(孫康)이란 사람도 성품이 맑고 학문 연구에 힘썼으나 집안이 가난하여 등을 밝힐 기름을 살 수 없었다. 그는 하는 수 없이 겨울이 되면 눈에 반사되는 달빛 아래서 책을 읽었다. 후에 손강은 벼슬이 어사대부(대사헌—오늘날의 대법원장)에 이르렀고, 그때부터 책상을 설안(雪案)이라고 부르게 되었다.

　오늘날, 열심히 공부하여 크게 성공하는 것을 형설지공(螢雪之功)이라 하는데, 형설지공은 차윤과 손강의 행적, 즉 형창과 설안의 머리글자를 따서 만든 사자성어이다.

　너흰 '현대'라는 회사를 잘 알 것이다. 현대를 설립한 사람이 정주영이란 분이다. 회사는 약 90년 전에 설립한 회사다. 현대는 처음 건설업으로 시작하여 자동차 회사, 배 만드는 조선 회사 등을 거느리는, 지금은 우리나라에서 삼성과 함께 제일 크고 좋은 회사일 뿐만 아니라 세계적으로도 손꼽히는 회사가 되었다.
　우리들이 매일 타고 다니는 자동차는 현대자동차다. 현대자동차 회사는 기아자동차와 함께 일본의 도요타, 독일의 폭스바겐에 이어 세계 제3위의 큰 회사다.
　현대의 설립자인 정주영이라는 분은 어릴 때 초등학교만 나왔는데도 이렇게 대성한 인물이다. 그러니 얼마나 많은 노력을 했겠느냐!
　그가 대성하게 된 계기는 젊을 시절 인천 부두의 막노동자로 일할 적에 노동자 합숙소에서 경험한 빈대에 대한 얘기에서 시작된다. 합숙소에는 너희들은 들어보지도 못한 빈대며 벼룩 같은 기생충이 들끓었다. 이 기생충은 사람의 피를 빨아 먹고 사는 벌레들이다. 끔찍하지.
　옛날에는 위생 상태가 좋지 않아서 우리는 이런 기생충과 늘 같이 살아야 했다. 그때는 우리나라가 너무 가난했기 때문이다. 정 회장은 일을 마치고 숙소로 돌아오면 빈대 때문에 편한 잠을 이룰 수 없었다. 궁리 끝에 침대 다리를 물이 담긴 양재기 위에 놓으면 빈대가 침대 다리를 타고 올라오지 못하리라고 생각하고 침대 네 다리에 물이 담긴 양재기를 놓았다. 그런데, 여전히 빈대는 극성이다. 이상하게 생각한 정 회장은 잠을 자지 않고 관찰을 했다. 그랬더니 놀랍게도 빈대는 침대 위로 기어 올라가는 대신 벽을 타고 천장으로 올라가 침대 위로 떨어지는 게 아닌가!

빈대 같은 미물도 살려고 그런 재주를 부리고 노력을 하는데 '사람인 나는 더 노력해서 성공을 하리라' 하고 다짐을 했다는 것이다.

정 회장이 현대조선소를 지을 때 일화이다. 회사를 세우려면 우선 자금이 필요하다. 그래서 돈을 빌리기 위해 영국의 바클레이즈 은행장을 만났다. 은행장은 조용히 얘기를 듣고는 이런 질문을 하였다.

"정 회장, 당신 회사는 배를 만든 경험이 있소?"

"아니, 없습니다. 회사를 새로 만들려고 돈을 빌리러 온 겁니다."

"그럼, 이제 회사를 시작한다는 겁니까?"

"그렇습니다."

그 말을 들은 은행장은 저윽이 놀라며,

"경험도 없는 새로운 회사에 무얼 믿고 우리가 돈을 빌려줍니까? 미안하지만 우리 은행은 돈을 빌려드릴 수가 없습니다."

당황한 정 회장은 잠시 망설이는 듯하더니 주머니에서 5백 원짜리 지폐를 꺼냈다. 당시 통용되던 5백 원 지폐에는 거북선이 그려져 있었다.

"잠깐만, 이 지폐를 보시오. 여기 있는 이 그림에서 보듯이 우리는 당신들보다 300년이나 앞선, 1500년대에 이미 철갑선을 만들었소. 우리나라는 그 후 쇄국정책을 쓰느라 산업화가 좀 늦었을 뿐, 잠재력과 전통은 여전합니다."

바클레이즈 은행장은 정 회장의 기지와 용기에 감동하여 쾌히 돈을 빌려 주었다.

정 회장의 용기와 기지는 어쩌면 타고난 성품인지는 모르나 기지가 저절로 나오는 법은 없다. 정신적으로 성공을 위해 항상 노력하고, 고심하고, 생각하기 때문에 그런 기지가 나오는 것이다.

2. 성공의 열쇠는 꾸준한 노력이다

(1) 인내와 끈기

노력이 중요한 것은 말할 것도 없지만, 성공의 관건은 꾸준함이다. 앞서 할배는 1만 시간의 법칙을 얘기했는데, 1만 시간은 한 사람이 하루 3시간씩 10년을 노력해야 1만 시간이 된다. 그러니까 10년이라는 긴 세월의 꾸준함과 노력이 함께해야 달인이 되고 성공도 거둔다는 것을 명심하자.

일본은 너희도 잘 알다시피 무사의 나라다. 무사의 나라에서 검술로는 제1인자로 소문난 미야모토 무사시(宮本武藏)란 검객이 있었다.

그는 생전에 수백 명의 검객들과 싸워 단 한 번도 진 적이 없는 전설 같은 인물이었다. 그는 워낙 유명한 검객이라 전기 소설의 주인공이 되고, 여러 편의 영화로도 많이 소개된 인물이다.

그는 생전에 『오륜서』라는 검술 책을 썼는데, 검술의 달인은 단련 외엔 방법이 없다고 하였다. 즉, 단련의 '단'은 1,000일의 훈련이요 '련'은 1만 일의 훈련이라고 하였다. 1만 일은 약 27년이 조금 넘는 세월이다. 이처럼 어떤 분야의 전문가가 되고, 성공을 거두려면 오랜 세월 꾸준한 노력을 해야 한다는 것이다.

어느 항구 도시 마을에 마음씨 좋은 부자가 살았다. 그 부자에게는 20여 명의 노예가 같이 살고 있었는데, 그중에서도 일평생을 이 집의 노예로, 또 일 열심히 하기로도 제일가는 노예가 있었다. 그의 이름은 갑돌이였다.

마음씨 좋은 부자는 생각했다. '갑돌이는 우리 집에 와서 저 나이까지 평생을 열심히 일했으니, 이제는 내가 갚아야겠다'라고 마음을 정하고 하루는 갑돌이를 불렀다.

"여보게, 갑돌이, 자네는 우리 집에 와서 평생을 열심히 일했으니 내 작은 성의지만 보상을 하겠네."라고 말했다. 그리고 배 한 척을 준비하고 그 배에 많은 저화를 싣게 하였다.

갑돌이를 다시 불러 이렇게 말했다.

"자네가 나를 위해 평생을 바친 그 노력이 갸륵하여 자네에게 줄 배 한 척과 재화를 준비하였네. 이 배와 함께 자유도 네게 줄 터이니 이곳보다 더 좋은 곳을 찾아 그곳에 정착해서 자유롭게 살게. 이제 자네는 노예가 아닐세."

갑돌이는 너무도 기쁜 나머지 주인에게 백 배 절을 올린 후 배를 타고 먼 바다로 향했다. 바다는 잠잠하고 햇빛도 좋아 갑돌이는 노래 부르며 항해를 즐겼다.

갑돌이가 살던 항구를 떠나 보름째 되는 날, 갑자기 하늘에 먹구름이 모이더니 장대 같은 비와 바람이 세차게 불었다. 폭풍우 속에 하루 밤 하루 낮을 시달리다가 그만 산 같은 파도를 다시 만나 배는 가라앉고 말았다.

갑돌이는 구사일생으로 목숨만은 건져 판자에 기대어 이름 모를 섬에 도착하였다. 갑돌이를 발견하고 섬사람들이 모여들기 시작하였다. 섬사람들은 갑돌이를 빙 둘러 싸더니 한 노인의 지시로 일제히 절을 하였다. 그리고 그 노인이 앞으로 나와 갑돌이에게 다정한 말로 이렇게 말하였다.

"임금님, 우리는 당신이 오기를 기다렸습니다."

깜짝 놀란 갑돌이는 너무도 피곤하고 어이도 없어 정신이 혼미해졌다. 그러나 사태가 심상치 않음을 알고 정신을 가다듬고 노인에게 물었다.

"어르신, 날 보고 임금님이라뇨? 나는 폭풍을 만나 배와 재산을 다 잃고, 겨우 목숨만 살아 이 섬에 도착한 빈털털이입니다. 날 보고 임금님이라니 당치 않은 말씀입니다."

"임금님, 자초지종을 듣고 난 후 다시 말씀해 주시기 바랍니다. 사실은 이 섬에는 폭풍이 있을 때마다 꼭 한 사람씩 떠내려 오는데, 이 섬에서는 그분을 임금으로 모셔왔습니다. 그래서 오늘 우리는 당신을 임금으로 모시는 것입니다. 그러나 한 가지 조건이 있습니다. 일 년 후, 다시 폭풍으로 사람이 떠내려 오면 그분에게 임금 자리를 내놓아야 합니다."

"그럼, 일 년 후 나는 어디로 가야 합니까?"

"저 건너편 섬으로 가야 하는데 그 섬은 그리 살기가 편하지 않습니다."

갑돌이는 하도 신기하고 한편 재미있기도 해서 물어 보았다.

"왜 그런가요?"

"그 섬은 물도 귀하고 과일이나 벌꿀도 흔하지 않아서입니다." 갑돌이는 곰곰이 생각해 보았다. '물이 귀하다면 샘을 더 파면 될 것이요, 양식이 부족하다면 농사를 짓고 과일나무를 많이 심으면 될 게 아닌가' 하고.

평생 부지런히 살아온 그는 일 년 동안 임금을 하면서 그 섬을 개발하면 되겠다는 생각이 들었다.

"좋습니다. 일 년 동안 임금 노릇을 하지요."

임금이 되자마자 부지런한 갑돌이는 백성들과 함께 건너편 섬을 개간하고 새로운 샘도 파고, 과일나무와 꽃나무도 많이 심었다.

일 년 후, 폭풍이 작년처럼 불었고, 또 한 사람이 바다에 떠내려 왔으므로 갑돌이는 임금 자리를 내놓고 건너편 섬으로 이사를 하였다. 살기가 좋아진 건너편 섬사람들은 착하고 부지런한 갑돌이를 새 임금님으로 모셨다.

갑돌이는 더 좋아진 건너 섬에서 임금 노릇을 하며 남은 여생을 행복하게 살았다. 갑돌이는 꾸준히 노력한 덕분에 복을 받은 것이다.

『탈무드』에 나오는 얘기다.

'노마십가(駑馬十駕)'라는 사자성어가 있다. '둔한 말도 열흘을 수레를 끌 수 있다.'는 뜻으로, 『순자』「수신편(修身篇)」의 '천리마는 하루에 천 리를 달리는데, 둔한 말(駑馬)도 열흘 동안 달리면 이에 미칠 수 있다(夫驥一日而千里 駑馬十駕則亦及之矣)'에서 유래한 말이다.

이 말에 딱 들어맞는, 노력하는 사람의 표본이 되는 인물이 있다. 조선 중기 최고 시인으로 무려 1,500여 수의 주옥같은 시를 남긴 백곡(栢谷) 김득신(金得臣, 1604~1684)이 바로 그다.

김득신의 부친은 동래부사와 경상도관찰사를 지낸 김치(金緻)이며, 조부는 임진왜란 당시 진주대첩의 명장으로 잘 알려진 진주목사 김시민(金時敏)이다.

그는 어렸을 때 천연두를 앓아 구사일생으로 살아남았지만, 그 후유증으로 뇌 손상을 입었는지 심하게 아둔했다고 전해진다. 김득신이 10살 때 아버지로부터 글을 배웠는데, 3일이 지나도 제대로 읽지도 못했고, 금방 읽은 내용도 곧바로 잊어버렸다고 한다. 소위 요즘 시세말로 하면 '학습 지진아'였던 것이다.

그래서 주변에서는 저런 둔재에게 글을 가르쳐서 뭘 하겠느냐고 수군거렸지만 그의 아버지는 "그래도 저 아이가 공부를 포기하지 않으니 오히려 대견스럽다. 대기만성이라 하지 않았는가?"라고 담담하게 말했다고 한다. 결국 59세라는 늦은 나이에 과거 문과에 급제를 한다. "60세까지는 과거에 응시하라."는 부친의 유언이 있었기 때문이다.

그 머리, 그 나이에 과거에 급제를 하다니! 그의 피땀 나는 노력을 알 수 있다.

그는 자신이 우둔하다는 것을 알기에 읽고 또 읽었다. 그는 『독수기(讀數記)』라는 책에 자신이 읽은 책의 회수를 기록해 두었는데, 『노자(老子)』는 2만 번, 『목가산기(木假山記)』는 1만 8,000번 등, 1만 번 이상 읽은 책이 무려 36권에 달했다. 특히 『사기(史記)』의 '백이열전(伯夷列傳)'을 좋아해 무려 11만 3,000번을 읽었다고 한다. 그야말로 천문학적인 독서 기록이다.

이와 관련한 일화들이 많다.

하루는 말을 타고 집에 돌아가던 중 시를 읊는데 마지막 문구가 도통 생각나질 않았다. 그런데 마부가 이어지는 구절을 줄줄 읊어대는 게 아닌가. 득신은 감탄하면서 "자네가 나보다 낫네. 자네가 말에 타라."며 자기가 고삐를 쥐고 마부를 말에 태우는데, 마부가 "마님이 늘 읊던 당시(唐詩)가 아닙니까."하며 웃자, 이마를 탁 쳤다고 한다.

얼마나 외워댔으면 말을 모는 하인이 자연스레 외우게 되었을까.

어느 날 득신이 굉장한 명시를 하나 우연히 읽게 되었다. 그는 그 시를 외우기 위해 되풀이하며 읽었는데, 친구가 와서 하는 말이 "그 시는 바로 백곡 자네가 지은 시 아닌가."

그의 묘비에는 그가 스스로 지었다는 다음과 같은 글이 있다.

"재주가 남만 못하다고 스스로 한계를 짓지 말라.
나보다 어리석고 둔한 사람도 없었지만, 결국에는 이룸이 있었다.
모든 것은 힘쓰는 데 달려 있을 뿐이다."
(無以才不猶, 人自畫也. 莫魯於我, 終亦有成. 在勉强而已)

김득신의 인내와 끈기, 포기하지 않는 노력은 참으로 놀라울 뿐이다.

(2) 양발잡이 손흥민

손흥민은 양발을 다 쓰는 선수로 잘 알려져 있는데, 그게 거저 된 게 아니다.

손흥민이 현존하는 한국 최고의 스포츠 스타라는 것은 세계가 인정한다. 손흥민의 최대 강점 중 하나는 빠른 스피드와 함께 양발을 모두 잘 쓰는 것이다.

잉글랜드 프리미어리그(EPL)에서 뛰기 시작한 2015~2016시즌 이후 현재까지 127골을 넣었는데 오른발과 왼발 골이 비슷하게 나온 게 이를 증명한다. 유럽의 축구 전문 매체나 축구 통계 사이트에 올라 있는 손흥민의 프로필에도 'two-footed player(양발잡이 선수)'라고 표시돼 있는 곳이 많다.

손흥민은 자신이 지금처럼 양발을 잘 쓸 수 있게 된 것을 두고 '절대 타고난 게 아니라 혹독한 훈련의 결과"라고 얘기한다. 손흥민은 8살 때부터 아버지한테서 축구를 처음 배웠는데, 지도 방식이 무척 엄하고 혹독하기까지 했다. 그 훈련 모습을 보고 한 할머니가 경찰서에 신고하려고 했던 일이 있을 정도다.

독일 분데스리가에 데뷔를 한 2010~2011시즌을 마치고 쉬는 기간에 한국에 와서도, 친구들을 만난다든지 여유 있는 시간을 보내기는커녕, 여름 뙤약볕 아래에서 말 그대로 '지옥 훈련'을 했다. 손흥민은 5주 동안 단 하루도 거르지 않고 매일 1,000개의 슈팅을 때려야 했다. 오른발로 500개, 왼발로 500개였다. 당시 손흥민은 '이러다 죽을 수도 있겠구나' 하는 생각이 들었다고 한다.
 중고교 학생 선수도 아니고 유럽 축구 5대 리그에서 뛰는 선수가 이 정도로 훈련을 한다고 하면 처음 듣는 사람은 믿기가 어렵다. 손흥민은 지금의 양발 슈팅 능력과 세계 톱클래스로 평가받는 슈팅 정확도가 이때의 훈련에서부터 자리를 잡아가기 시작했다고 한다. 손흥민은 왼발을 조금이라도 더 잘 쓰고 싶은 마음에 양말을 신을 때도 항상 왼발부터 신었다고 한다.
 이런 노력이 있었기에 오늘날의 손흥민이 존재할 수 있는 것이다.

(3) 스즈키 이치로와 오타니 쇼헤이

 손흥민 선수 얘기를 하니까 스즈키 이치로(鈴木一朗)라는 일본 선수 생각이 난다. 이치로는 일본과 미국의 프로 야구에서 활약한 선수로, 그는 야구 선수로서는 누구도 누리지 못한 최고의 기술과, 최고의 명예를 얻은 선수이다. 그는 1992년부터 2000년까지 일본 프로야구 오릭스 블루웨이브 선수로, 이어서 2001년부터 2019까지 미국 메이저리그(MLB)에서 활약한 선수이다.
 그의 선수 생활 28년은 철저한 자기 관리, 변함없이 계속된 노력, 매사에 시계 같은 정확성 등 마치 수도자와 같은 생활을 계속하여, 마침내 선수로서는 최고의 기록과 명예를 얻었다는 점에서, 많은 사람들에게 깊은 교훈과 영감을 주었다.
 이치로의 기량과 명성이 어느 정도였나를 가늠하는 일화가 있다. 2025년 미국의 야구 명예의 전당 후보로 첫 투표를 했을 때, 무려 99.7%라는 지지율(394표 중 393표 획득)을 얻은 것이다. 심지어 '반대한 자가 누구냐'며 지탄의 대상이 되었다.
 그의 기량은 그저 '정말 잘했다'라는 말로는 부족한, 미국 야구 역사상 최고의 기록과 영예를 얻었고, 역사적인 전설로 남게 되었다.

미국에서의 그의 활약상을 한번 보자.

통산 타율은 3할 1푼 1리, 안타 3,089개로 MLB 역대 24위에 올랐고, 도루는 509개를 달성하여 골든글러브상을 2001년부터 2010년까지 10회 연속 수상했다. 올스타에 10회 선정되었고, 데뷔한 2001년에 MVP와 신인상을 동시에 수상했는데, 이는 MLB 역사상 단 2명뿐인 기록이다. 또 일본과 미국에서 친 통산 안타는 4,367개로, 이는 피트 로즈의 MLB 최다 안타 기록 4,256개를 넘는, 세계 프로야구 역사상 최다 안타 기록이다. 2004년의 시즌 262개의 안타는 지금도 깨지지 않는 기록이다.

미국의 메이저리그는 '힘'의 야구가 그 본질이었는데, 이치로는 예외적으로 정교함, 속도, 꾸준함이라는 새로운 방식으로 존재감을 입증하였다. 그러니까 그는 단순한 스타가 아니라, 야구의 새로운 기준을 제시한 선수였다.

그의 야구에 대한 태도를 세상이 높이 평가하는 이유는, 그의 놀라운 기록도 기록이지만, 마치 구도자가 일평생 진리를 탐구하는 것처럼 치열하게 살아왔다는 점이다.

일례로, 하루 세끼 식사 시간으로부터 밤늦게 침대에 들어가는 시간까지, 그 사이 훈련장으로 오가는 경로, 훈련 방법, 훈련 시간 등 모든 행동은 전자시계와 같은 정확성을 지키며 생활했다는 것이다.

훈련을 위한 노력은 무서울 만큼 철저하여, 365일 눈이 오나 비가 오나 단 이틀만 쉬고 하루도 빠짐없이 계속하였다. 쉬는 날은 시즌이 끝나는 다음 날과 크리스마스 날 뿐이었다는 것.

선수 생활 초반 7년 동안, 매일 점심으로 카레를 먹은 얘기는 유명하다. 이유는 소화에 문제라도 생기면 경기력에 영향을 줄까 봐 7년이나 매일 먹었다니, 사는 것이 오로지 야구를 위한 것이었다.

또, 그는 라커룸에서 푹신한 소파는 쓰는 법이 없었고, 딱딱한 철제 의자를 고집했다는데, 이유는 허리 부담으로 경기력 저하를 걱정하였기 때문이다. 그러니까 하나부터 열까지 모든 생활은 야구를 생각하고, 경기력 향상에 초점을 맞추고 있는 것이다.

뿐만 아니라, 그는 늘 겸손하였고, 자기 라커룸 바닥을 가끔 청소도 하는가 하면, 유머도 잊지 않았다. 전자시계 같은 날카로운 사람치고 그런 성격을 갖기 힘들다.

타석에 들어서기 전에는 항상 같은 동작으로 어깨를 툭툭 치며 집중력 유지했는데, 이런 이치로의 모든 행동과 동작을 루틴(Routine)화 한 것은, 습관을 넘어 자신을 통제하고 몰입하는 방식— 그래서 어떤 상황에서도 흔들리지 않고 자신의 플레이를 펼칠 수 있게 하기 위한 것이었다.

이치로는 이런 말을 남겼다.
"작은 것을 쌓는 것이 엄청난 힘이 된다."
"운이라는 건 준비된 자에게만 찾아온다."
"누군가를 넘는 게 아니라, 어제의 나를 넘는다."

여기서 '어제의 나를 넘는다'라는 말은 『탈무드』에 나오는 말로, 남과의 경쟁이 아니라 자기 극복에 중점을 둔 철학이다. 이치로는 운동선수를 넘어 야구의 구도자와 같은 생활을 통해 야구 역사상 최고의 영예를 얻은 것이다.

그는 2019년, 은퇴 후에도 프로팀 감독직을 고사하고, 고등학교 선수들을 직접 지도하고 있다. 가르치기보다 학생들과 함께 운동장에서 뛰기 위해서다.

그는 야구의 전도사요, 삶 전체를 야구를 위해 구도자처럼 치열하게 살아간 사람이라 할 것이다.

일본의 야구 선수 중, 빼놓을 수 없는 선수가 또 있다. 바로 오타니 쇼헤이(大谷翔平; 오—타니, '오'를 조금 길게 발음한다) 선수다. 이 선수 역시 이치로와 같이 정말 보기 어려운 특별한 선수이기 때문이다.

내가 일본 선수를 두 사람이나 소개하는 것은, 이유가 있다. 이치로가 은퇴한 것이 2019년이다. 오타니가 프로 생활을 시작한 것이 2012년, 그러니까 오타니는 여러 가지 면에서 이치로의 영향을 받았을 것이다. 이치로 같은 선수가 하나 나오는 것도 어려운데, 오타니까지, 일본이 두 사람이나 불세출의 대 선수를 배출하였다는 것은 우연이 아니라고 믿기 때문이다. 어떻게 대를 이어 일본은 두 사람이나 야구 영웅을 세상에 내 놓을 수가 있느냐— 하는 것이다.

이치로는 우리가 보았듯이 야구를 위해 구도자 같은 생활을 하였다. 어릴 적부터 그의 야구 인생은 처절할 정도로 치열했다.

그런데, 보기에 따라서는 오타니는 이치로보다 더 큰 선수다. 그 어려운 투수와 타자를, 그것도 세계 최고의 투수와 타자를 한 사람이 겸하고 있다니— 할배는 도저히 믿을 수가 없기 때문이다. 물론 두 사람 다 타고난 자질이 있는 것은 사실이다. 그런데 자질만으로는 절대로 대 선수가 될 수 없다.

할배도 육상 선수 여럿을 키워 보아서 선수 육성하는 일은 조금 안다. 자질도 있어야 하지만, 그 자질을 끌어내야 대 선수가 된다. 자질을 끌어내 대 선수로 키워내는 과정은 정말 예삿일이 아니다. 너희들도 보았듯이 이치로의 성장 과정은 중세 수도자의 구도 생활에 가까웠다. 다만 추구하는 목적이 다를 뿐.

이치로와 같은 치열함이 없이는 절대로 그런 선수는 안 나온다. 그런데, 일본은 이치로의 대를 이어 오타니를 세상에 내보냈다. 그 어려운 일을 연이어 두 번이나 해내는 일본의 '저력'은 어디서 온 것일까.

그게 궁금하고, 부럽고— 특히 천사를 셋이나 거느린 이 증조할배는 한때 체육계에 몸을 두었던 선배로서 그 교훈, 그 비결을 규명해서 후배들에게 알리고 싶은 것이다. 일본이 하는데 우리가 못할 이유가 없지 않느냐!

오타니 쇼헤이는 현대 야구 역사에서 가장 독보적이고 혁신적인 선수다. 그는 메이저리그 100년이 넘는 역사 속에서도 유례를 찾기 어려운 '이도류(二刀流—일본의 검술 유형의 하나로 칼 두 개를 쓰는 검술을 야구에 비유 한 것)'— 즉, 일류 투수에 일류 타자까지 겸하여, 미국 야구, 세계 스포츠계의 화제가 되고 있다.

투수로서 그는 시속 160km를 넘나드는 강속구, 예리한 슬라이더와 위력적인 스플리터를 구사하며, 상대 타자들을 압도한다. 타자로서는 평균 타구 속도와 비거리 모두 리그 최상위 권에 해당하며, 빠른 주력에 장타력과 정교한 컨택, 선구안까지 갖춘 '홈런왕급 타자'로 평가받고 있다. 이처럼 두 역할— 투수와 타자라는 포지션에서 올스타급 성적을 동시에 유지하는 것은 지금까지 야구계 누구도 해내지 못한 성과이다.

그런데, 오타니가 선수로서의 위대함은 물론, 노력의 화신이라는 점에서 높이 평가를 받고 있다는 점이다.

일찍이 그는 고등학교 시절부터 계획을 세워 훈련하고, 하루하루의 루틴을 철저히 지켰다는 점, 그 노력을 성인이 되기까지 지속했다는 점, 말하자면, 지속적인 노력을 계속한 자기 관리 시스템의 모범이 되었다는 점이 너무도 훌륭했다는 것이다.

그의 태도는 항상 겸손하였고, 겸손하면서도 철저하여, 팀과 팬, 리그 전체에 새로운 바람을 일으키고 있다. 일본 고등학교 시절부터 지금까지 늘 같은 자세로 오로지 야구에 정진하였고, 그 정성이 지금의 오타니를 만든 것이다. 어쩌면 불교의 고승 같은, 인내와 노력을 할 수 있는 한계에까지 자신을 독려하며 쌓은 탑이 오늘의 오타니라 할 수 있다.

결과적으로 오타니 쇼헤이는 단지 뛰어난 야구 선수를 넘어, 스포츠계의 패러다임을 바꾼 혁신가이자, 한계에 도전하는 상징적인 인물이 되었다. 그는 야구라는 경기의 가능성과 아름다움을 몸소 증명하며, 많은 이들에게 꿈과 영감을 주고 있다. 앞으로의 야구 역사에서 오타니는 분명히 하나의 시대, 하나의 아이콘으로 기록될 것이다.

그는 1994년생이다. 아버지는 야구 선수였고 어머니 또한 배드민턴 선수였다. 그는 일찍이 고교 2학년 때, 시속 160km(약 99.4마일)의 공을 던져 일본 전역을 놀라게 했다. 고3 때 미국 메이저리그 진출을 희망했으나, 니혼햄 파이터스의 설득으로 일본에 남게 된다. 구단이 이도류(투타 겸업)를 허용한다는 파격적인 조건을 제시하였기 때문이다.

니혼햄에서 데뷔한 2013년에 투타 병행을 시작하였는데, 성적은 평범했으나 성장 가능성은 입증되었다. 2014년에 이도류가 점차 완성되어 가면서, 2016년에 드디어 일본시리즈 우승과 MVP를 거머쥔다. 그때 성적은 타율 3할 2푼 2리에 22개의 홈런을 기록했다. 일본 사상 처음으로 투수와 타자로 출장한 것은 그해 올스타전에서였다.

오타니가 미국의 메이저 리그에 진출한 것은 2018년으로 타율은 2할 8푼 5리에 홈런 22개를 쳐 신인왕을 수상한다. 미국에서 시즌 초부터 '홈런—삼진—홈런'으로 미국 야구계를 깜짝 놀라게 하여, 미국의 MLB 해설가들은 "만화에서 튀어나온 선수 같다"고 평할 정도였다.

그후, 한동안은 부상과 코로나로 부진하다가, 2021년, 완전체 이도

류가 폭발하여, 타자 성적은 46홈런, OPS .965로 MVP를 수상하였고, 올스타전 최초로 투타 동시 출전하는 야구 역사상 신기원을 수립하였다.

2022년에는 이도류가 더욱 진화해서, 타자 성적 34홈런에, 투수 성적 15승, 평균자책 2.33, 219 탈삼진 등으로 2023년에 두 번째 MVP와 WBC(World Baseball Classic)에서 우승한다. 당시 MLB 커미셔너는 "그의 경기는 하나의 스포츠쇼"라고 극찬하였다.

2024년, LA 다저스로 이적한다. 10년 계약에 7억 달러(한화 약 1조 원) 조건으로. 이는 스포츠 사상 최대 규모 계약이 되었다.

우리는 그의 훈련 방식에 주목해야 한다. 한마디로 훈련 계획을 짜되, 스위스 시계와 같은 섬세함과 정밀성으로 이를 일상화(Routine)하여, 자동화된 기계같이 움직였다. 예컨대, 소위 오타니 노트라고 불리는 하루 일과, 훈련 내용, 식단까지 모두 기록할 뿐만 아니라, 배팅 순서, 스트레칭 순서에 멘탈 트레이닝까지 병행하는— 거의 자동적으로 모든 행동을 일상화하였다는 점, 그래서 정신적 불안 요소를 차단하고, 심리적 안정감과 몰입감을 유발하여 고도한 경기력을 항상 유지하였다는 점이다.

MLB 동료 선수들까지 "그는 우리와는 다른 시간 속에서 사는 것 같다. 그는 어떤 경우에도 정밀 기계 같은 일상을 벗어나는 일이 없다."라고 할 정도로 그의 일상은 특별하였다.

이 변함없는 일상화를 통해, 아침 기상으로부터 밥 먹는 것, 이동하는 것, 훈련하는 것 등 경기 전까지 하는 모든 행동이 정밀 시계 같은 정확도와 일관성으로 경기력 향상을 기했다는 점은 바로 이치로와 일치한다.

결국 두 사람이 일치하는 '행동의 일상화'가 어떻게 야구의 달인을 만들었을까?

　어디까지나 할배의 개인적 소견이지만, 인간의 신경계는 중추 신경계, 말초 신경계, 자율 신경계 등이 복잡한 감지 능력을 발휘하여 우리 생명을 유지하게 한다. 중추 신경은 주로 뇌와 척추가 관장하며 우리의 사고, 감정 등을 통제하고, 말초 신경계는 중추 신경계에서 뻗어 간 신경 조직으로 외부의 자극을 뇌에 전달, 자극에 대응토록 하는 일을 하고, 자율 신경계는 숨 쉬는 것, 심장 박동같이 우리 의식이 통제 안 해도 자율적으로 작동하는 계통이다. 결국 우리의 이런 복잡한 신경 계통이 협력해서 작용하기 때문에 우리는 생명을 유지할 수 있는 것이다. 그러니까 우리는 태어나서부터 사는 날까지, 온갖 신경 작용의 지배를 안 받을 수가 없다.

　운동선수가 활동할 때도 예외 없이 신경 계통의 통제를 받게 되기 때문에 되도록 신경계가 덜 작동하도록 하는 것이 사람의 불안과 긴장을 덜어주고, 보다 안정된 경기를 할 수 있다. 바꾸어 말하면, 선수가 경기를 할 때, 우리는 의식하지 못하지만 온 신경계가 맹렬하게 활동해서 경기를 치르기 때문에, 우리 모르게 전 신경계는 큰 부담을 느낄 것이다. 그러니까, 선수의 하루 활동을 시계처럼 구체적으로 일상화하면, 신경계에 주는 부담이 적어져서 경기력은 다른 사람보다 더 정확하고 잘하게 되는 것이라고 나는 생각한다.

　왜 신경계에 부담을 덜어주는 게 그리도 중요한가?
　친구끼리 말을 주고받을 때는 아무렇지도 않게 잘 나오는 말도, 낯선 사람 열 명 앞에 서면 말이 떨리고 두서가 없어진다. 그만큼 우리 신경은 예민하다는 말이다. 그러니까 선수가 경기를 할 때는 모든 신경이 곤두설 수밖에 없다. 전 신경이 곤두서니까 동작이 자기도 모르게 떨리게 된다. 신경이 떨리니 동작이 마음대로 될 리가 없다. 그래서 모든 동작을 정밀 시계같이 일상화하면 신경 부담이 그만큼 줄어

들고, 신경 부담이 줄어든 만큼 모든 동작이 마음먹은 대로 되니까 경기력이 좋아지는 것이다.

'일상화 한다'는 말은 몸이 익힌다는 말이다. 즉, 근육이 경기 동작을 익힌다는 말이다. 신경 부담이 적은 상태에서 근육이 익힌 동작을 하니까 동작을 일상화한 선수가 그렇지 못한 선수보다 뛰어 나는 것은 당연하다고 나는 생각한다. 하루의 동작을 일상화한 이치로나 오타니 선수가 모두 야구의 달인이 된 것은 바로 그런 이유에서일 것이다.

이상 설명한 것은 어디까지나 할배의 개인적인 의견이다. 스포츠 책이나, 스포츠 심리학에도 이런 설명은 없다. 순전히 나의 생각이다. 할배도 사관학교 시절 럭비 선수로 뛰었고, 사회에 나와서도 10여 년간 육상 선수들을 키워 본 경험에서 하는 얘기다.

그런데, 다른 경기에서보다 야구에서 일상이 더 중요한 이유는 야구의 특성에도 있다. 야구는 다른 운동에 비해 정밀하고, 그에 따라 정교한 기술이 필요한 운동이다. 특히 투수나 타자는 남다른 시각과 감각, 그리고 손목과 손가락의 움직임까지도 섬세하게 통제해야 잘 던지고 잘 칠 수 있다. 다시 말해 신경 부담이 다른 운동에 비해 크다는 얘기다. 그러니까 신경계의 부담을 덜어주는 일상화가 다른 운동에 비해 중요할 수도 있을 것이다.

비슷한 운동으로 테니스와 골프를 들 수 있다. 내 이론에 따르자면 이 종목 운동선수는 이치로나 오타니 같이 하루 동작의 일상화를 하면 경기 기량이 크게 향상될 것이다.

오타니는 MLB 선수이면서, 언제나 일본식 예절을 지키며 언행이 겸손하였고, 동료와 팬들에게 친절하였다.

그러면서도 2021년에 46개 홈런을 치고, 빠른 발을 활용, 26회의 도루와, 투수로는 장타자로 100년 전 미국 야구의 전설적인 인물 베이브 루스가 꿈에 그리던 일을 매일 실현하여, "우리는 역사상 가장 위대한 야구 선수를 실시간으로 보고 있다."라는 극찬을 받고 있는 것이다.

ESPN의 평론가 스티븐 A. 스미스는 한마디로 그를 이렇게 평하였다.

"투수 오타니와 타자 오타니가 한 팀에만 있어도 플레이오프 진출 수준인데, 그 둘이 한 사람이다."

용맹 정진하는 노력은 지구에 사는 사람도 외계인 같은 능력을 보유할 수 있다는 산 증거를 이치로와 오타니는 우리에게 보여 주었다.

(4) 앤드루 카네기의 노력과 헌신

이제, 성공한 미국 사업가 얘기를 좀 하겠다.

앤드루 카네기(Andrew Carnegie)는 구멍가게를 운영하는 스코틀랜드의 가난한 집안에서 태어났다. 끝내 가난에서 벗어나지 못하자, 카네기 집안은 1848년 미국 펜실베이니아 주 피츠버그로 이주한다. 이후 카네기는 방적공장 노동자, 기관사 조수, 전보배달원, 전신기사 등 여러 직업을 전전하다가, 1853년 펜실베이니아 철도회사에 취직하였다.

그는 젊은 시절 어렵게 살면서도, 지식에 대한 열망이 대단해 끊임없이 읽고, 자기 계발을 게을리하지 않았다.

1865년까지 철도회사에서 근무하는 동안, 장거리 여행자를 위해 그 당시에는 없었던 침대차를 개발하여 큰돈을 벌었다. 그런데 운까지 터져, 여윳돈으로 사 둔 자기 땅에서 석유가 나오는 바람에 벼락부자가 되었다. 또, 독서를 통해 얻은 지식으로, 거지않아 철강 산업이 성할 것을 예견하였다. 그는 과감하게 석유로 번 재산을 모두 철강업에 투자, 1892년 '카네기철강회사'를 세워 더 큰 돈을 벌게 된다.

카네기는 1902년 그 당시에 천문학적 액수인 2천5백만 달러를 기부하여 워싱턴 카네기협회를 설립하였다. 그 후, 카네기협회는 미국 전역과 전 세계에 2,500여 개의 도서관을 지었다. 젊었을 때 그를 편견없이 받아주었던 동네 도서관에 대한 일종의 '보은'이었다.

카네기는 그밖에도 카네기회관, 카네기공과대학, 카네기교육진흥재단 등 교육·문화 분야에 자신이 평생 모은 3억 5천만 달러 이상을 기증했다. 이것은 카네기 재산의 90%가 넘는 금액이었다.

그는 재산을 후손들에게 물려주지 않은 것으로도 유명하다.

카네기가 한낱 공장 노동자에서 시작하여, 세계에서 제일가는 부자가 된 것은 그야말로 노력과 헌신의 결과였다. 특히 관대하게 누구보다 많이 베푼 미덕은 좋은 교훈이다.

(5) 끊임없는 노력과 정성

사람을 '만물의 영장'이라고 한다. 세상 만물, 그중에서도 영묘한 힘을 가진 우두머리, 곧 사람이란 뜻이다.

우리가 아는 개미는 크기가 0.5cm도 안 되는, 세상에서 제일 작고 보잘것없는 미물의 하나다. 그 녀석들은 땅 위에 있는 작은 구멍으로 들락거리며 산다. 궁금하게 생각한 미국의 어느 대학이 개미가 어떤 집을 짓고 사는가를 조사해 보았다.

그랬더니 놀랍게도 집의 크기가 지름은 대개 1m가 넘고, 땅속으로는 2m 가까이 되는 깊은 집을 짓고 산다는 것이다. 그만한 크기의 집을 지으려면 무려 2.5톤의 흙을 물어 날라야 한다는 것이다.

생각해 보아라. 개미는 무게가 50분의 1그램 정도의 미물이다. 그 작은 몸으로 2.5톤이나 되는 흙을 물어 나르다니. 물론 개미 구리는 수천 마리에 이르겠지만, 어떻게 2.5톤의 흙을 그 작은 몸으로 물어 나른단 말이냐! 2.5톤이면 트럭으로도 한 트럭분의 흙이다. 얼마나 꾸준히 노력을 했으면 그 많은 흙을 날랐겠느냐!

그래서 『성경』은 이런 경고를 우리에게 한다.

"게으른 자여 개미에게 가서 그가 하는 것을 보고 지혜를 얻으라."(잠 6:6)

『성경』에도 노력과 정성이 무엇보다 중요하다는 가르침이 여러 곳에 있다. 성경에서는 특히 노력과 부지런함의 중요성을 강조하고 있다. 그런데, 우리 그리스도인은 명심할 일이 하나 있다. 다름 아닌 '왜 하느님은 우리 인간을 자신과 꼭 같은 모습으로 만드셨을까?' 하는 의문과 함께 하느님의 뜻하시는 바를 새겨 보는 일이다.

우리를 하느님과 꼭 같은 모습으로 만드신 것은 곧 우리에 대한 무한한 사랑의 표시이기도 하다. 그리고 우리에게 무한한 가능성과 창조적 능력을 주시고 싶은 마음에서일 것이다. 왜 그런 능력을 주고 싶으셨을까. 하느님이 이루고자 하는 일에 동참하기를 바라시기 때문일 것이다. 그럼, 이루시고자 하는 일은 어떤 일인가?

내가 이웃을 사랑하고, 이웃은 그 이웃을 사랑하고, 만인이 만인을 사랑하는— 온 천지가 사랑으로 충만한 세상일 것이다. 그러나 그런 세상은 쉽게 오지 않을 것이다. 온다면 그것은 영원에 가까운 미래에야 가능할 것이다. 그래서 시시포스와 같이 굴러 내려오는 바윗돌을 올려놓고, 또 올려놓는, 힘든 노력을 계속하지 않으면 안 될 것이다. 하느님은 이 모든 것을 다 아신다. 그래서 『성경』에서는 이렇게 말씀하신다.

"무슨 일을 하든지 마음을 다해 주께 하듯 하라."고(골로새서 3:23) 그리고, "내 사랑하는 형제들아, 항상 주의 일에 힘쓰라."(고린도전서 15:58)— 하루이틀이 아니라 '항상'이다.

그리고, "무릇 네 손이 다할 수 있는 대로 힘을 다하여 일하라."(전도서 9:10) 또, "게으른 자는 원하는 것을 얻지 못하지만 부지런한 자는 풍족하게 얻는다."(잠언 13:4) 이렇듯 부지런함과 헌신을 『성경』은 강조한다.

결국 이 모든 것— 끊임없는 근면과 노력과 헌신은 '믿음에 덕을, 덕에 지식을 더하며, 앎에 절제를, 절제에 인내를, 절제에 신심을, 신심에 형제애를, 형제애에 사랑을 더하십시오. 이것들이 여러분에게 갖추어지고 넉넉해지면, 여러분은 우리 주 예수 그리스도를 아는 일에 게으르거나 열매를 맺지 못하는 사람이 되지 않을 것입니다.'(베드로 둘째 시간1:5-8)로 이어져 우리의 영적 성숙을 도모하게 되는 것이라고 『성서』는 말한다.

하느님이 의도하시는 것은 결국 영겁에 가까운 세월이 흘러 우리의 영혼이 완전한 성숙을 이루는 그 시점을 기다리는 것이 아닐까. 그것은 '믿음에 덕과 지식을 더하며, 앎에 절제와 인내를 더하며, 신심에 형제애와 사랑을 더하면 예수 그리스도를 아는 일이 이루어질 것'이라는 것이다. 이것은 요원한 미래의 어느 '때'이다. 따라서 언젠가는 오게 될 그 시점까지, '우리 주 예수를 알기 위해' 우리는 마치 시시포스와 같은 헌신과 노력을 계속해야 할 것이다.

(6) 노아의 방주

우선 '노아의 방주'는 앞서 잠깐 얘기해서 생각이 날 것이다.

창세기, 하느님께서 사람들의 마음이 악하기만 한 것을 보시고 후회하며 아파하셨다. 그래서 '내가 창조한 사람과 짐승과 날아다니는 새들까지 이 땅 위에서 쓸어버리겠다.'고 하셨다.(창세 6:5-7)

그런데 "노아는 당대에 의롭고 흠 없는 사람이었다."(창세 6-9) 그래서 하느님께서 노아에게 명하기를 "너는 전나무로 방주 한 척을 만들라. 방주의 길이는 300 암마(약 135m/암마는 약 45cm), 너비는 쉰 암마(약 23m), 높이는 서른 암마(14m)이다."(창세 6:14-15) "이제 내가 세상에 홍수를 일으켜, 하늘 아래 숨 쉬는 모든 살덩어리들을 없애버리겠다."(창세 6:17)

"너는 아들들과 아내와 며느리들 온갖 생물 가운데서, 온갖 살덩어리 가운데에 한 쌍씩 방주에 데리고 들어가, 너와 함께 살아남게 하여라."(창세 6:18-19) 그리고 주님께서 말씀하시기를 "내가 보니 이 세대에 내 앞에서 의로운 사람은 너 밖에 없구나."(창세 7:1)

노아가 육백 살 되던 때였다. 노아는 아들과 아내와 며느리들과 함께 홍수를 피하여 방주로 들어갔다.(창세:7-6) 그리하여 사십일 동안 밤낮으로 땅에 비가 내렸다.(창세 7:12) 땅에 물이 점점 불어나 온 하늘 아래 높은 산들을 모두 덮었다. 물은 산을 덮고 삼십 암마(약14m)나 더 불어났다. 그러자 땅에서 움직이는 모든 살덩어리들, 새와 집짐승과 들짐승과 땅에서 우글거리는 모든 것, 그리고 사람들이 모두 숨지고 말았다. (창세7:19) 백오십 일이 지나자 물이 줄어들었다. 그리하여 일곱째 달 열이렛날에 방주가 아라랏산 위에 내려앉았다.(창세 8:3-4)

이렇게 해서 노아와 그 가족, 그리고 방주에 탔던 집짐승과 들짐승들이 살아남게 된 것이다. 하느님의 명령으로 노아가 방주를 만드는데 걸린 세월은 무려 120년이었다. 사람의 수명이 길어졌다는 요즘 같은 시절에도 120년을 살기는 힘들다. 자그마치 철이 든, 어른이 다 된 세월이 120년이다. 하느님의 뜻을 모르는 어리석은 백성들은 듣도 보도 못한 무지막지한 큰 배를 만드는 노아를 두고 조롱하기 시작했다.

"노아가 미쳤지. 미쳤어. 되도 않을 큰 배를 만든다는데, 머리가 돈 게 아니야!"하고.

그러나 노아는 묵묵히 일만 하였다. '참자! 무조건 참자. 이 배는 내 가족을 살리고, 세상을 살릴 배인데—'하고, 꾸준히 120년이나 땀 흘리기를 계속하였다. 노아가 이런 긴 세월 배 만드는 노력을 하지 않았다면, 이 세상에 살아 움직이는 생명이란 찾아볼 수 없는 삭막한 것이 되었으리라.

3. 꿈을 가져라

(1) 꿈은 기적을 만든다

　독일의 고고학자 슐리만(Heinrich Schliemann)은 여덟살 때, 아버지가 선물한 『어린이를 위한 세계사』라는 책을 읽고 호메로스의 열렬한 추종자가 되었다.
　그가 외우던 『일리아드』와 『오디세이』의 시구를 암송하며 꿈을 키웠다. 그는 작품 속에 나오는 '트로이를 내손으로 반드시 찾겠다'는 다짐을 했다. 그는 그 꿈을 이루기 위해 공부도 열심히 하였고, 또 돈도 모았다. 심지어 그는 구소련에까지 가서 사업을 하여 돈을 벌었다.
　돈이 준비되자, 그는 평생의 꿈을 실현하기 위해 트로이를 찾아 나섰다. 발굴 작업이 시작되면서 돈은 한없이 들어갔다. 주위의 사람들은 그를 비웃기까지 하였다. 신화에 나오는 허황된 얘기를 믿고 재산을 쏟아 붓다니!
　그러나 그는 굴하지 않고 발굴을 계속하였다. 드디어 어느 날, 발굴팀은 황금 주전자 하나를 발견한다. 마침내 그의 집념이 신화에 나오는 트로이를 발견한 것이다. 이 도시가 바로 '트로이 목마'로 유명한 트로이다. 사람이 꿈을 갖는다는 것은 이렇게 중요하다. 만일에 슐리만에게 '꿈'이 없었다면 트로이는 발견되지 않았을 것이다.

이번에는 일본의 기적 같은 실화를 하나 더 소개하지.

일본 오사카 근처에 우리나라 경주 같은 옛 수도 나라(奈良)라는 고도(古都)가 있다. 고도답게 많은 역사적 유적이 산재해 있다.

그중에 1000년 가까이 된 가스가 다이샤(春日大社)는 국보급 유적으로 잘 보호 받고 있는 유네스코 세계문화유산이다. 경내에 있는 700그루의 '스기(杉)' 나무도 1000년 가까이 된 아름드리 고목이라 국가의 보호를 받는다.

오사카에 사는 한 유명한 목공이 좀 엉뚱한 꿈을 갖고 있었다. 바로 경내에 있는 스기 나무로 멋진 일본 전통 가옥을 짓고 싶다는, 이룰 수 없는 꿈이었다. 누가 보아도 불가능한 꿈인데, 그 목공은 자기 꿈을 버릴 수가 없었다. 목공이 늙어 은퇴할 나이가 다 되었는데도 그는 꿈을 버리지 않았다. 근거 없는 믿음이지만 '누가 알아? 기적이라는 게 일어날 수도 있지!' 하고 언젠가는 될 것이라는 믿음으로 살았다.

그런데— 이게 무슨 조화인지. 어느 날, 도하 신문에 광고가 나기를 경내의 스기 나무 한 그루를 경매에 부친다는 것이었다. 문제의 나무가 건물에 너무 가까워 벼락이라도 쳐서 나무가 쓰러지기라도 하면 건물이 다칠 수도 있기 때문이었다.

목공은 돈을 아끼지 않고 경매에 입찰해 꿈에 그리던 나무를 손에 넣었다.

이 이야기는 일본의 소설가 시바 료타로(司馬遼太郎)의 자료집에 나오는 실화다.

나의 천사들아, 어떠냐? 우리도 누구나 꿈 한 가지씩은 가져야 하지 않겠느냐!

(2) 야곱(이스라엘)

『성경』은 정말 놀라운 책이다. 역사상 최고의 베스트셀러이기도 하지만, 이 우주의 탄생으로부터 선지자들의 지혜로운 예언과 교훈, 이루 말할 수 없이 위대한 책이요, 나아가 사람의 영혼을 울리는 심오한 책이다.

『성경』은 크게 『구약』과 『신약』으로 나누어져 있는데, 『구약』은 구전으로 전해온 고대 이스라엘 민족의 역사를 정리한 것이다. 따라서 적나라한 인간상이 여기저기서 발견돼, 우리를 깊은 생각에 잠기게 하고, 때로는 우리를 전율케 한다.

특히, 「창세기」에 나오는 인물들은 놀라운 '캐릭터'의 소유자들이라 우리를 경악케 할 때가 많다. 그러나 하나같이 구세주에 대한 믿음만은 올곧게 지켜 수많은 인간적인 결점에도 구원을 받는다.

할배는 솔직히 『성경』에 대한 공부가 많이 부족하여 너희에겐 큰 도움을 줄 수 없는 게 유감이다. 그러나 주위에는 목사님도 있고 신부님도 많이 계시니까 지도를 받으면 될 것이다.

「창세기」의 인물로 앞서 노아에 대해서는 이미 얘기를 하였으므로 이제 야곱과 요셉에 대한 얘기를 할까 한다.

야곱은 이스라엘 민족의 조상이 되는 중요한 역할을 한 사람이다. 그는 아브라함의 손자이면서, 이삭과 리브가의 아들로 태어났다. 그는 쌍둥이로 태어났는데, 태어날 때 형의 발꿈치를 잡고 나왔다.

야곱은 자라면서는 갖은 악행을 밥 먹듯 저지른다. 팥죽 한 그릇을 미끼로 장자권(長子權)을 대수롭게 생각지 않는 형을 유혹하여 형으로부터 장자권을 빼앗는다. 그리고 그것도 부족하여 이번에는 아버지 이삭까지 속여 장자의 축복을 받는다. 이 시절 이스라엘 민족은 아버지로부터 장자의 축복을 받는 것이 크나큰 축복으로 여겨졌기 때문이다.

　쌍둥이 형인 에사우는 털이 많은 데 반해 야곱은 털이 없었다. 아버지 이삭은 그 무렵 늙어서 눈이 어두웠다. 야곱은 자기 팔과 목에 염소 털을 감고 아버지 앞에 나타난다. 아버지 이삭은 목소리는 형이 아닌 분명 야곱이라, 그를 가까이 불러 팔을 만져보았다. 그런데 놀랍게도 털이 많은지라, 형 에사우로 믿고 다음과 같은 장자의 축복을 한다.

　"하느님께서는 너에게 하늘의 이슬을 내려 주시리라.
　땅을 기름지게 하시며 곡식과 술을 풍성하게 해 주시리라.
　뭇 민족이 너를 섬기고, 뭇 겨레가 네 앞에 무릎을 꿇으리라." (창세27:28-29)

　장자의 축복까지 가로챈 야곱은 그래도 형이 무서웠던지 형의 분노를 피해 외삼촌 라반이 사는 하란이란 곳으로 도망쳤다. 아니나 다를까, 나중에야 이 모든 사실을 알게 된 형 에사우는 아버지가 돌아가시면 야곱을 죽여버리겠다고 다짐을 하였다.

　야곱은 외삼촌이 사는 하란으로 가는 도중 어떤 곳에 이르러 거기서 밤을 지내게 되었다. 그는 돌 하나를 집어와 머리에 베고 깊은 잠에 빠졌다.

　그는 꿈에 하늘에 닿아 있는 층계 위에서 하느님이 말씀하시는 것을 들었다.

　"나는 네가 누워 있는 이 땅을 너와 네 후손에게 주겠다. 네 후손은 먼지처럼 많아지고 사방으로 퍼져 나갈 것이다. 땅의 모든 종족들이 너와 네 후손을 통하여 복을 받을 것이다. 내가 너와 함께 있으면서 너를 지켜주고 너를 다시 이 땅으로 데려오겠다."

　야곱은 잠에서 깨어나 두려움에 싸여 말하였다.

　"이 얼마나 두려운 곳인가! 이곳은 다름 아닌 하느님의 집이다. 여기가 바로 하늘의 문이구나."

야곱은 베고 잤던 돌을 가져다 기념 기둥으로 세우고 기름을 부었다. 그리고 양식과 안전을 주시는 하느님께 감사하며, 자기의 하느님으로 모실 것과, 하느님께서 주시는 모든 것에서 십분의 일을 바치겠다고 서약하였다.

야곱은 길을 재촉하여 외삼촌 라반의 집에 도착하기 전 우물에서 외삼촌의 둘째 딸 라헬을 만난다. 라헬은 양떼에게 물을 먹이기 위해 우물로 갔던 것이다. 야곱은 라헬을 본 순간 첫 눈에 반한다. 외삼촌 집에 도착한 야곱은 라헬을 아내로 달라고 청한다. 그러나 외삼촌은 처음부터 큰딸인 레아를 먼저 시집보내기로 작정하고 있으면서도, 일단은 야곱의 청을 들어주되, 7년 동안 자기 머슴 노릇을 해야 한다는 조건으로 허락하였다. 야곱은 라헬과 결혼할 생각으로 전심전력 외삼촌 일을 도왔다.

7년이 되어 야곱이 외삼촌 라반에게 "약속한 대로 7년이 지났으니 제 아내를 주십시오."

외삼촌은 동네 사람들을 청하여 큰 잔치를 벌이고, 어둠을 틈타 라헬 아닌 큰딸 레아를 데려다 주었다.

다음 날 아침에야 야곱은 자기가 원하는 라헬이 아니라 레아임을 발견하고 즉시 외삼촌을 찾아가 "저에게 이러실 수가 있습니까! 나는 라헬을 얻고자 7년이나 머슴을 살았는데— 이처럼 저를 속이시다니…" 하고 항의하였다. 그러자 외삼촌 라반이 말하길 "이 고장에서는 작은딸을 맏딸보다 먼저 주는 법이 없다. 초례 주간을 채워라. 그리고 네가 다시 7년 동안 내 일을 해 준다면 작은 애도 주겠다."

기분은 언짢았으나 라헬을 얻는다는 일념으로, 그렇게 다시 약속하고 초례 주간을 채웠다. 그리고 라헬을 아내로 맞았다.

야곱은 라헬을 아내로 맞기하기 위해 7년을 열심히 일했으나 외삼촌의 속임수로 라헬의 언니와 결혼하게 되고, 라헬을 다시 얻기 위하

또 7년을 일해, 모두 14년의 머슴살이를 한 셈이다. 외삼촌인 라반은 이제 자기의 두 아내의 아버지, 장인이 되었기에 또 6년의 세월을 장인의 가축을 불려드리느라 애썼다. 그러나 그의 장인은 끝내 야곱의 품값을 제대로 쳐주지 않고 무려 열 번이나 바꿔쳤다. 젊을 때와는 달리 야곱은 하느님에게 순종하고, 매사에 열정을 기울여 그의 가축은 장인보다 몇 갑절 많아졌다.

그러자 장인의 아들들은 야곱이 정직하게 재산을 불린 것은 생각지도 않고, 자기 아버지의 재산을 빼돌린 것으로 오해를 했다. 야곱은 장인의 태도도 전과 같지 않고, 집안 분위기도 자기에게 불리하게 돌아가는 것을 느낄 수 있었다.

이때, 주님께서 야곱에게 말씀하셨다. "네 조상들의 땅으로, 네 친족에게 돌아가거라. 내가 너와 함께 있겠다."

야곱은 마침내 가나안 땅에 있는 아버지 이삭에게 돌아가기로 마음을 정하였다. 야곱은 열두 명의 아들과 딸 하나, 그리고 두 아내와 두 몸종과 모든 가축과 그동안 모은 전 재산을 낙타에 나누어 싣고 고향으로 향했다.

야곱의 식솔들이 '야뽁 건널목'을 건넜을 때, 어떤 이가 나타나 동이 틀 때까지 씨름을 하였다. 그는 야곱을 이길 수 없다는 것을 알고 야곱의 엉덩이뼈를 쳤다. 이때 야곱은 엉덩이뼈를 다쳤고, 다친 몸으로도 끝까지 그를 놓아주지 않자, "이제 동이 트려고 하니 나를 놓아 달라"고 하였지만 "저에게 축복해 주시지 않으면 놓아 드리지 않겠습니다."라고 대답하였다. 그가 "네 이름이 무엇이냐? 고 묻자, "야곱입니다."라고 대답하였다. "네가 하느님과 겨루고 사람들과 겨루어 이겼으니 너의 이름은 이제 야곱이 아니라 이스라엘이라 불릴 것이다." 그리고 그곳에서 야곱에게 복을 내려 주셨다.

야곱은 고향이 가까워오자 형 에사우와 화해하기 위해, 집안 제일의 어른인 형을 위해 많은 예물을 미리 형에게 보냈다. 형 에사우는 예물 없이도 진즉에 아우를 용서한 듯, 야곱을 만났을 때 반갑게 그를 맞아 주었다.

다사다난한 여러 사건들이 지나간 후 마침내 야곱은 하느님께서 "일어나 베텔로 올라가 그곳에서 살라."는 말씀에 따라 하느님께서 자기와 말씀을 나누신 곳에 기념 기둥을 세운 다음, 그 위에 제주를 따르고 또 기름을 부었다. 그리고 그곳의 이름을 베텔이라 하였다.

오늘날까지도 이스라엘 자손들은 짐승의 엉덩이뼈에 있는 허벅지 근육을 먹지 않는다. 그분께서 야곱의 엉덩이뼈를 치셨기 때문이다.

(3) 요셉

다음은 요셉 얘기를 하겠다. 요셉은 이스라엘(야곱)의 열두 아들 중 이스라엘이 가장 사랑했던 라헬이 낳은 아들이다. 요셉은 이스라엘이 늘그막에 얻은 아들이라 다른 아들보다 그를 더 사랑하였다. 그래서 그의 형들은 자기들보다 더 사랑받는 요셉이 미웠다.

요셉이 열일곱 살 때 아버지 이스라엘이 헤브론 골짜기에서 양떼를 먹이는 형들이 잘 있는지 살피고 오라는 말씀을 듣고 형들을 찾아 나섰다. 형들은 요셉이 걸려서 오는 것을 보고 이 기회에 요셉을 죽여서 사나운 짐승에게 먹혔다고 얘기하기로 모의한다. 그러나 이스라엘의 첫 부인 레아가 낳은 제일 맏형인 르우벤은 맏형답게 "목숨만은 헤치지 말자"고 말렸다.

요셉이 당도하자 형들은 맏형 르우벤이 없는 틈을 타 요셉을 잡아 웅덩이에 던졌다. 그때 마침 낙타를 탄 이스마일 대상이 도착하였으므로, 은전 스무 닢에 요셉을 팔아 넘겼다. 대상이 떠난 후 르우벤이 돌아와 보니 요셉이 안 보인다. 슬픔에 빠진 르우벤은 할 수 없이 요셉의 저고리를 찢어 양의 피를 묻혀 아버지 이스라엘에게 보였다. 비탄에 빠진 아버지 이스라엘은 옷을 찢고 허리에 자루를 두른 뒤 오래도록 슬퍼하였다.

한편, 미디안인들은 이집트로 가서 파라오의 내신으로 경호대장인 포티파르에게 그를 팔아 넘겼다. 그런데 주님께서 요셉과 함께 계셨으므로, 그는 모든 일을 잘 이루는 사람이 되었다. 주인은 요셉의 능력을 알고 그에게 자기의 모든 재산을 맡겼다.

요셉은 몸매와 모습이 아름다웠다. 경호대장의 아내는 요셉의 아름다움에 반해 그를 유혹하였다. 믿음이 굳센 요셉은 단연코 유혹을 거절한다. 이에 앙심을 품은 주인의 아내는 외려 요셉을 모함하였다. 화가 난 주인은 요셉을 임금의 죄수들이 갇혀 있는 곳에 가두었다. 요셉이 감옥에서도 하느님과 함께 계시니 요셉이 전옥(典獄, 교도소장)의 마음에 들게 되어 감옥에 있는 죄수들을 모두 요셉에게 맡기고, 그곳에서 하는 일을 모두 요셉이 처리하게 하였다.

얼마 후, 파라오의 헌작 시종과 제빵 시종이 잘못을 저질렀다. 진노한 파라오는 두 대신을 경호대장의 집에 있는 감옥으로 보냈다. 자연스레 요셉은 이들 두 대신의 시중을 들게 되었다. 어느 날, 두 대신은 각기 다른 꿈을 꾸게 되었다. 두 대신이 자기들 꿈을 크게 걱정하므로 요셉은 어인 일이냐고 대신에게 물었다. 꿈 얘기를 다 들은 요셉은 다음과 같이 꿈을 풀이하였다.

"헌작 시종장은 사흘 후 복직되는데 제빵 시종장은 나무에 매달립니다."라고 풀이하였더니 그대로 요셉의 해몽이 맞아 떨어졌다. 1년이 지난 후, 이번에는 파라오가 이상한 꿈을 둘이나 꾸었는데, 전국의 요술사와 현인 누구도 해몽하지 못하였다.

그러나 요셉은 주님의 도움으로 파라오의 꿈을 정확히 해석하였다. 그의 꿈 해석은 이렇다. '이집트에는 7년 동안 대풍이 오고, 또 7년 동안 기근이 들 것이다. 그러므로 대풍이 오는 7년 동안 부지런히 농사를 지어 다음에 올 7년의 기근에 대비하면 백성들은 굶지 않고 위기

를 이겨낼 것이다.'

요셉은 7년의 대풍과 7년의 기근을 잘 대비하여 위기를 잘 이겨냈다. 파라오는 요셉에게 "하느님은 그대에게 모든 것을 알려 주셨으니, 그대처럼 슬기롭고, 지혜로운 사람은 있을 수 없소. 내 집을 그대 손아래 두겠소. 내 모든 백성은 그대 명령을 따를 것이오. 이제 내 이집트 땅은 그대 손아라 두오."

그리고는 인장 반지를 빼어 요셉의 손에 끼워 주고, 목에 금 목걸이를 걸어 주었다. 요셉은 이집트의 총리가 된 것이다.

기근이 시작되었을 때, 가나안에도 흉년이 들었다. 야곱(요셉의 아버지)은 이집트는 양식이 넉넉하다고 듣고 있어서 아들들에게 이집트로 가서 양식을 사오라고 명하였다. 열한 명의 아들 중, 막내 벤야민만은 남기고 열 아들을 이집트로 보냈다. 어린 벤야민이 먼 길에 무슨 변이라도 당할까 염려하였기 때문이다.

야곱의 열 아들은 요셉 앞으로 나아가 얼굴을 땅에 대고 절을 하였다. 요셉은 형들을 보자 금방 알아보았다. 그러나 짐짓 모르는 척하고 물었다. "너희는 어디서 왔느냐?" 형들은 대답하였다. '가나안 땅에서 왔습니다." 형들은 요셉을 알아보지 못했다. 요셉은 잠시 형들에게 섭섭한 생각이 들어, "보아하니 너희들은 이 땅의 약한 곳을 정탐하러온 염탐꾼들이구나!"하고 짐짓 겁을 주었다.

형들은 깜짝 놀라, "아닙니다. 우리들은 모두가 정직한 한 사람의 형제들입니다. 우리 형제는 본디 열두 명이였는데, 막내는 지금 가나안 땅에 있고, 한 아우는 없어졌습니다. 그러나 요셉은 언성을 높이며 "아니다. 너희 분명 염탐꾼들이다. 너희가 정히 부정한다면 내가 시험을 해야겠다. 너희 막내가 이리로 오지 않으면 너희는 이곳을 떠날 수가 없다. 너희가 결백하다면 너희 가운데 한 사람을 보내 막내를 이리 데리고 오너라. 그동안 남은 형제들은 감옥에 갇혀 있을 것이다."

사흘이 지나자, 요셉은 형제들을 다시 불러, "그게 어렵다면 너희 중 한 사람만이 이 감옥에 남고, 아홉은 가나안으로 돌아가 우선 굶주린 식구들을 위해 양식을 갖다 주라. 그리고 막내를 데리고 오라. 그러면 너희 말이 참되다는 것이 증명되고, 너희들은 죽음을 면할 것이다." 형제들은 그제야 옛날 자기들의 잘못을 생각하며 후회하였다. 형제들은 요셉이 히브리어를 모를 줄 알고 요셉 앞에서 저희끼리 떠들었다. 그제야 요셉도 옛일을 생각하며 눈물을 참을 수 없어, 얼른 물러나와 방에서 울음을 터트렸다. 요셉은 다시 돌아와 형제 가운데 시메온을 불러내어 그들이 보는 앞에서 밧줄로 묶었다.

형제들은 가나안으로 돌아와 자초지종을 아버지 야곱에게 일일이 말씀드렸다. 야곱은 새로운 걱정거리가 생겼다. 요셉이 사라지더니 이번에는 시메온이 이집트에 갇혀 있고, 양식을 더 구하자면 막내둥이 벤야민까지 보내야만 하니 이만저만 큰 걱정이 아니었다.

형제들은 양식 자루를 열었다. 그런데 자루 속에는 자기들이 가지고 간 돈이 고스란히 돌아온 것을 발견하였다. 형제들은 기이하게 생각하면서도, 두려움에 떨었다. 생각지도 않는 일이 벌어졌기 때문이다. 기근은 심하여 가져간 양식이 다 떨어졌다. 아버지 야곱이 이러지도 저러지도 못해, 차일피일 미루었기 때문이다.

그러나 이제는 사정이 달라졌다. 식구들이 굶을 수는 없지 않은가! 형제 중 유다가 앞으로 나와 아버지께 고했다. "아버님, 제가 막내를 데리고 다녀오겠습니다. 어떤 일이 있어도 막내를 아버지 앞에 데려오겠습니다. 제가 그 소임을 다하지 못하면 평생을 그 책임의 죄를 지겠습니다."

마침내 아버지 야곱이 유다의 정성에 감동하여 형제들이 이집트로 다시 가기를 허락하였다. 그리고 아들들에게 명하였다.

"이 땅의 귀한 토산물과 꿀, 향료도 준비하고 더 많은 돈과 돌려받은 돈도 도로 갖고 가거라. 너희가 그 사람 앞에 섰을 때, 하느님께서 너희를 가엾이 여기셔서 너희와 벤야민을 돌려보내시길 바랄 뿐이다."

형제들은 벤야민을 데리고 이집트로 떠나 요셉을 다시 만났다. 요셉은 형들이 벤야민과 함께 온 것을 보고 집 관리인에게 식사 대접을 준비하라고 일렀다. 집에 도착한 형제들은 가지고 온 예물들을 준비해서 요셉이 오기를 기다렸다. 요셉이 오자 그들은 엎드려 절하였다. 요셉이 형들에게 물었다. "전에 말한 너희 아버님은 아직도 살아계시는가? 형제들이, '예, 아직 살아계십니다.' 그리고는 다시 엎드려 절하였다. 요셉은 자기 친어머니의 아들, 자기 친동생을 보자 애정이 솟아올라 울음이 나오려고 해서, 서둘러 안방으로 들어가 울었다.

식사를 마친 후, 요셉은 관리인에게 명하여 "저 사람들이 가져갈 수 있는 양식을 최대로 자루에 넣고, 그들이 갖고 온 돈도 넣되, 막내 벤야민의 자루에는 자기 은잔을 같이 넣으라고 일렀다.

이튿날 날이 밝자, 형제들은 나귀를 끌고 길을 나섰다. 그들이 성읍을 빠져 나와 얼마 안 갔을 때, 요셉은 관리인을 불러 그들을 따라 잡아 이렇게 말하라고 일렀다. "너희들은 어찌하여 선을 악으로 갚느냐? 주인님의 제사용 은잔이 안 보인다. 필시 너희들 소행이렸다." 그러자 당황한 형들은 엎드려 말하기를 "저희는 그런 사람이 아닙니다. 이번에도 지난번에 돌려받은 돈도 돌려드렸고, 오직 곡식만을 넣어 왔습니다. 만일 은잔이 발견되면 그 자루의 주인은 죽어 마땅하고, 남은 우리도 모두 종이 되겠습니다."하고 강하게 반박하였다. 그러자 관리인은 "좋다. 은잔이 나오면 그 주인은 나의 종이 된다. 나머지는 자유롭게 돌아가도 좋다."

관리인은 한 사람 한 사람의 짐을 뒤졌다. 마침내 막내 벤야민의 자루에서 은잔이 나왔다. 형제들은 너무도 놀라 자기들의 옷을 찢으며, 나귀에 짐을 다시 싣고 모두가 성읍으로 되돌아갔다.

그들이 요셉의 집에 도착했을 때, 요셉은 아직 집에 있었다. 형제들이 그 앞에 엎드리자, "어찌하여 그런 짓을 저질렀는가? 나 같은 사람이 점을 치는 것을 몰랐더냐!" 유다가 앞으로 나아가 "저희가 나리께 무어라 아뢰겠습니까. 무어라 변명하겠습니까! 이제 저희는 모두 나리의 종입니다." 그러자, 요셉이 말한다. "나는 그런 일은 못한다. 잔이 나온 사람만 내 종이 되고 나머지는 너희 아버지께로 돌아가라!" 그러자 유다가 다시 나아가 말하였다. "나리, 그 아이는 아버지를 떠날 수가 없습니다. 떠나면 아버지는 죽고 말 것입니다. 아버지는 늘 말씀하셨습니다. '너희 둘째 엄마가 아들 둘을 낳았는데 형은 나를 떠났고, 필시 어디서 찢겨 죽었을 터인데, 그 동생까지 변을 당하면 나는 비통해서 어떻게 살겠느냐!'라고 하시며 '너희가 막내를 데리고 오지 못하면 다시는 내 얼굴을 보지 못할 것이다.'라고 하셨습니다. 그래서 제가 아버지 앞에 나아가 '이 유다가 책임을 지고 막내를 데리고 오겠습니다. 그러지 못하면 평생 그 책임을 지고 살겠습니다'라고 아버지께 약속을 드렸던 것입니다."라고 눈물을 흘리며 호소했다.

요셉도 더는 참을 수가 없어 주위의 사람들을 모두 물러가게 한 다음 목놓아 울었다. 그리고, 요셉이 형제들에게 말하였다.

"내가 요셉입니다. 아버지께서 아직 살아계십니까?" 그리고는 말을 더 잇지 못하였다. 형들은 너무도 놀라고 경황이 없어 어찌 할 바를 몰랐다. 그러자 겨우 정신을 가다듬은 요셉이 형들에게 말했다. "형들은 내게 가까이 오십시오. 내가 형들이 이집트에 팔아넘긴 아우 요셉입니다. 그러나 저를 이곳에 팔아 넘겼다고 괴로워 마십시오. 하느님께서 우리를 살리시려고 나를 이곳에 먼저 보내신 것입니다. 앞으로도 기근은 5년이나 더 계속될 것입니다. 그래서 하느님께서 형들보다 앞서서 나를 이곳에 보내시어 우리 자손들이 이 땅을 일으켜 세우고 구원받을 큰 무리가 되도록 여러분의 목숨을 지키게 하셨습니다. 그러니 나를 이곳으로 보낸 것은 형들이 아니라 하느님이십니다. 하느님께서 나를 이 땅의 통치자로 세우셨습니다.

이제 형들은 서둘러 아버지께로 가서 아버지의 아들 요셉의 말이라 하고 이렇게 전하십시오. "하느님께서 저를 온 이집트의 주인으로 세우셨습니다. 지체하지 마시고 저에게 오십시오. 아버지께서 고센지방에 자리를 잡게 되시면, 아버지께서 아들들과 손자들, 양떼와 소 떼 등 모든 재산과 함께 저와 가까이 계실 수 있습니다. 기근이 아직도 다섯 해나 계속될 터이니, 제가 그곳에서 부양해 드리겠습니다." 그리고, 요셉은 아우 벤야민의 목을 껴안고 울었다. 형들과도 하나하나 입을 맞추고, 그들을 붙잡고 울었다.

파라오가 요셉의 형제들과 만났다는 소식을 듣고 기뻐하며, 가나안의 요셉 가족들을 위해 이집트에서 가장 좋은 땅을 주겠다고 약속하고, 야곱이 탈 수레도 보냈다.

형들이 가나안으로 돌아와 야곱에게 모든 사실을 본대로 보고하였다. "아버지, 요셉이 살아 있고, 요셉이 이집트 땅의 통치자입니다."라고 말씀드렸으나 처음에 무덤덤하게 받아들였다. 그러나 자기를 데리러 온 수레를 보자, 그제야 정신이 들었다. "내 아들 요셉이 살아 있다니 이제 여한이 없구나! 내가 빨리 가서 죽기 전에 그 아이를 봐야겠다." 하며 야곱이 크게 기뻐하였다.

야곱과 함께 이집트로 들어간 야곱의 며느리들을 뺀 직계 자손들은 모두 예순다섯 명이다. 이집트에서 태어난 요셉의 아들은 둘이다. 그래서 이집트로 들어간 야곱 집안 식구는 모두 일흔 명이다. 이집트로 이주한 야곱의 후손들은 약 400년 동안 그곳에서 빠르게 번성하여 훗날 출애급 사건으로 이어지는 사건의 배경이 되었다.

『성경』 얘기가 좀 길어졌다. 야곱의 얘기를 통해 느낀 것도 많겠지만, 이 얘기를 길게 한 이유는 하느님의 은사(恩賜)는 '행위'를 보고 하는 게 아니라 '믿음'을 보고 하신다는 것이다. 야곱의 젊은 날의 여러 악행도 훗날 그의 '굳센 믿음으로 하느님의 용서를 받고 축복을 받는다.'는 하느님의 뜻을 얘기하기 위해서이다. (에베소서2:8)

이 얘기는 좀 하기 두려운 것이지만 너희니까, 내 천사들이니까 감히 하는 것이다. 할배는 지금까지 하느님의 징표(徵標)를 여러 번 체험하였다. 다만 젊은 때는 미처 깨닫지 못하였을 뿐이다. 두렵다. 여기 매거할 수도 있지만, 두려운 마음에 삼가할 뿐이다.

그래서 얘기인데, 나의 천사들아! 하느님은 무조건 믿는 대상이다. 굳센 마음으로 믿어야 한다. 선뜻 이해가 가지 않을 것이다. 그러나 하느님께서는 그 믿음의 정도에 따라 요량(料量)하신다. 명심하렷다.

따져서도 안 되고, 이해하려 들지도 말라. 자연스레 하느님은 늘 내 가까이 계시다는 것을 마음으로 인정하면 되는 것이다.

떠들 것도 없다. 하느님에 관한 한 되도록 말수를 줄여라. 외려, 침묵하는 게 좋다. 다만 마음으로 굳게 믿는 것이다. 아멘.

(4) 정진(精進)

노력과 관련된 얘기로는 불교 경전에 좋은 가르침이 많다. 갑자기 불교 얘기가 나와서 좀 당황스럽겠지만, 좋은 가르침은 그 자체가 훌륭한 것이기 때문에 그대로 받아들이면 된다. 우리 기독교인 가운데는 이것저것 까다롭게 따지는 이가 더러 있는데, 남의 종교에 대해서는 좀 더 관대할 필요가 있다. 좋고 훌륭한 것은 언제 어디에 있든 좋은 것이다. 마치 금과 은을 사람들이 다 좋아하듯, 둘 다 좋은 것이지만, 둘의 성질이 다를 뿐이다. '금'만이 좋고 '은'은 나쁘다면 옹졸한 태도다.

특히, 부처님한테 절하는 것을 신경질적으로 거부하는 이가 있는데, 할배 생각은 좀 다르다. 불교의 부처님은 '우상'과는 다르다. 불교에서는 '성불'이라는 최고의 이상과 목표를 '부처'라는 '불상'으로 형상화해서 절을 하는 것이지, 불상 자체를 모시는 것은 아니다.

어디까지나 신도들의 믿음에 도움을 주기 위한 것이다.

우리 풍습에서 제사상에 사진이나 위패를 두는 것은 우리의 오랜 전통이듯, 부처상은 불교의 풍습이다. 내 것만이 옳고 너 것은 틀렸다는 태도가 옹졸하다는 것이다. 시비는 그만 하자. 내가 옹졸해지겠다.

불교에서도 노력을 강조한다. 강조한 나머지 여러 단계로 나누어 어떤 것이 진짜 노력의 극치인가를 따진다. 예컨대 끊임없는 노력을 정진(精進)이라고 한다. 정(精)은 정성(精誠)의 뜻이고, 진(進)은 앞으로 나아감을 말한다.

정성을 다하여 나아가는 것은 인생에서 대단히 위대한 행위라서 '정진바라밀'로 부른단다. '바라밀(波羅蜜)'은 고단하고 고통스런 이 언덕에서 편안하고 고통없는 저 언덕으로 건너간다는 뜻인데, 정진을 하면 곧 저 언덕으로 건너갈 수 있다는 가르침이다. 불교에는 정진바라밀과 함께 위대한 행위로 다섯 바라밀을 더 들고 있다.

나누어 가지는 보시(布施)바라밀, 바른 몸가짐을 바르게 하기 위한 지계(持戒)바라밀, 어려움을 참아내는 인욕(忍辱)바라밀, 마음을 고요히 하는 선정(禪定)바라밀, 어리석음을 떨치는 지혜(智慧)바라밀이다. 이들 다섯 바라밀과 정진바라밀을 합하여 육바라밀이라 한다.

그런데 육바라밀 전체가 이루어지려면 바로 이 정진바라밀이 밑받침이 되어야 한다는 것이다. 정진바라밀 없이는 다른 다섯 바라밀이 결실을 맺을 수가 없다는 뜻이다. 그만큼 정진바라밀은 우리 인생에서 운명을 개척하고 그 꽃을 피우는 관건이다. 참으로 자상하지 않으냐. 할배가 불경을 볼 때마다 늘 놀라는 일은 불교의 가르침이 너무도 정치(精緻—정확하고 치밀한)하다는 점이다.

불교 설화에 노력, 정진은 바다도 감동시킨다는 얘기가 있다.

옛날에 한 장사꾼이 보배를 찾아 바다로 나갔다. 그는 용케도 바다 속에서 황금 수천 냥의 값어치가 나가는 보배 구슬을 얻었다. 그런데, 잠깐 실수로 그 귀중한 구슬을 그만 바다에 떨어뜨리고 말았다. 그러자 장사꾼은 보배 구슬을 찾겠다고 국자 하나를 들고 나왔다. 그리고 그 국자 하나로 바다의 물을 모조리 퍼내, 그 보배를 도로 찾고야 말겠다고 작정했다. 국물이나 푸는 국자 하나로 저 산보다도 더 크고 깊이도 알 수 없는 바닷물을 퍼내겠다는 것이다. 어처구니없는 용기다.

아니나 다를까 이를 본 해신(海神)은 너무 놀랍고 어이가 없어 '이 사람은 미련하고 어리석어도 너무 하구나. 뭘 몰라도 정도가 있지, 그래, 저 한량없는 바닷물을 어떻게 국자로 퍼내겠다는 건가?' 하는 내용의 게송(偈頌)을 읊었다. 게송이란 부처의 가르침을 찬탄하는 한시 형식의 노래를 말한다.

그러자 장사꾼은 해신에게 "내 맹세코 정진하는 마음으로 물러나지 않고, 반드시 큰 바다를 퍼내서 말리고 말겠소." 하는 내용의 게송으로 응답했다.

해신은 이 게송을 듣고 크게 두려워하며 이와 같이 생각했다.

'이 사람이 이토록 용맹정진해서 바닷물을 퍼내면 틀림없이 모두 퍼내고 말겠구나.' '용맹정진'이란 말은 불교에서 자주 쓰는 말인데, 무슨 일에 마음을 굳히고 용기백배하여 실천한다는 뜻이다.

이렇게 생각하고는 곧 그 장사꾼에게 값을 다질 수 없는 보배 구슬을 되돌려 주고 게송을 읊었다.

"무릇 사람은 모름지기 용맹한 마음을 내어
짐을 짊어져 힘들고 고단해도 그만두지 마라.
이 같은 정진력으로 잃었던 보배를 되찾아
집으로 돌아간 이를 나는 보았다."

부처님께서는 이 이야기를 들려주신 후 게송을 읊으셨다.
"정진하면 곳곳마다 소원을 이루고
게으르면 항상 큰 고통을 당하니
부지런히 용맹한 뜻을 내면
지혜 있는 사람은 이로써 깨달음을 이루리라."

부처님께서 모든 비구에게 말씀하셨다.

"그때의 장사꾼은 바로 나다. 당시 그 장사군은 바다로 나아가 값을 따질 수 없는 보배 구슬을 얻었으나 잃어버린 뒤에는 용맹한 마음을 일으켜 보배를 되찾았다. 오늘날도 또한 그러해서 정진한 까닭에 최상의 깨달음과 일곱 가지 깨달음의 구성 요소를 이룬 것이다."

이 설화는 불교 『불본행집경』이란 경전에 나오는 이야기인데, 부처님의 전생 이야기이기도 하다. 부처가 되려면 이 정도, 즉 바닷물을 국자로 퍼내겠다는 정도의 정진을 해야 한다는 가르침이다.
또, 불교에서는 '정진'하면 바다뿐만이 아니라 하늘도 감동시킨다는 설화도 있다.

설산 한쪽 큰 대나무 숲에 많은 새와 짐승들이 살고 있었다. 그 가운데 환희수(歡喜首)라는 앵무새가 있었다. 어느 날 그 숲에 바람이 몹시 불어 대나무가 서로 부딪치면서 큰불이 났다. 새와 짐승들은 모두 두려워하며 어쩔 줄 몰라 했다. 숲이 불타 버리면 의지할 곳이 없어지기 때문이다.

그때 앵무새가 다른 짐승들을 가엾이 여겨, 물가에 가서 날개를 적셔와 불 위에 뿌렸다. 앵무새가 자비심으로 열심히 하였기 때문에 제석천의 궁전이 감응하여 진동하였다.

제석천왕(帝釋天王, 불교에서 말하는 하늘의 왕)은 무슨 이유로 궁전이 진동하는지 천안(天眼)으로 살펴보다가, 한 앵무새가 대비심(大悲心)을 내어 불을 끄려고 온 힘을 다했으나 불을 끄지 못하는 것을 보았다. 제석천왕은 앵무새를 향해서 말했다.

"이 숲은 너무 커서 수천만 리나 되는데, 네 날개가 적시는 물은 몇 방울에 지나지 않는다. 어떻게 그 큰불을 끌 수 있겠는가?"

앵무새가 대답했다.

"제 마음은 매우 넓으므로 부지런히 힘쓰면 반드시 불을 끌 수 있을 것입니다. 만약 이 몸이 다하도록 불을 끄지 못하면, 다음 생의 몸을 받아 맹세코 불을 끄고야 말 것입니다."

'다음 생에도 몸을 받아'란 말은 불교에서는 모든 생명체는 수명이 다해 죽으면 적당한 시기에 다시 이 세상에 태어난다는 생명의 윤회(輪廻)를 주장한다. 그래서 이 생명이 다하면, 또, '다음 생을 받아서라도' 불끄기를 계속하겠다는 결의이다. 얼마나 강한 집념이냐!

제석천왕이 그 뜻에 감동해 큰 비를 내렸고, 거세던 불도 곧 꺼졌다.

불교 경전 『잡보장경』에 실려 있는 이야기다.

4. 노년과 노력

젊을 때 노력은 자기 실현, 가족 부양, 사회 봉사 등을 위해 누구나 하지 않으면 안 되었다. 그런데 노년의 노력은 자기의 신체적, 정신적 건강을 위해서도 필요하다. 일은 건강에 필수적이기 때문이다.

세계적인 테너 플라시도 도밍고는 나이 80에도 노래를 불렀다. 주위에서 "이제 쉴 때가 되지 않았느냐?"는 질문에 "If I rest, I rust (쉬면 늙는다)."라고 했다는 유명한 얘기가 있다.

아무리 좋은 기계도 안 쓰면 녹이 슨다. 우리 몸도 마찬가지로 안 움직이면 녹이 슬듯 뼈마디와 근육이 망가진다. 한 달만 침대에 누워 있으면 근육의 칠 할이 빠져 나간다.

신체 건강을 위해서도 노년에 운동은 계속해야 한다. 무리한 운동이 아니라 매일 30분을 걷거나, 수영을 하거나, 아니면 물에서 걸으면 더 좋다. 몸만이 아니다. 마음도 마찬가지— 나이 들수록 좋은 생각 많이 하고, 매사를 긍정적으로 받아들여야 한다. 웬만한 일은 거절하지 않고, '오냐, 오냐'로 다 받아 준다.

링컨이 대통령으로 당선되어 조각(組閣)을 할 때이다. 주위에서 당대의 명사를 한 사람 추천했는데, 링컨은 한 번 만나고는 등용하지 않았다. 주위에서 그 이유를 묻자 링컨은 이런 대답을 했다.

"사람이 태어날 때는 부모가 만들어 준 얼굴을 갖고 나오지만, 그 다음부터는 자신이 만들어 가는 겁니다. 나이 사십이 넘으면 자기 얼굴에 책임을 져야 합니다."

링컨은 나름대로 관상을 보고 있었던 것이다. 근거 없는 얘기가 아니라 사람의 마음의 변화는 우리 몸의 신경 전달 물질(호르몬)의 분비와 농도의 차이를 일으켜 얼굴 표정에도 영향을 주기 때문이다. 옛 어른들은 상유심생(上由心生)— 즉 외모는 마음에서 생겨난다 라고 하면서 수양을 했다.

나의 천사들아, 사토의 노력은 한도 끝도 없구나. 그러나 노력은 결코 우리에게 부담만을 주는 것은 아니다. 노력은 축복이다. 사람에게 일이 없다면 세상을 살 이유도 없다. 일이 없는 세상— 얼마나 살벌하겠냐. 일이 있어 노력하고, 노력의 결과로 일을 성취했을 때의 희열과 충족감— 시시포스의 영원한 노동은 형벌이 아니라 축복이다.

제4장
실력

1. 실력이란 무엇인가

(1) 실력=역량+운

세상을 살아가려면 첫째 건강해야 하고, 다음으로 실력을 키워야 한다. 그래야 할배가 얘기한 세상일에 성공하고, 남도 도와주고, 세상을 이롭게 할 수 있다.

여기서 '실력'이란 지식을 쌓고, 몸과 마음을 단련하는 것만으로는 부족하다. 진짜 실력은 육체적, 정신적 능력 외에, '운'까지 따라 줄 때, 그때 자신의 전체적인 역량이 진짜 실력이다.

예컨대 1992년 스페인의 바르셀로나 올림픽 마라톤 경기에서, 우리 황영조 선수가 우리 역사상 처음으로 우승을 했다. 마라톤만이 아니라 우리나라는 단 한 번도 전체 육상 경기에서 금메달을 딴 적이 없었다. 육상 경기에는 모든 경기 종목 중 메달이 제일 많아, 50여 개나 되는 데도 말이다. 그런데 황 선수는 놀랍게도 올림픽에서 금메달을 딴 것이다. 그것도 세계적인 최강자들을 다 물리치고!

지금도 유튜브에서 그날의 황영조의 활약상을 볼 수 있다. 유튜브를 보면 느끼겠지만, 황 선수의 그때 우승은 정말 극적인 사건이었다. 마라톤은 너희도 알다시피 42.195km를 달려야 하는, 사람의 능력을 극한으로 모는 경기이다.

그런데 출발 지점에서 35km지점부터 결승선까지, 일본 선수와 단둘이서 1, 2등을 다투는 시소를 벌이는 바람에, 전 국민이 흥분하고 환호하는 드라마가 된 것이다.

그러면 황영조의 마라톤 실력이 세계 제일이었는가 하면 그렇지는 않았다는 것이다. 그럼 실제 역량은 어느 정도였는가?

내가 추정하건대 세계 랭킹 10~15위 정도였다고 본다. 랭킹 10위가 넘는 선수가 '어떻게 금메달을 따느냐'는 의문이 생길 것이다. 운이 좋았던 것이다. 운이라니? 그게 무슨 조화냐?

운이란 도대체 뭐냐?

할배도 모른다. 솔직히 모르겠다. 굳이 설명을 하라면, 하늘의 뜻이랄까? 우리 인간의 능력 범위를 넘는 영역의 어떤 '힘'이랄까— 그런 것이다. 이해가 안 될 것이다. 그러나 세상에는 우리 인간의 힘으로는 어떻게 할 수 없는, 그런 영역이나 힘이 분명히 있다. 우리 기독교인은 그것을 하느님의 '뜻'으로 생각하면 된다.

육상 경기는 기록 경기라 모든 종목은 시간이나 미터로 측정하기 때문에 역량이 다 드러난다. 이를테면 그 당시 세계 최고 기록은 아마 2시간 4~5분 정도였을 것이다. 지금은 어떤가? 최고 기록은 2시간도 깬 1시간 50분대이다.

황 선수의 최고 기록은 2시간 8분이었다. 그러니까 황영조보다 좋은 기록 보유자는 세계적으로 10명이 훨씬 넘었을 것이다. 그런데도 세계 최고 선수들을 다 물리치고 황영조는 바르셀로나에서 우승을 한 것이다.

그러니까, 할배가 생각하는 실력이란 '실력=역량+운'이다. 모른다는 '운'을 왜 자꾸 운위(云謂)하는가?

할배는 운이 무엇인지는 몰라도, 운을 오게 하는 방법은 어렴풋이 알고 있다. 기도하는 것이다. 진심으로 기도하는 것이다. 하느님의 응답을 믿으며 기도하는 것이다. 더는 설명하지 않겠다. 할배도 두렵기 때문이다. 이런 말 하는 자체가 정녕 두렵다. 너희에게 할 수 있는 얘기는 다만, 주님을 믿고 기도하란 것이다. 반드시 응답하실 것이다. 진심으로, 정성을 다하여, 불교식으로 말하면 '용맹정진'하면 주님은 반드시 응답하신다.

그럼, 어째서 황영조의 운이 좋았다는 얘기를 할 수 있는가?
앞서도 말했듯, 황 선수는 실력으로는 세계 10위를 넘는다고 하였다. 그런데 황영조보다 잘 뛰는 10여 명의 선수들이 30km 전후해서 다 탈락하고, 약 35km 지점부터는 황 선수와 일본의 모리시타 단 두 선수의 시소 게임이 되었기 때문이다. 바로 이 점을 할배는 설명할 수가 없는 것이다.

그 기라성 같은 아프리카 선수들, 특히 케냐와 에티오피아 선수들은 다 어디가고 왜 일본 선수와 우리 선수만이 남아, 골인 지점까지 무려 7km나 되는 거리를 앞서거니 뒤서거니 하며, 둘만의 경기로 압축될 수 있었느냐 말이다.

경기가 다 끝난 후에나 알게 된 사실이지만, 경기 당일 스페인의 주최 측에서는 바르셀로나의 더운 날씨를 완화시킨다고, 출발 지점에서 약 20km 정도가 되는 해안 도로에 물을 뿌렸다. 태양의 열기로 뜨겁게 달궈진 아스팔트에 물을 뿌렸으니 수증기가 얼마나 올라왔겠느냐!

할배의 추측이지만, 이 일 때문에 아프리카 선수들이 모두 탈락한 게 아닌가 싶다. 아프리카는 덥긴 해도 습도가 거의 없다. 특히 케냐와 에티오피아의 고산지대가 그렇다. 그런데, 그 바짝 달궈진 아스팔트길에 물을 뿌렸으니 도로는 수증기로 꽉 찼을 것이다. 습도가 최대로 오른 20km의 도로를 건조한 환경에서 자란 그들이 달려야 했으니, 도저히 그 습도를 견디지 못하였을 것이다. 그러니 그들은 탈락할 수밖에. 바로 이점, 아프리카 선수들이 거의 다 탈락한 배경을 어떻게 설명해야 할지— 할배도 답답한 것이다. 그래서 바로 이 사건을 운으로 돌리는 것이다.

운이란 하느님의 뜻이라고 하였는데, 그렇다면 황영조를 주님이 특별히 사랑해 주실 이유라도 있었다는 것인가? 황영조는 기독교인은 아니었고, 또, 당시 23살의 젊은 나이라 주님을 미처 모르고 있었을 것이다. 그러나 황선수가 처했던 절박한 상황에서 자기 나름으로 절대자에게 간절히 빌었을 것이다. 아니면, 우리 온 국민의 절실한 염원이 주님을 감동케 하였을 수도 있다. 아무튼 주님은 황영조를 축복해 주셨다. 그렇지 않고는 황영조가 그런 위대한 승리를 혼자의 힘으로 해낼 수 있는 일은 분명히 아니었다.

이처럼 운에 대한 논의가 분분(紛紛)하니까 일부 학자들 사이에서 운을 학문적으로 연구하는 사례도 있다.

(2) 운도 실력이다

미국 스탠퍼드대학의 크럼볼츠(John Krumboltz) 교수는 성공한 사람들의 공통점으로 '계획된 우연(Planned Happenstance)'이라는 용어를 제시했다.

크럼볼츠 교수가 말하기를, "성공에는 분명 행운이란 요소가 따르는 게 확실하다. 그 행운은 결코 우연히 찾아오는 것이 아니다. 행운을 끌어들이는 5가지 요소, 즉 호기심, 인내심, 낙관성, 우연성, 위험 감수(용기) 등이 작용한 결과"라고 하였다.

또, "운이란 하늘에서 뚝 떨어지는 것이 아니라, 그 사람의 마음과 태도, 실천의 힘으로, 우연처럼 보이는 기회를 성공이라는 결실로 바꾸는 것이다. 결국 운(運)도 실력인 것이다."라고 하였다.

　글쎄, 그럴 듯한 설명이기는 하나, 무언가 좀 부족하다는 게 할배 생각이다. 요컨대 그 교수의 주장은 그 사람의 본인의 다섯 가지 노력으로 운이 온다고 하였는데, 내 생각은 운은 사람의 능력으로 되는 게 아니라, 인간의 능력이 미치지 않는 영역의 일이라는 점이다. 구체적인 예로 바르셀로나 마라톤에서 20km의 해안 도로에 물을 뿌린 사건은 본인의 노력과는 무관한 것이다.

　제3장에서도 자세히 언급했지만, 오타니 쇼헤이 선수에 대한 얘기를 좀 더 하겠다.
　오타니는 특히 성실한 생활 태도로도 유명하다. 그라운드에서 쓰레기를 줍는 모습이나, 일본의 전통 예절을 깍듯이 지키는 그의 행동 때문이다. 쓰레기 줍는 일은 일류 선수가 할 일은 아니다. 그런데도 그런 일을 태연히 한다. 여러 사람들의 입에 오르자, 침묵을 지키던 그는 한참이 지난 2017년에 자기 책을 출판했는데, 그 책에 "다른 사람이 무심코 버린 '운(運)'을 줍는 겁니다."라고 설명했다. 그의 어머님에 대한 효도는 너무 유명하고, 그의 수없는 선행은 거의 수도자에 가깝다. 참으로 놀라운 인격이다.
　오타니의 운에 대한 얘기 가운데 특히 화제가 된 것은 고등학교로 진학을 하면서 작성한 것으로 전해진 '만다라트(목적 달성의 틀) 계획표'이다. 이 표에는 '8구단 드래프트 1순위'를 최종 목표로 정하고, 이를 위해 실행해야 할 9가지 세부 목표를 설정하고, 이어서 그 구체적인 실천 사항들을 자세하게 적시했다는 점이다.
　그중 눈에 띄는 건 운에 대한 항목이다. 오타니는 운을 위해 '인사하기', '쓰레기 줍기', '청소', '심판을 대하는 태도', '책 읽기' 등 세부적인 실천 내용을 적어 놨다. 성공엔 실력뿐 아니라 운이 더해져야 하고, 운은 그저 우연히 찾아오는 게 아니라, 운을 위해서는 남다른 노력, 곧 선행을 쌓고, 이를 실천에 옮겼다는 사실이다. 결국, 운을 위해, 선행을 쌓아가는 겸허한 생활 태도는 운동선수가 아니라 수도자의 경지다.

　그 생각이 놀랍고, 그 실천 또한 놀랍고, 그 생활이 존경스럽다. 오타니가 생각하고 있는 운에 대한 태도는 납득이 간다. 하느님이 그 선한 마음, 착한 태도, 그 선행을 무심히 보고 계시지는 않을 것이기 때문이다. 운은 거저 굴러오는 것이 아니다.

(3) 몬주익 언덕

　다시 마라톤 얘기로 돌아와서, 한일 양국의 본격적인 겨루기는 악명 높은 몬주익 언덕에서 시작되었다. 몬주익 언덕이란 종합경기장이 있는 곳이 평지에서 약 200m 정도 올라간 언덕 위에 있기 때문에, 마지막 결승점까를 약 5km의 언덕길을 달려야 한다. 선수들의 힘이 거의 다 빠지는 마지막에 그런 언덕길을 달린다는 것은 그야말로 선수들에겐 지옥이다.

　마라톤은 총 42.195km를 달려야 하는 정말 고생스러운 경기이다. 속된 말로 '사람을 죽이는 경주'이다. 실제로 마라톤 경기의 시작이 된 마라톤 전투에서 승전 소식을 알린 병사는 "우리는 이겼다"라는 한마디를 남기고 죽었다.

　마라톤 전투는 고대 희랍시대, 마라톤이라는 곳에서 옛날 그리스와 페르시아가 싸운 전투이다. 이 전투에서 그리스가 이겼다. 이 소식을 아테네 시민에게 조금이라도 빨리 알리기 위해 한 병사가 수도 아테네를 향해 달렸다. 그 거리가 약 40km 정도였다. 40km를 달려 승전보를 알린 그 병사는 기운이 다 빠져, 그 자리에 쓰러져 절명하였던 것이다.

이처럼 마라톤의 시작은 극적인 것이었다. 그러니까 마라톤 경기를 다른 경기에 비해 사람들이 많은 관심을 갖는다.

마라톤 얘기가 나왔으니, 마라톤에 대해 조금 설명을 하겠다. 마라톤은 40km를 달려야 하니까, 약 백 리 길을 달려야 하는 힘든 경기이다. 오죽하면 사람이 죽겠느냐!

실제로 사람이 달리기 시작해서 약 35km 전후가 되면 사람의 기력은 다 소진된다고 한다. 그래서 출발 지점에서 35km 지점을 '마의 벽'이라고 한다. 35km가 인간의 한계라는 것이다. 그런데, 마라톤은 35km에서 끝나는 게 아니라 약 7km를 더 뛰어야 하는 것이다. 그러니까 웬만한 사람은 백 리를 계속 뛰면 죽기도 하는 것이다.

마라톤 훈련은 바로 이러한 인간의 한계를 넘어 뛸 수 있도록 훈련을 하는 것이다. 그러니까 선수들은 코치마다 조금씩 다르지만, 훈련 스케줄에 따라 하루 50km도 뛰고 100km를 뛸 때도 있다. 대개 일류 선수들은 한 주일에 1,200~1,400km를 뛴다. 그러니까 하루에 170~200km를 뛴다는 얘기다. 훈련도 그 정도로 해야 일류 선수가 된다. 정말 운동 경기치고는 힘든 경기이다. 그래서 모든 올림픽 경기에서 마라톤 경기는 맨 마지막날 한다. 모든 경기의 마지막을 장식하기 위해서다. 다른 경기와 달리 마라톤은 그중 힘들고 어려우니까 높이 평가해 주고 있는 것이다.

또 하나, 마라톤의 풀 코스가 왜 42.195km라는 어중간한 거리가 되었느냐 하는 것이다. 마라톤의 기원인 아테네―마라톤까지의 거리가 약 40km니까 그러려니 하겠지만, 42km 하고 또 195m라는 꼬리는 왜 붙었느냐 하는 의문이 생길 것이다. 나도 처음 육상연맹 회장을 맡았을 때, 195m라는 꼬리가 붙은 게 의문이었다. 간단하게 40km나 50km로 하면 주최 측도 일하기 편하고, 관중들도 쉽게 기억할 텐데

― 하는 게 내 생각이었다.

경위는 좀 복잡했다. 아테네―마라톤까지의 거리가 대략 40km라는 사실 외에는, 그 옛날 그리스 병사가 뛰었다는 정확한 코스는 누구도 알지 못한다. 그래서 제1회 아테네 올림픽(1896) 때는 주최 측에서 40km로 정하고 대회를 열었다. 그런데 제2회 파리 올림픽 때는 어쩌다가 40.26km가 되었고, 제3회 세인트루이스 때는 다시 정확히 40km, 제4회 런던 올림픽 때 42.195km라는 엉뚱한 코스를 뛰었다. 195m라는 꼬리가 붙은 것은 결국 영국 때문이다.

나는 그 숫자가 영국에서 나왔다길래, 역시 육상은 영국이 제일이구나 하고 생각했다. 왜냐하면 근대 육상 경기는 영국이 거의 모든 종목을 표준화하였기 때문에, 육상 경기의 원조는 영국이라는 것을 세상이 인정한다. 따라서 런던 이후의 올림픽에서는 영국이 정한 42.195가 표준 코스가 된 것이다. 그런데, 알고 보니 그 숫자도 어쩌다가 나온 것이었다.

즉, 1908년 제4회 런던 올림픽 때 처음에는 윈저궁을 출발 지점으로 하여 골인 지점까지 42km코스를 정했다. 내가 추정컨대, 영국은 자기들이 주최하는 올림픽이라 마라톤의 정확한 주파 거리를 정하고 싶었을 것이다. 주최 측은 그리스에 가서 마라톤―아테네 거리를 측정할 때, 마라톤 유적지에서 아테네 시청까지의 거리를 측정하였을 것이다. 그리고 이때의 42km를 기준으로 윈저궁에서 42km 지점에 결승점을 정했을 것이다. 그런데 호기심이 많은 알렉산드라 왕비가 꼭 자기 발코니에서 마라톤 출발을 보겠다고 고집하는 바람에 주최 측은 할 수 없이 출발 지점을 약 300 야드 가량 늘리지 않을 수 없었다. 결국 처음 정한 42km는 사라지고 이것도 저것도 아닌 42.195km가 된 것이다.

아프리카 선수들이 잘 뛰는 것은 신체 조건이 다른 지역 사람들과 좀 다르기 때문이다. 아프리카 중에서도 케냐나 에티오피아 같은 나라의 고산 지대 사람들이 잘 뛴다.

그 사람들이 잘 뛰는 것은 우선 그곳이 1,000~2,000m 가량의 높은 지대 사람들이기 때문이다. 왜 높은 지대 사람들이 잘 뛰느냐? 첫째, 그곳은 산소가 부족하여 사람들의 폐활량이 크다. 그래야 적은 산소로도 살 수가 있기 때문이다.

두 번째는 아프리카는 아무래도 가난한 나라라 교통수단이 좋지 않다. 그래서 먼 길도 걷거나 달려야 한다. 자연히 달리는 게 일상적 습관이 되어 버릴 수밖에 없다. 세 번째로는 산소가 부족하면 인체는 이를 극복하기 위해 체내 산소를 빨리, 그리고 더 많이 공급하도록 헤모글로빈이란 호르몬이 증가한다. 헤모글로빈이 많으면 적게 들어오는 산소지만, 더 많이 운반할 수 있게 해서 인체가 견디도록 적응하는 것이다.

그런 조건에서 살던 사람이 평지에 내려오면 자기들이 살던 곳과는 달리 산소 양이 많으니까 평지에 살던 사람들 보다 덜 지치고, 빨리 달리는 게 당연하지 않겠느냐.

선수들이 고지 훈련을 한다는 말을 들어 봤을 것이다.

고지 훈련을 하는 이유는, 바로 아프리카인들이 갖는 이점을 우리도 고지대 훈련을 통해 얻어 보자는 게 목적이다. 즉, 고지 훈련을 하면 우리도 체내 헤모글로빈이 늘어나 그 상태에서 평지에 내려오면 아프리카인들처럼 더 많이, 지치지 않고 잘 달릴 수가 있는 것이다. 그러나 평지에서 2주 정도 지나면 그 효과가 없어진다.

다시 바르셀로나 경기 얘기로 돌아가서, 일본 선수와 황 선수가 결투를 벌이기 시작한 지점이 바로 아까 말한 '마의 벽'이 시작되는 35km 지점이었다. 그러니까 두 선수는 다 지칠 대로 지친 상태다. 설상가상으로 몬주익 언덕이 시작하는 곳이니, 그 언덕을 오를 때 두 선수는 속된 말로 '죽을 맛'이었을 것이다. 진짜로 '실력 대 실력'의 싸움이 된 것이다. 결국 황영조가 이 대결에서 일본을 물리치고 금메달을 획득한다. 유튜브에서 황영조의 활약상을 한번 보는 게 좋다. 정말 드라마 같은 대결이다.

일본 국민들이 간절히 바라는 게 하나 있다. 올림픽 마라톤에서 금메달을 따는 것이다. 일본의 체육계는 물론 온 국민이 염원하는 꿈이다. 왜냐하면 마라톤 경기는 일본에서 깜작 놀랄 정도로 인기가 높다. 이상하게도 그 사람들은 마라톤을 사랑한다. 80년대 일본의 마라톤은 한때 세계를 지배했다. 세계 랭킹 10위 내에 일본 선수가 서너 명은 되었고, 세코(瀬古利彦)라는 선수는 70년대 말부터 80년대 초반까지, 5~6년은 그야말로 천하무적이었다. 그런데도 올림픽에서는 단 한 번도 우승을 못하였다. 이상하게 일이 꼬여 우승의 기회를 번번이 놓쳤다. 1980년 모스크바 올림픽 때는 자유 진영이 모두 불참하였다. 자유 진영에 속한 일본도 당연히 나갈 수 없었다. 1980년이 세코의 최전성기인데 모스크바 대회를 놓친 것이다.

그런데, 1982년부터는 기량이 점점 떨어져 84년 LA 올림픽이나, 88 서울 올림픽에 출전은 하였지만 끝내 빛을 보지 못하였다. 마라톤은 힘든 운동이라 선수의 전성기가 짧다. 결국 일본은 2025년 지금까지도 남자 마라톤에서 금메달을 따지 못하고 있다. 일본만이 아니라 중국도, 아시아 어느 나라도 남자 마라톤에서는 우리만이 유일하게 금메달을 딴 나라다. 다만 일본의 경우, 여자 마라톤은 두 번이나 올림픽에서 금메달을 땄다.

앞서 일본서는 마라톤 인기가 대단하다고 했는데, 한번은 일본 마라톤 인기에 나도 놀란 적이 있다.

1993년인가 일본의 저명한 방송인이 나를 찾아왔다. 일본 제2의 도시, 오사카에 있는 마이니치방송(MBS)의 사이토(齋藤守慶) 회장이다. 그때 할배는 우리 육상경기연맹 회장을 맡고 있을 때다.

그 사람의 부탁은 다른 게 아니라 한국에서 마라톤 대회를 열어주면, 자기 방송이 리얼 타임으로 일본에 중계하도록 대회를 만들어 달라는 것이다.

그럼, 왜 인기 있는 역전마라톤 대회를 자기 나라에서 하지 않고 한국에까지 와서 한단 말인가?

역전마라톤은 일본에서 인기가 너무 좋다보니 중요대회는 동경과 수도권의 몇몇 TV 방송이 다 채가고, 오사카의 사이토 회장에겐 차례가 안 돌아왔기 때문이다. 그렇다고 새로운 대회를 열려면 도로 사정이 봄, 가을 같은 좋은 철은 기간이 제한되어 있으므로, 무작정 대회를 늘릴 수가 없는 것이다. 다시 말해, 인기가 좋은 만큼 마라톤 대회를 할 수 있는 횟수가 꽉 차서 일본 국내에서는 더 할 수가 없는 사정이었다. 그러니까 안목이 넓은 사이토 회장은 한국을 찾아온 것이다.

조건은 단 두 가지였다. 세계적인 유명 여자 마라톤 대회를 만들어 달라는 것. 일본 돈으로 1억 엔(당시에는 우리 돈으로 10억 원이 좀 넘었다)을 대회 비용으로 지원하겠다는 것이다.

사이토 회장이 그런 후한 제안을 한 것은 마라톤이 일본에서 그만큼 인기 있었기 때문이다. 또한, 마이니치 TV는 일본 제2의 대도시인 오사카의 최대 방송사이면서, 자기 고유의 마라톤 대회 하나 갖고 있지 못한 것이 자기 방송사의 명성을 손상하는 것이라고 생각했기 때문일 것이다.

나는 매우 기뻤다. 나야 대회가 많을수록 좋은 일이지만, 관중이 없는 경기라 하고 싶어도 못하는 처지였는데, 그런 후한 부탁까지 받으니, 처음엔 어리둥절하기까지 했다.

국제적인 명품 대회가 되게 하려면 두 가지 조건이 충족되어야 한다. 첫째는, 세계 일류 선수가 참가해야 하고, 둘째는, 대회 상금을 어느 대회보다 많이 걸어야 한다는 것이다. 사이토 회장이 제시한 지원금이면, 세계 일류 선수들을 부르는 것은 문제가 없다.

그보다 앞서 기본적으로 갖춰야 할 일은 마라톤 코스가 우선 아름답거나 역사적 의미가 있어야 하고, 대회 운영을 잘해야 하는 것은 기본이다. 우리의 육상 경기 운영 능력은 올림픽 때부터 국제적으로 인정을 받아 온 터라 전혀 문제가 없었고, 마라톤 코스 또한 88 올림픽의 역사적 코스라서, 마라톤 선수라면 한 번은 뛰고 싶은 명품 코스에, 한강을 낀 남북강변로 코스라서 어디 내놓아도 손색없었다.

결론부터 얘기하면 이 국제 여자 마라톤 대회는 제1회 대회부터 세계 육상인들의 선망의 대회가 되었고, 사이토 회장도 일본 사람들의 시청율이 좋아 크게 만족해 하는 명품 대회가 되었다.

제4회 대회를 마치고 얼마 안 되어 사이토 회장이 현직에서 은퇴하는 바람에 대회는 중단되었다. 안타까운 일이었다.

(4) 영광 뒤에는 보이지 않는 희생과 헌신이 있어

어떤 일에나 큰 성취를 이룬 이면에는 누군가 희생을 하거나, 헌신한 사람이 있게 마련이다.

황영조의 역사적 성공에도 많은 사람들의 헌신과 희생이 있었다. 첫째, 황 선수를 있게 한 기초에 주식회사 코오롱과 코오롱의 이동찬 회장을 빼놓을 수 없다. 황영조 선수는 코오롱이 키운 마라톤 선수였다. 80년대와 90년대에는 코오롱 외에도 삼성에서 마라톤 선수들을 양성했다. 삼성에서도 많은 선수를 배출하고 좋은 성적을 내기도 하였지만, 마라톤으로 국위를 선양한 업적은 코오롱이요, 특히 이동찬 회장의 헌신적 노력이 있었기 때문이다.

이 회장은 간부회가 있는 날엔 반드시 담당 중역에게 마라톤 선수들의 현황과 특히 기록에까지 관심을 보였다. 담당 중역은 물론 회사 전체가 마라톤 육성에 대한 관심이 컸다. 뿐만 아니라 우리 육상의 장거리 선수의 산실인 경주 코오롱 구간 마라톤 대회를 창설하여, 수많은 장거리 주자들을 배출하였다. 황영조를 비롯 김완기, 이봉주 등 세계적 마라토너를 배출한 것은, 전적으로 이동찬 회장의 헌신 덕분이다.

또, 스페인에서 사업을 하고 있는 권영호 회장을 빼놓을 수 없다. 권 회장은 젊을 때 스페인으로 건너가, 원양 어업에 종사하여 크게 성공한 분으로, 황영조 선수를 있게 하는 데 중요한 역할을 한 분이기도 하다.

바르셀로나 올림픽을 앞두고 우리 육상연맹은 한 가지 고민이 생겼다. 올림픽 같은 큰 대회를 위해서는 현지에서 최소 한두 달은 훈련을 해야 한다. 그런데 일 년 전부터 바르셀로나와 인근 지역에까지, 올림픽 특수로 훈련 캠프를 세울 곳이 없었다. 웬만한 훈련 장소는 세계 각국 선수들이 다 자리를 잡아 놓았기 때문에, 우리가 원하는 캠프는 얻을 수가 없었다. 올림픽 특수 때는 전 세계에서 모여든 임원, 감독, 선수만 2만 명 내외, 관광객은 평균 1,000만 명 이상이 몰려온다.

참고로, 지난번 우리 평창 동계올림픽의 경우 500만 명, 2012년 런던 올림픽에는 880만 명, 올림픽 기간 중, 영국을 다녀간 관광객은 1,750만 명이었다. 최근의 2024년 파리 올림픽 때는 1,120만 명이었다. 대체로 동계 올림픽에는 약 500만 명이, 하계 올림픽 때는 동계의 2배가 넘는 1,000만 명 이상이 모인다고 보면 된다.

우리 어려움을 알게 된 권 회장은 우리 마라톤 선수를 위해 마드리

드에 있는 자기 집을 송두리째 내놓았다. 권 회장 댁은 대저택으로, 3,000평 정도의 정원과 수영장까지 갖추고 있어서, 선수용 캠프로는 너무도 완벽하였다. 황 선수가 경기 당일 유난히 컨디션이 좋았던 것도, 권 회장 댁에서 훈련한 덕이 컸다고 생각한다. 특히 수영장을 이용한 덕이 컸을 거라는, 당시 정봉수 감독의 얘기를 들은 적이 있다.

뿐만 아니라, 선수용 자동차는 필수적인데, 자기의 세컨드 카를 내주면서, 큰아들을 전속 운전 요원으로 배치해 주었다. 그리고 매일 아침이면 선수 한 사람 당 근 1kg의 비싼 참치의 가장 좋은 부위를 제공했다. 나중에 안 사실이지만 참치는 지구력 발휘에도 특효라는 것이다. 우리 체육계는 아무런 대가 없이 자발적인 헌신을 한 분들을 잊어서는 안될 것이다.

또, 정봉수 감독을 빼놓을 수 없다. 정 감독은 원래 마라톤이 아닌 중거리 선수였다. 중거리에서도 무명의 선수였다. 그런 그가 선수 지도는 잘해서 황영조, 이봉주, 김완기 같은 당대 최고의 마라토너들을 키워냈다. 그의 별명은 독사— 별명대로 선수들을 극한으로 몰았다. 나도 여러 번 훈련 장소에 가서 훈련 실태를 보았는데, 정말 보기 딱할 정도로 훈련은 가열(苛烈)했다.

나중에 들은 얘기지만, 한번은 선수들을 얼마나 심하게 몰아붙였는지, 황영조 선수가 뛰다 말고 뒤따라 오는 감독을 향해 상스런 욕을 내 뱉었다.

"야! 이 새X야, 니가 뛰어라!"

훈련의 정도가 황영조도 정신이 나갈 정도였다는 증거다.

주위가 이런 분위기였기에, 마침내 올림픽 제패라는 위업이 달성된 것이다.

할배는 가끔, 세상에서 '진짜 실력 있는 사람은 어떤 사람일까' 하고 따져 볼 때가 있다. 앞서 소개한 코오롱의 이동찬, 스페인에서 성공한 권영호 회장 같은 분일 것이다. 즉, 기업을 창업해서 더 큰 기업으로 발전시키고, 사회적으로나 국가를 위해 공헌하고 있는 분들이라고 생각한다. 왜냐하면 다 그런 것은 아니지만, 대부분의 사람들은 큰돈 벌기를 원한다. 그런데 그 많은 사람들이 돈 벌겠다고 덤비지만, 성공하는 사람은 한둘에 불과하다. 그만큼 돈 버는 일은 어렵다는 얘기다. 그런데 기업을 크게 일으킨 분들은 무엇이 달라도 다르기 때문이다.

그럼, 무엇이 남과 다를까?

바로 실력이다. 정보력이 강하든, 남보다 부지런하든, 결단력이 뛰어나든— 무언가 다른 사람들과는 다르고, 남다른 그 역량에 운까지 따라 주는 사람들이다. 그러니까, 그 어려운 돈을 번다. 바로 실력이다. 그럼 진짜 실력자들에 대해 좀 알아볼까.

2. 진짜 실력자들

(1) 정주영 회장

　우리나라에서 제일가는 회사는 삼성, 현대, LG, SK 등이다. 그 가운데서도 일화를 제일 많이 남긴 분이 현대의 창업자 정주영 회장이다.
　70년대 우리 건설업이 중동에서 한참 날리던 때이다, 사우디아라비아에서 주비일 산업항 건설 당시, 정 회장은 다른 나라의 거의 반값에 입찰해서 주베일 항만 공사를 땄다. 그 당시 외국 업체들이 경악한 것은 천하의 현대라 하더라도 그 값으로는 도저히 공사를 할 수 없는 가격을 제시하였기 때문이다.
　그러나 정 회장은 계산이 다 있었다. 그야말로 정 회장만이 할 수 있는 발상으로 그 공사를 딴 것이다. 우선 정 회장은 시간과 비용을 절감하기 위해 모든 기자재를 울산조선소에서 제작했다. 시설물 조립을 국내 조선소에서 하게 되니까, 사우디 현지에서 하는 것보다 몇 배 편하고, 싸게 조립을 할 수 있었던 것이다.
　그러나 문제는 세계 최대의 태풍권인 필리핀 해안을 지나 동남아 해상, 인도양을 거쳐 걸프만까지 가야만 하는 험악한 항로를 어떻게 돌파하느냐에 있었다. 그런데 정 회장에겐 다 생각이 있었던 것이다. 수송 도중 태풍으로 허난 사고가 날 것에 대비해서 대형 파이프 자킷

이 해면에 떠 있도록 하는 공법을 강구했다. 자킷 설치 공사 착수와 함께 자킷을 연결하는 빔 제작도 설계대로 울산에서 제작했다. 수심 30m나 되는 곳에서 파도에 흔들리면서 중량 500톤 짜리 자킷을 한계 오차 5cm 이내로 정확히 20m 간격으로 심해에 설치한다는 것은 사실 불가능한 일이었다. 그러나 정 회장의 창조적인 발상과 그칠 줄 모르는 도전 의식은 가로 18m, 세로 20m, 높이 36m로 무게가 500톤이나 되는 자킷 89개를 울산에서 운반해 와, 5cm 이내의 오차로 완벽하게 설치한 것이다.

결국, 대형 바지선을 끌고, 위험한 대양 수송 작전이라는, 아무도 생각지 못할 모험을 시도했기에 이 공사는 현대가 딸 수 있었고, 또 정 회장의 도전 정신과 집념으로 산업항 공사 역사상, 최대의 공사를 성공시켜, 세계의 극찬을 받았다. 남이 생각 못하는 발상, 용기와 결단, 이런 것이 진짜 실력이다.

또, 88올림픽을 유치할 때의 얘기다.

한국과 일본이 올림픽 유치전을 벌일 때, 당시 한국이 유치에 성공할 것이라고는 아무도 생각하지 못했다. 하지만 올림픽 유치위원장이었던 정 회장은 현대의 해외 파견 직원들을 동원해 IOC 위원들에 대한 세밀한 신상 파악으로 성향을 분석하고, 경쟁 유치국의 활동 상황까지 치밀하게 분석했다.

그중 압권은 '꽃바구니 전략'이다. 정 회장은 한국의 IOC 관계자들의 반대에도 불구하고 꽃바구니 하나씩을 각국 IOC 위원 방에 넣어 주었다. 그 꽃바구니는 단순히 주문된 것이 아니라, 현대의 해외 파견 직원 부인들이 정성스럽게 하나하나 만든 것이었다. 꽃바구니의 반응은 의외로 대단했다. 대개 값비싼 선물이 통례였기 때문이다. 그 다음날 각국 IOC 위원들이 회의를 끝내고 로비에 모였다가, 한국 대표단을 보고 모두 반가워하며, 아름다운 꽃을 보내줘 감사하다는 진심

어린 인사를 전했다는 것이다.

한편, 일본은 최고급 일본 손목시계를 선물했는데, 별 반응이 없었던 점으로 미루어, 역시 값비싼 선물보다는 정성이 담긴 작은 선물이 감동을 더 주었던 것이다.

이 사건을 계기로 각국 IOC 위원들의 반응은 상당히 호의적으로 변했고, 그간 정주영과 현대 임원들이 펼친 유치 활동은 성과를 나타내기 시작했다.

결국 사마란치 IOC 위원장이 "쎄울 코리아"를 호명하면서 한국과 일본의 올림픽 유치전은 우리의 승리로 끝났다.

서산 간척지의 유조선 공법은 더 유명하다.

80년대 초, 정 회장은 바다를 메워 농지를 만드는 대규모 간척 사업을 시작했다. 서산 앞바다는 조수간만의 차가 너무 커 2톤 이상의 돌을 구입해 매립해야만 물막이가 가능한 곳이다.

이때 정 회장은 공사비 절감과 공기 단축 방안을 강구하다 대형 유조선으로 조수를 막으면 바윗덩어리 외에도 흙과 버럭 등 현장 근처에서 쉽게 구할 수 있는 재료로 물막이를 할 수 있다는 기발한 아이디어를 냈다.

정 회장은 '간척지 최종 물막이 공사는 인력으로는 감당하기 어려운 공사이므로, 밀물과 썰물 때의 빠른 물살을 막기 위해서는 폐유조선을 가라앉혀, 물줄기를 감속시킨 다음, 일시에 토사를 대량 투하하면 물막이 공사를 쉽게 할 수 있다'는 것이다. 그래서 유조선 공법에 대한 실행 가능성을 현대의 기술진이 면밀하게 분석했다. 성공 가능성이 높다고 판단되자 정 회장은 84년 2월 24일 직접 유조선에 올라 최종 물막이 공사를 진두지휘했다.

그래서 이 '유조선 공법'을 '정주영 공법'이라고도 부른다. 이 공법 덕분에 현대건설은 계획 공기 45개월을 35개월이나 단축, 9개월 만에 완공시켜, 총 공사비를 280억원이나 절감했다.
 이 사건은 이후 「뉴스위크」와 「뉴욕 타임즈」에 소개되기도 했다.

(2) 이건희 회장

 이번에는 삼성의 이건희 회장 일화를 소개하마.
 "국제화 시대에 변하지 않으면 영원히 2류나 2.5류가 되고, 지금처럼 잘해봐야 1.5류다. 나부터 바꾸자. 마누라와 자식만 빼고 다 바꿔라."
 1993년 6월, 해외 출장 중이던 고(故) 이건희 삼성전자 선 대회장은 독일 프랑크푸르트 캠핀스키 호텔로 삼성 임원 200여 명을 소집하고, 이른바 '신경영 선언'으로 알려진 불호령을 내린 것이다. 이후, 삼성은 대대적인 변화와 혁신을 통해 한국을 넘어 세계 시장을 선도하는 글로벌 기업으로 거듭났다. 무엇보다 우수한 품질로 경쟁력을 높여, 세계 일류 기업으로 도약하자는, 이 회장의 반성과 위기 의식이 성장의 밑거름이 된 것이다.
 삼성의 반도체나 휴대폰 등 1등 사업을 키운 저력은, 바로 '위기 의식'이었다.
 1942년 1월9일 경남 의령에서, 고 이병철 삼성 창업 회장의 3남으로 태어난 이 회장은, 1987년 11월 19일 별세한 선친의 뒤를 이어 그 해 12월 1일 삼성의 2대 회장으로 취임했다. 이후 그는 27년 간 회사를 이끌며 남다른 선구안과 투자를 바탕으로 위기를 기회로 만들어낸 입지전적인 인물로 평가받는다.
 대표적인 사례가 반도체 사업이다. 이 회장은 1974년 불모지나 다름없는 환경에서 반도체 사업에 도전장을 내밀었다. 자원이 없는 한국이 첨단 기술 분야의 경쟁력을 높이지 않으면 기술 식민지에서 벗어날 수 없다는 판단에서다.

1983년 이병철 선대 회장의 반도체 본격 투자 선언(도쿄선언)에도 불구하고 반응은 부정적이었다. 내부에서도 반대가 심했고 일본 미쓰비시연구소는 '삼성이 반도체를 할 수 없는 다섯 가지 이유'라는 보고서까지 내면서 삼성전자의 반도체 사업은 결국 실패할 것이라고 평가했다.

하지만 이 회장은 뚝심으로 투자를 밀어붙였고, 끊임없는 기술 개발과 과감한 투자를 단행했다. 그 결과 삼성전자는 1984년 64M D램을 개발하고, 1992년 이후로는 줄곧 세계 메모리 시장 왕좌를 지켜오고 있다. 2023년 말 기준 삼성전자의 D램 점유율은 45.5%, 낸드플래시 점유율은 34.3%로 세계 1위이다.

'애니콜 화형식' 역시 위기를 기회로 만든 일화로 꼽힌다. 당시 삼성전자가 선보였던 휴대폰 '애니콜' 초기 제품의 불량률이 11.8%에 달하자, 이건희 선대 회장은 임직원 2,000여 명을 구미사업장 운동장으로 소집해 15만 대의 휴대폰을 임직원들이 보는 앞에서 불태웠다.

'휴대폰 화형식'은 삼성전자의 '품질경영' DNA를 각인시키는 계기이자 애니콜에서부터 스마트폰인 갤럭시에 이르기까지 삼성전자 모바일 신화를 쓰는 초석이 됐다. 2023년 말 기준 삼성전자의 스마트폰 시장 점유율은 19%로 세계 1위를 달리고 있고, 폴더블폰, AI 스마트폰 등을 업계 최초로 출시하며 새로운 변화를 선도하고 있다.

신경영 선언 직전까진 D램과 메모리 반도체 2개 분야에서만 세계 1위 제품을 갖고 있었던 삼성은 현재 TV, 모니터, 반도체용 기판 등 다양한 분야에서 세계 1위 품목을 보유하고 있다.

삼성의 외형과 가치도 크게 늘었다. 이 회장 취임 당시 10조원이던 매출은 2022년 400조 원 시대를 열며 초일류 기업으로 우뚝 섰다.

삼성전자의 브랜드 가치도 올해 첫 1,000억 달러를 돌파하며 세계 5위를 지키고 있다.

근본적 혁신을 강조하는 이 회장의 유지는 지금까지도 이어져, 삼성이 글로벌 기업으로 거듭난 상황에서도 위기의식과 끊임없는 혁신을 주문하고 있다.

2002년 4월에는 전자계열사 사장단 회의를 주재한 자리에서 '마하경영' 이론을 꺼냈다. 당시 이 회장은 "제트기가 음속의 두 배로 날려면 재료공학, 기초물리, 화학 등 비행기를 제조하는 모든 엔지니어링이 바뀌어야 한다"며 "마하로 진입하기 위해 전체 소재를 바꿔야 하듯 이제 사고 방식 자체를 바꾸지 않으면 선발에 차이고, 후발에 쫓기는 신세가 될 것"이라고 언급했다. 삼성이 무한경쟁 시대의 위기 속에서 글로벌 초일류 기업이 되려면 체질과 구조를 근본적으로 바꿔야 한다는 의미다.

심근경색으로 쓰러지기 몇 개월 전인 2013년 10월 '신경영 20주년' 만찬에서도 이 회장은 "앞으로 우리는 자만하지 말고 위기의식으로 재무장해야 한다"며 "실패를 두려워하지 않는 도전과 혁신, 자율과 창의가 살아 숨 쉬는 창조 경영을 완성해야 한다"고 거듭 당부하였다.

이 회장은 2020년 10월 25일 향년 78세를 일기로 별세했다. 하지만 고인이 생전 중시하던 국가 경제 기여, 인간 존중, 기부 문화 확산 등의 가치는 여전히 이어지고 있다.

삼성은 여전히 국내 1위 기업으로서 세계적 경기 침체 장기화 속에서도, 경제 회복을 위한 기업의 책임을 강화하는 것은 물론, 사회 약자를 지원하는 사회 공헌에도 기여하고 있다.

또, 한국 미술계 발전을 위해 이 선대 회장이 평생 모은 문화재, 미술품 2만 3,000여 점을 국가기관에 기증했고, 감염병 극복 지원과 소아암 희귀 질환 지원 등, 의료 공헌에도 1조원을 기부하여, 3대 기증

사업은 'KH 3대 유산'으로 남아 재계와 사회에 귀감이 되고 있다.

지금까지, 우리의 전설적인 인물들의 실화에서 보았듯이, 그분들은 기지가 있고, 결단력이 있으면서 운까지 따라준 분들이다. 진짜 한국의 실력자들이다.

그럼 외국의 경우는 어떤가? 몇 가지 사례를 보자.

(3) 헨리 포드

'자동차왕' 헨리 포드(Henry Ford)는 어려서부터 기계에 대한 관심이 남달랐다. 그런 그에게 마차의 느린 속도 때문에 그에게 상처를 준 사건이 발생했다. 바로 자기를 가장 사랑해 주던 어머니의 죽음이었다.

열세 살이던 1876년에 어머니가 돌아가셨는데, 그때 멀리 떨어진 곳에서 느려터진 마차를 타고 오느라 어머니의 임종을 지키지 못한 것이 한이 되었다.

아버지는 포드가 농장 일을 맡아 주기를 바랬으나, 포드는 마차보다 빠른, '말(馬)이 없는 마차'를 만들겠다는 생각이 머리를 떠나지 않았다. 그래서 농장 일보다는 여러 곳의 기계 관련 공장을 돌아다녔다. 그러다 전기에 대한 지식이 필요하다고 생각한 그는 1891년 9월 토머스 에디슨이 설립한 디트로이트의 에디슨 전기 회사에 취직하여, 1893년에는 수석 엔지니어로 승진한다. 에디슨의 신임으로 그는 1896년 자동차 설계를 시작하여, 1988년 드디어 가솔린 엔진을 장착한 '말이 없는 마차'를 만들게 된다.

포드는 1903년 동업자들과 함께 포드 자동차 회사를 설립하고,

1908년에는 역사적인 '모델 T'를 출시했다. 모델 T는 저렴한 가격과 뛰어난 내구성으로 큰 인기를 얻으며 자동차 대중화 시대를 열었다.

포드는 혁신적인 조립 라인 생산 방식인 컨베이어 벨트를 이용한 조립 라인 시스템을 공장에 도입하였다(1913년). 이는 생산 효율성을 극대화하여 자동차 생산 시간을 획기적으로 단축시켰고, 결과적으로 제품 단가를 낮춰 더 많은 사람들이 자동차를 소유할 수 있게 했다. 조립 시간을 대당 12시간에서 93분으로 줄였고, 이는 가격 인하로 이어져, 처음 950달러였던 가격은 19년의 생산 기간을 거치면서 개발에 개발을 거듭, 280달러까지 코스트를 낮췄다.

이러한 생산 방식은 '포드 시스템(Ford System)'으로 불리며 현대 산업 생산의 기초가 되었다.

또한, 그는 당시로서는 파격적인 일당 5달러 정책을 도입했다. 일당 5달러 정책(1914년)은 당시 노동자들의 구매력을 높여, 자신의 회사에서 만든 자동차를 구매할 수 있게 하여, 대량 생산과 대량 소비의 선순환 구조를 만들었다. 이 정책은 중산층 형성에도 기여했다는 평가를 받는다.

이로써, 포드는 "자동차는 더 이상 상류층만을 위한 고급품이 아니다"라는 신념으로 누구나 살 수 있는 저렴한 자동차를 만들어 자동차의 대중화를 실현하였다. 자동차는 이제 사치품이 아닌 생활필수품이 되었고, 이는 교통과 사회 전반에 혁명적인 변화를 가져왔다.

헨리 포드는 기계에 대한 깊은 관심과 혁신적인 비전을 가진 인물로, 오늘날 우리가 살고 있는 현대 산업 사회의 모습을 만드는 데 기여했다.

(4) 헨리 릴랜드

10대 시절, 남북전쟁을 경험한 릴랜드는 전쟁이 끝난 뒤, 전쟁 당시에 병기창에서 일한 경험을 바탕으로 콜트 무기 회사에 입사하여 7년을 일했다. 그 덕에 콜트의 성공 비결 중 하나인 '호환 가능한 부품의 표준화' 개념과 그 방법을 배우게 된다. 이후 그는 전 세계에서 가장 큰 공작 기계 회사인 브라운 앤드 샤프라는 회사로 이직하여 20년 가까이 근무하며, 꾸준히 높은 성과를 냈다. 그 덕에 젊은 나이부터 업계의 유명 인사가 되어 많은 회사들의 자문 업무를 수행하는 엔지니어가 되었다.

릴랜드는 1902년에 캐딜락 자동차 회사를 설립했다. 캐딜락은 릴랜드의 엄격한 품질 기준과 정밀 제조 기술 덕분에 고급 자동차의 대명사가 되었다. 그는 1903년에 첫 번째 캐딜락 모델인 모델 A를 성공적으로 선보였다.

그는 부품의 호환성을 자동차 제조에 적용하여 생산 효율성을 높이고 수리 용이성을 개선하는 데 기여했다. 이는 자동차 산업의 표준을 정립하는 데 중요한 역할을 한 것이다.

그는 찰스 케터링(Charles Kettering)과 협력하여 전기 시동 장치를 개발하여 자동차에 도입했다. 이로써 수동 크랭크 시동의 불편함과 위험을 없애는 동시, 운전의 편리성을 크게 향상시켰다. 그는 자동차용 V-8 엔진 개발에도 기여했다.

그는 1917년에 캐딜락을 제너럴 모터스에 매각한 후, 아들 윌프레드(Wilfred)와 함께 링컨 모터 컴퍼니를 설립했다. 처음에는 제1차 세계대전 중, 항공기 엔진을 생산했으며, 전쟁 후에는 고급 자동차를 생산하는 회사로 전환했다. 링컨은 후에 헨리 포드의 포드 자동차 회사에 인수되었다.

릴랜드는 '디트로이트의 위대한 노인(Grand Old Man of Detroit)'

이라는 별명을 얻을 정도로 자동차 산업에서 존경받는 인물이었다. 그의 정밀성과 품질에 대한 집착은 자동차 산업의 발전에 큰 영향을 미쳤다.

(5) 람보르기니와 페라리

슈퍼카의 양대 라이벌, 람보르기니와 페라리 실화다.

트랙터 제조업으로 많은 돈을 번 페루치오 람보르기니(Ferruccio Lamborghini)는 고급차를 여러 대 몰고 다녔는데, 이 중 페라리 250 GT가 있었다. 차 자체는 괜찮았으나 너무 시끄럽고 거칠어 트랙이 아닌 일반 도로나 비포장도로에서는 운행이 거의 불가능하고, 클러치가 계속 오작동하였다. 페루치오는 원인을 알아내고자 차를 분해한 끝에 람보르기니에서 생산하던 트랙터와 페라리에 사용한 클러치가 같은 제품이라는 사실을 발견한다.

페루치오는 자신이 발견한 클러치의 문제점을 지적하고자 엔초 페라리(Enzo A. Ferrari)를 찾아갔다. 페라리 본사에서 몇 시간을 기다린 끝에 마침내 엔초를 만날 수 있었다. 당시 모터스포츠에서 연승을 거두어 자만하던 엔초는 웬 촌티 나는 시골 사업가가 자기 차의 결함을 지적하기 위해 온 것을 보고는 그의 면전에 대고 비아냥대었다.

"You know how to drive tractors. But you'll never learn how to drive a real Ferrari."

(트랙터는 잘 모는 모양이군. 근데 진짜 페라리는 평생 배워도 제대로 몰지도 못할 걸세.)

자신이 좋아하는 자동차 브랜드의 회장이 자기 면전에 대놓고 운전도 못하는 촌놈 취급을 하자 페루치오는 격분하여, '내가 제대로 된

스포츠카를 만들어 보여주겠다'고 복수를 다짐한다.

이후 페루치오는 1963년, 볼로냐에서 25km 정도 떨어진 곳에 자동차 공장을 설립하고, 마세라티나 알파 로메오 등, 그 당시 이탈리아에서 유명한 자동차 제조업체의 엔지니어들과 디자이너들을 영입해서 페라리에 대한 복수를 시작한다. 이때 람보르기니의 제1의 사칙(社則)이 정해지는데, 그것이 바로 '무조건 페라리보다 빠른 자동차'였다.

첫 모델인 350 GT가 1964년에 출시되었다. 회사 창립 겨우 1년 만에 페라리를 앞지른 자동차를 생산한 것이다. 2년 뒤인 1966년에는 공공도로에서 주행할 수 있는 자동차로, 최초로 미드십 엔진 샤시를 채택한 람보르기니 미우라를 출시했다. 미드십 엔진이란 엔진 등 무게가 많이 나가는 부품을 앞뒤 차축 중앙에 배치하여 차량의 운동성능을 향상시킨 것을 말한다. 무게 중심을 한가운데로 배치했기 때문에 고속에서의 빠른 코너링, 급발진, 급가속, 가벼운 핸들링 등이 가능하다. 미우라 역시 그 당시 세계에서 가장 빠른 자동차였으며, 페라리 역시 미우라에 사용된 미드십 엔진 샤시를 따라 하기도 했다.

페루치오가 기업 운영에서 손을 뗀 후, 람보르기니는 소유주가 몇 차례 바뀌다가, 1987년에 크라이슬러에 인수되고, 1999년부터는 폭스바겐의 자회사로 들어갔다.

이런 사람들이 실력자다. 꿈도 있고, 집념도 있고, 결단력도 있다. 최초의 대량 생산 시스템을 창안한 포드, 세계 최고의 명차 페라리를 능가하는 차를 만들겠다는 집념 등 근성도, 기술도 있고, 운도 따라줬다는 얘기다. 그야말로 실력자다.

(6) 워렌 버핏

세계 제일의 부자의 한 사람인 워렌 버핏(Warren E. Buffett)은 미국의 대표적인 투자자이자 기업가로, 흔히 '오마하의 현인'이라 불린다.

1930년 미국 네브래스카주 오마하에서 태어났다. 그의 아버지 하워드 버핏은 주식 중개인이자 후에 연방 하원의원을 지낸 정치인이었고, 어머니 레일라는 가정주부였다. 그는 어릴 적부터 숫자와 돈에 관심이 많아 놀랍게도 그는 6살 때 껌과 콜라를 사서 이웃에게 되팔며 첫 장사를 시작했다. 7살 때, 도서관에서 『1,000달러를 버는 1,000가지 방법』이라는 책을 읽고 큰 영감을 받았다. 11살 때는 누나와 함께 생애 첫 주식(시티즈 서비스 우선주)을 매수하며 투자에 입문하였고, 이때의 경험으로 장기투자의 중요성을 깨닫게 되었다는 것이다. 10대에 신문 배달, 핀볼 기계 대여 사업, 농지 투자 등 다양한 사업을 통해 고등학교 졸업 전까지 5,000달러 이상을 벌었다.

1951년, 컬럼비아대 경영대학원에서 경제학 석사학위를 취득하며, '가치투자의 아버지' 벤저민 그레이엄(Benjamin Graham)을 만나 그의 투자 철학을 배운다. "내재가치보다 싸게 사라"는 원칙은 버핏의 투자 인생을 관통하는 핵심이 되었다. 그는 단기 시세보다 기업의 본질에 집중했고, 이 철학은 지금도 수많은 투자자들의 나침반이 되고 있다.

그의 전설의 시작은 일찍이 1965년, 방직 회사였던 버크셔 해서웨이를 인수해 투자 지주 회사로 탈바꿈시키는 데서 시작된다. 이후 코카콜라, 아메리칸 익스프레스, 애플 등 이해하기 쉬운 비즈니스에 장기 투자하며 엄청난 수익을 올려, 2025년 현재 그의 자산은 약 1,540억 달러로 세계 4위 부자에 올라 있다.

그의 재산 규모는 2025년 기준으로 약 1,180억~1,800억 달러(한화 약 162조~243조 원)로 추정된다. 그는 여전히 버크셔 해서웨이의 클래스 A 주식 약 21만 6천 주를 보유하고 있으며, 이는 회사 전체 지분의 약 15%에 해당한다. 버핏은 단순히 부자일 뿐 아니라, 그 브를 어떻게 사용할 것인가어 대한 철학까지 있다는 게 위대하다.

그는 자신의 재산 99% 이상을 사회에 환원하겠다고 선언했고, 2006년부터 지금까지 약 500억 달러 이상을 자선 단체에 기부하였다.

"부는 사회로부터 얻은 것이므로, 사회에 환원하는 것은 당연한 의무"라고 믿는 그의 철학은 Giving Pledge 운동을 전개하여 2010년, 빌 게이츠와 함께 전 세계 억만장자들에게 재산의 절반 이상을 기부하자고 제안하는 등, 그의 철학을 실천하고 있다. 또, 자녀들에게 유산을 남기기보다, 명예와 책임을 물려주는 것이 더 중요하다고 고집한다. 그래서 자녀들이 운영하는 재단에 기부금을 분산해, 그들이 사회적 가치를 실현하도록 유도하고 있다.

그의 명언 중엔 "사랑받고 있는 사람 중 자신이 실패했다고 생각하는 이는 없다. 동시에 사랑받지 못하면서 성공했다고 생각하는 사람도 없다."는 게 있다. 이 말은 그가 단순히 돈을 버는 법이 아니라, 어떻게 살아야 하는가어 대한 통찰도 함께 보여 준다고 하겠다.

그는 독서와 지식 축적을 중히 여긴다. 하루의 80%를 독서에 할애하며, "지식은 복리처럼 쌓인다"고 강조한다. 그는 "벤 그레이엄의 글을 10시간 읽는 것이 1,000시간의 실전보다 낫다"고 말할 정도로 지적 투자를 중시한다.

그는 또 교수들과의 교류, 전문가들의 글을 읽는 것만으로도 지적 수준이 급격히 향상될 수 있다고 강조한다. 또한 "5학년 수준의 산수로도 투자는 충분하다. 중요한 건 수학이 아니라 사고방식이다."라고 사람이 사는 의미와 철학을 강조하고 있다.

요컨대, 버핏의 실력의 핵심은 지식과 겸손, 성찰과 반복, 세상을 이롭게 하려는 철학과 선행이다.

"누구나 오늘 나무를 심을 수는 없다. 하지만 매일 물은 줄 수 있다."라고 했다는데, 이는 곧, 반복을 거듭하는 공부, 관찰, 정리하고 기록하는 습관— 이는 곧 이치로나 오타니의 일상화 원칙과도 일맥상통 한다는 것을 알 수 있다.

3. 실력은 격려와 실패의 교훈으로 키운다

(1) 꾸중보다는 격려를

넉넉지 못한 살림을 꾸려가는 어느 엄마는 오늘도 땀을 흘리며, 부엌에서 부지런히 가마솥의 조청을 젓는다. 엄마는 지금 엿을 굽고 있다. 그러나 머릿속은 여전히 어제 선반 위에 올려놓았던 없어진 엿가락으로 복잡했다.

방에는 열한 살 난 아들밖에 없는데, 그 아들은 앉은뱅이라서 손을 뻗쳐봐야 겨우 문고리를 잡을 정도이니, 아들 소행은 아니라고 믿은 것이다.

엄마는 가난한 집에 시집을 왔는데 아버지란 사람은 아들 하나만 남기고 세상을 떠났다. 그런데 그 아들이란 게 세 살이 되도록 일어설 줄 모른다. 엄마는 앉은뱅이 아들을 고친다고 용하다는 의원은 찾아다니며 별 약을 다 써봤지만, 밭 마지기마저 날리고, 엄마는 엿장수를 시작한 것이다.

엄마는 깨엿을 만들어 머리에 이고, 집집마다 들러 엽전도 받고, 곡식도 받아 하루하루 살아가는 처지였다. 그러나 하나밖에 없는 아들은 어찌나 똑똑한지, 여섯 살에 서당에 보냈더니 두 달 만에 천자문을 떼고, 소학을 석 달 만에 뗐다. 엄마는 살림이 바빠, 아들을 서당에 더는 데려다 줄 수가 없었다. 할 수 없이 집에서 독학이라도 시키려고 사서를 사다 주었더니, 그 학문이 일취월장하여 동네에 소문까지 날 정도였다.

그런데 요즘 엿가락이 없어지는 숫자가 너무 심해, 이제는 누구 짓인가를 알고 싶었다. 하루는 날을 잡아 누구 짓인가를 알아보려고 아들에겐 장에 간다고 말하곤, 몰래 부엌으로 들어가 문구멍으로 안방을 살폈다.

그런데, 이럴 수가! 앉은뱅이 아들이 실에 묶인 사슴벌레를 꺼내 벽에 붙이자, 단 냄새를 맡은 벌레는 엉금엉금 기어 올라가 엿가락을 잡자 아들이 실을 당겨 엿을 챙기는 게 아닌가!

그때, 엄마는 방문을 열고 들어가 "우리 아들 재주 좀 봐라. 정승 판서감이로다!" 하고 소리쳤다. 놀란 아들은 거품을 물고 자지러졌다.

그날의 충격으로 얼마 안 있어 아들은 성큼성큼 걷기 시작하고, 몇 년 후에는 장원급제까지 해, 판서가 되었다.

만일 그때, 엄마가 "야, 이 도둑놈아!" 하고 소리를 질렀다면, 또 야단이라도 쳤다면, 똑똑한 머리로 나쁜 사람이 되었을 것이다.

자식은 욕먹을 짓을 해도, 덕담으로 욕을 해야 한다는 교훈이다.

(2) 실패는 성공의 어머니

"실패는 성공의 어머니"란 말이 있듯, 실력을 쌓기 위해서도 실패는 해 보아야 한다. 실패로 참담한 고통을 겪을 때 사람은 성장한다. 그래서 자동차왕 헨리 포드는 "기회는 사람들이 실패라고 부르는 곳에서 태어난다."라고 했을 것이다.

이런 교훈은 사람만이 아니라, 식물의 경우에도 적용된다는 놀라운 실화가 있다.

호주 시드니에 사는 교포 한 분이 고국의 개나리꽃이 너무 좋아, 고국을 다녀가는 길에 개나리 가지를 꺾어 시드니 자기 마당에 심었다. 나무는 무성하게 잘 자랐는데, 이듬해 봄이 되어도 꽃이 안 핀다. 비옥한 땅에, 맑은 공기에, 부족한 것이라곤 없는데도, 고국에서보다 나무는 무성했지만, 꽃은 끝내 피지 않더라는 것이다.

이유는 시드니는 일 년 사철 따듯한 날씨가 계속되어, 혹독한 겨울이 없기 때문에 꽃을 안 피운다는 것이다. 이런 현상을 '춘화현상'이라고 한다나? 정말 놀라운 얘기가 아니냐!

1960년, 로마 올림픽 때의 얘기다.

미국의 윌마 루돌프(Wilma G. Rudolph)라는 선수는 올림픽 여자 100m, 200m, 그리고 400m 경기, 세 종목에서 금메달을 딴 선수다. 윌마는 태어나서 네 살 되던 해에, 폐렴에 걸려 다리에 마비가 와서 걸을 수 없게 되었다.

윌마의 어머니는 윌마를 데리고 매일 한 걸음씩, 걷기 훈련을 시작했다. 7년 뒤인 열한 살 때 목발 없이 걸을 수 있게 되었고, 고등학교에서는 농구부에서 활동을 시작했다.

그 뒤로 육상부에서 본격적으로 육상을 시작, 세계 육상의 최고 선수가 되었다. 로마 올림픽 3관왕이 된 다음, 기자와의 인터뷰에서 자신의 성공 비결은 "어머니의 한 걸음만 더"라는 정성과 격려 덕분이라고 했다. 그러니까 걷지도 못하던 소녀가 어머니의 사랑과 격려 덕으로 올림픽 육상 3관왕이 된 것이다.

윌마의 걷지도 못하는 고난이 없었다면, 어머니의 사랑과 격려가 없었다면, 올림픽 3관왕의 영광은 결코 있을 수 없는 기적이었을 것이다.

미국의 프랭클린 루즈벨트 대통령은 어려서 앓은 소아마비로, 신체 장애자가 되었다. 그러나 그의 부인 엘레나 여사의 격려와 헌신으로 신체적 약점을 극복하고, 대통령에 도전하였고, 역사상 유례없는, 네 번이나 대통령에 당선되어, 위대한 업적을 남긴 대통령이 되었다.

그는 1930년대 미국의 경제 공황을 극복하는 데 기여하였고, 세계 2차 대전을 승리로 이끌었다.

2021년 말 과학기술정보통신부와 한국과학기술한림원은 '2021년 한국과학상' 수상자로 소아마비 장애를 딛고 세계적 수학자 반열에 오른 김인강 고등과학원 교수를 선정했다.

김 교수는 40여 년간 세계 수학계의 난제로 남아 있던 '윌리엄 서스턴(William P. Thurston)의 가설'을 해결하는 등 기하학과 위상수학 분야 연구를 선도하여 세계 수학 발전에 기여해 왔다.

그가 수학계에 기여한 정도를 볼 때 '수학계의 노벨상'이라고 불리는 필즈상(Fields Medal) 상을 타고도 남았는데, 나이 때문에 수상을 못 했으리라 할배는 생각한다. 필즈상은 40세 미만의 젊은 수학자에게 주는 상이기 때문이다. 그러나 2022년에 고등과학원 석좌교수인 한국계 허준이 교수가 대수기하학적 방법을 이용하여 로타 추측 등 여러 난제를 증명한 공로로 필즈상을 수상한다.

그런데 천재적인 김인강 교수도 11살이 되어서야 처음으로 정규 교육을 받기 시작했다. 김 교수는 두 살 때 소아마비에 걸려, 걷지 못하는 정도가 아니라 아예 일어서지도 못하는 앉은뱅이가 되었다. 어려서 그는 비료 부대 위에 엎드려 한 손으로는 땅을 짚고 다른 한 손으로는 부대를 잡아끌며 흙바닥 위를 다녀야 했을 정도다.

그런 그는 11살 때 비로소 재활원에 들어가 정규 교육을 받게 되고, 헌신적인 선생님을 만나 일반계 중, 고등학교로 진학하여 서울대 수학과에 차석으로 입학한다. 그런데 대학교 3학년 초, 목발을 짚고 무거운 가방을 궨 채 너무 많이 걷다 보니 갈비뼈와 폐가 부딪쳐 폐에 큰 구멍이 나 갈비뼈 사이를 벌려 폐를 수술했다. 수술은 죽고 싶을 만큼 아픈 고통이었다.

두 계절을 지낸 후에야 겨우 바깥세상을 구경했을 정도로 힘든 재활 시간을 보냈다. 그런데, 불과 몇 주 후 반대편 폐에 똑같은 증상이 나타났다. 그러나 신앙심으로 이 고난을 극복하고 대학 전 과정을 마친다. 졸업 성적은 서울대 전체 차석. 졸업 후 전액 장학생으로 미국 UC버클리대에 진학해 박사학위를 얻는다. KAIST와 서울대 수학과 교수로 11년간 후학을 가르친 뒤, 2008년부터는 KAIST 부설 고등과학원 교수로 재직하고 있다.

김 교수가 고난이나 극심한 신체적 불행에도 불구하고 본인의 노력과 마음먹기 따라서 위대한 성취를 이룬 사례는 우리에게 큰 교훈을 준다.

나의 천사들아,
실패가 성공의 어머니이듯, 초년의 고난이나 난관은 영광의 초석이라는 걸 유념하자. 고난은 피하지 말자. 분연히 일어나 고난에 맞서는 용기와 결단력을 항상 준비하고 있자.

얼마 전, 나이 70에 내한한 남아공의 세계적 전방위 예술가 윌리엄 켄트리지(William Kentridge)는 "나는 배우로도 실패하고, 영화감독이 되려다가도 실패했다. 하지만 모든 사람들은 실패를 통해서 구원받는다." 예술의 대가가 만년이 되어 소감을 얘기한 것이다. 늙은이들의 소감은 귀담아 들어야 한다.

우리나라 로켓의 아버지로 불리는 이경서 박사는 "나는 실패를 해보았기에, 성공할 수 있었다."라고, 실패를 높이 평가하였다. 일본의 3대 자동차 메이커의 창업주인 혼다 소이치로 역시 똑같은 말을 하고 있다. 즉, "나의 성공은 되풀이 되는 실패와, 그 실패에 대한 반성을 통해서만 가능했다."

애들아, 일할 때는 절대로 실패를 두려워 말라. 실패는 곧 성공으로 가는 지름길이다.

(3) 신실(信實)한 기도

실력은 역량과 운이 합쳐져야 몸에 지닐 수 있는 '힘'이다. 역량이 있다고 다 실력자가 되는 것은 아니며, 운이 따라 줘야 비로소 실력자가 된다고 하였다. 문제는 운인데, 운이야 말로 우리가 어떻게 할 수 없는 영역의 속성이다. 앞서도 말했듯, 모르긴 해도 할배는 운이 오게 하는 방법은 있다고 믿고 있다. 그것은 기도라고 하였다. 그런데 기도는 믿음이 뒷받침 안 되면 사상누각(沙上樓閣)이다. 사상누각이란 '모래 위의 집'이란 뜻이다. 주님에 대한 굳센 믿음, 그런 믿음이 뒷받침 되지 않은 기도는 공염불이다. 효험이 없다는 말이다. 하느님의 응답도 없다.

진짜 실력자가 되고 싶으면 믿어라. 주님이 옆에 계시다는 굳센 믿음이다.

『성경』에 보면 골리앗과 다윗 얘기가 있다.(가무엘 상 17)

필리스티아 사람들이 전쟁을 일으키려고 유다의 소코에 집결하였다. 사울도 이스라엘 군을 모아 엘라 골짜기에 진을 쳤다.

필리스티아 진영에서 골리앗이라는 투사가 나타났는데, 키가 3미터에 달하고, 청동 투구와 무거운 갑옷을 입고 무서운 창을 들고 나왔다. 그리고 이스라엘 전선에 대고 "너흰 어쩌자고 나와 싸우려 하느냐? 너희 중, 하나를 뽑아서 나에게 보내라. 만일 그 자가 나를 죽이면 우리가 너희 종이 되겠다. 그러나 내가 이겨서 그 자를 죽이면 너희가 우리 종이 되어 우리를 섬겨야 한다." 사울과 이스라엘 군은 그 말을 듣고 무서워 어쩔 줄 몰랐다.

이때, 이사이라고 불리는 유다 베들레헴 출신 에프랏 사람의 아들 다윗이 나왔다. 이사이는 아들이 여덟이었는데, 다윗은 막내였다. 위로 세 아들은 전쟁에 나와 있었고, 다윗은 사울이 있는 곳과 베들레헴 사이를 오가며 아버지의 양떼를 키웠다.

필리스티아인들이 싸움을 걸어온 지 사십 일이 되었다. 이사이가 아들 다윗에게 일렀다. "싸움터에 나가 있는 형들이 잘 있는지 알아보고, 이 빵을 형들에게 갖다 주라." 다윗은 이튿날 일찍 일어나 짐을 싸들고 떠났다.

진영에 도착해 다윗은 형들을 만나 말을 나눴다. 이때, 골리앗이 다시 나타나 전과 똑같은 말을 하였다. 이스라엘 군사들은 그 사람을 보고 모두 도망을 쳤다. 그러나 다윗은 말했다. "할례도 받지 않은 저 필리스티아인이 누구이기에 살아 있는 하느님의 전열을 모욕한단 말입니까?" 그 말이 퍼져 나가 사울이 다윗을 불렀다.

다윗은 사울 앞에서 이렇게 말했다. "임금님 종인 제가 나가서 저 자와 싸우겠습니다." 그러자 사울은 말했다. "안 된다. 너는 아직 소년이 아니냐?" 그러자, 다윗은 "저는 아버지의 양을 쳐 왔습니다. 사자나 곰이 양 새끼를 물어가면, 저는 뒤쫓아가 그것을 죽이고, 그 아가리에서 새끼 양을 빼내곤 하였습니다. 저는 저 필리스티아인을 짐승처럼 만들겠습니다." 그리고 다윗은 말을 지속했다. "저 사람은 하느님을 모독했습니다. 사자의 발톱과 곰의 발톱에서 새끼 양을 빼내 주신 주님께서, 필리스티아 인에게서도 저를 빼내 주실 것입니다." 그제야 사울은 다윗의 출동을 허락하였다. "그러면 가라, 주님께서 너와 함께 계시기를 빈다."

다윗은 내려 준 이스라엘 갑옷과 무장을 도두 사양하였다. 그것은 너무 무거워 걸을 수도 없었기 때문이다. 그리고는 다윗은 자기 막대기를 들고 개울가에 가서 매끄러운 돌 다섯 개를 골랐다. 다음, 손에 무릿매 끈을 들고 골리앗에게 다가갔다.

골리앗이 다윗을 보니 얼굴이 불그레한 소년이라 업신여기며 "네가 막대를 들고 내게 오다니 내가 개냐? 오늘 너의 몸을 하늘의 새와 들짐승에게 주겠다." 그러자 다윗이 골리앗에게 말하였다. "너는 칼과 창을 들고 나왔지만, 나는 네가 모욕한 이스라엘의 하느님이신 만군의 주님 이름으로 나왔다. 오늘 주님께서 너를 내손에 넘겨주실 것이다. 나야말로 너를 쳐서 머리를 떨어뜨리고, 너희 진영의 시체들을 하늘의 새와 들짐승에게 넘겨주겠다. 그리하여 하느님께서 이스라엘에 계시다는 것을 온 세상이 알게 하겠다. 또한 주님께서는 창이나 칼로 세상을 구원하시지 않는다는 사실을 여기 모인 온 무리가 알도록 하겠다."

화가 난 골리앗이 다가오자 다윗도 달려갔다. 그리고 주머니에서 돌 하나를 꺼내 손을 돌려 무릿매질을 하여 골리앗의 이마를 맞혔다. 돌이 이마에 박히자 골리앗은 땅바닥에 얼굴을 쳐박고 쓰러졌다. 다윗은 달려가 골리앗을 밟고, 그의 칼집에서 칼을 뽑아 그를 죽이고, 목을 베었다. 골리앗이 쓰러진 것을 본 필리스티아인들은 정신없이 달아났다. 이 광경을 처음부터 지켜본 이스라엘 군사들은 함성을 지르며 적을 쫓았다. 필리스티아인들이 수없이 죽었다.

이스라엘 장수 아브네루가 다윗을 데리고 사울에게 갔다. 사울이 다윗에게 물었다. "너는 누구의 아들인가?"라고 묻자 다윗은 "저는 베들레헴 사람, 이사이의 아들입니다." 사울은 다윗에 이끌려 그를 사랑하였다. 사울은 자기 군복과 칼과 활, 허리띠까지 주었다. 다윗은 가는 곳마다 승리하여, 사울은 다윗에게 군인들을 통솔하는 직책을 맡겼다.

참으로 놀라운 얘기다. 무서운 얘기다. 홍안의 소년이 천하장사를 물리치다니!

 체력으로 치면 다윗 같은 소년은 100명이 덤벼도 골리앗을 이기기 어렵다. 그런데 다윗 혼자서 거인을 쓰러트렸다. 이게 실력이다. 진짜 실력이다. 무서운 실력이다.

 그럼, 이 무서운 실력이 어디서 나왔나? 하느님이다. 하느님이 다윗 옆에 계셨기 때문이다. 다윗은 주님을 굳게 믿고 있었기 때문이다.

 나의 천사들아,

 너희도 다윗을 배으라. 다윗 같은 실력자가 되려면 주님을 믿으라. 굳세게 믿으라.

4. 지혜는 기본이다

(1) 지혜

 실력의 기본은 역시 지혜이다. 사람이 역량을 쌓으려면, 알아야 하고, 노력하고, 정성을 들이고, 꾸준해야 하는 것은 말할 것도 없다. 그런데 지혜로운 사람은 이런 여러 과정을 가장 효과적으로 할 줄 아는 사람이다. 그러니까 지혜로운 사람은 '하나'를 해도 남들이 '열'을 하는 성과를 거두기 때문이다. 그러니까 효과적으로 역량을 쌓으려면 지혜를 터득해야 한다. 이렇게 해서 얻은 역량에 운까지 더해주면 진짜 실력자가 되는 것이다.
 그래서 불교에서는 여러 가지 덕목 중에서도 지혜를 매우 중시한다.
 여기 불교 설화를 하나 소개하마.
 그 옛날 보살(부처님의 전생 수행자)은 땅이 많은 한 지주의 집에 태어나 수자타 동자(童子)라고 불렸다. 그가 성년이 되었을 때 할아버지가 돌아가셨다. 그의 아버지는 부친이 돌아가시자 슬픔에 잠겨 화장터에서 뼈를 가져다 정원에 흙탑을 세우고 그 안에 모셔 두었다.
 밖에 나갈 때면 그 탑에 꽃을 올려놓고 부친 생각을 하면서 통곡했다. 그는 목욕도 하지 않고, 향유도 바르지 않으며, 음식도 먹으려 하지 않았다. 이것을 본 수자타 동자는 아버지의 슬픔을 달래드리기 위해 어떤 좋은 방법이 없을까 곰곰이 생각했다.

어느 날 그는 들길에서 죽은 소 한 마리를 보자 문득 좋은 생각이 떠올랐다. 죽은 소 앞에 풀과 물을 갖다 놓고 "먹어, 어서 먹어" 하고 말했다. 지나가던 사람들이 이 광경을 보고 수군거렸다.

"수자타가 정신이 돌았나 봐. 죽은 소에게 풀과 물을 주다니."

그는 아무 대꾸도 하지 않은 채 여전히 죽은 소에게 풀과 물을 먹으라고만 했다. 동네 사람들은 이 사실을 수자타의 아버지에게 전했다.

"당신 아들이 미쳤나 봅니다. 죽은 소에게 풀과 물을 갖다 놓고 자꾸 먹으라고 합니다."

이 말을 전해들은 지주는 돌아가신 아버지에 대한 슬픔이 싹 가셨다. 그 대신 아들에 대한 걱정이 앞섰다. 그는 아들에게 정신없이 달려갔다.

"수자타야, 이게 어떻게 된 노릇이냐? 목숨이 끊어진 소에게 풀을 먹으라고 하다니. 아구리 먹을 것과 마실 것을 주어도 한 번 죽은 소는 다시 일어날 수 없지 않느냐. 이 어리석은 아들아."

그러자, 수자타가 대답했다.

"소의 머리는 그대로 있고 발과 꼬리도 그대로 있으니 소는 틀림없이 일어날 것입니다. 그러나 아버지, 돌아가신 할아버지는 머리도 없고 손발도 없습니다. 흙탑 앞에서 울어대는 아버지야말로 어리석지 않습니까?"

이 말을 들은 지주는 정신이 번쩍 들었다. '내 아들은 지혜롭구나. 이 세상 일도 저세상 일도 환히 알고 있지 않은가! 죽은 소에게 풀과 물을 주어 슬픔과 시름에 빠진 아비를 오히려 깨우쳐 주는구나!' 이런 일이 있은 뒤부터, 지주는 아버지의 죽음을 더 이상 슬퍼하지 않았다.

「본생담」에 있는 얘기다.

다른 일화를 하나 더하마.
옛날에 미련하여 아는 것이라곤 아무것도 없는 어리석은 부자가 있었다. 어느 날 그는 이웃 부잣집에 갔다가 삼층 누각을 구경하게 되었다. 그것은 웅장하고 화려할 뿐 아니라, 넓고 높아 시원스럽게 보였다.

어리석은 부자는 무척 부러워하며 이렇게 생각했다. '내 재산도 저 사람 것만 못하지 않다. 아직까지 나는 왜 이런 누각을 짓지 않았을까?' 그는 곧 목수를 불렀다.
"저 누각처럼 거대하고 웅장한 누각을 지을 수 있겠소?"
"저 집은 내가 지은 것입니다."
"그래서 당신에게 부탁하는 것이오. 저런 누각을 지어 주시오."
목수는 곧 땅을 고르고 벽돌을 쌓아 누각을 짓기 시작했다. 벽돌을 쌓아 짓는 것을 지켜보던 부자는 의심이 나서 목수에게 물었다.
"어떤 집을 지으려는 것이오?"
"삼층 누각을 짓는 중입니다."
그러자, 이 부자는 이렇게 말했다.
"나는 아래 두 층은 필요 없으니 맨 위층만 지어 주시오."
"어떻게 그럴 수가 있습니까? 아래층을 짓지 않고 어떻게 이층을 지으며, 이층을 짓지 않고 어떻게 삼층을 지을 수 있단 말입니까? 나는 그런 집은 짓지 못합니다."
화가 난 목수는 집을 짓다 말고 떠나 버렸다. 사람들은 이 말을 듣고 모두 그 부자의 어리석음을 비웃었다.

이는 마치 불교에서 가장 기본이 되는 삼보, 즉 불보(佛寶), 법보(法寶), 승보(僧寶)를 공경하지 않고 게으름을 피우며 놀기만 하다가 도

(道)의 결과를 구하는 것과 같다. 이러한 사람이 세상의 비웃음을 받는 것은 누각의 삼층만을 지으려는 어리석은 부자의 경우와 다를 것이 없다. 두 설화가 모두 지혜의 중요성을 강조하고 있다.
「백유경」에 나오는 얘기다.

(2) 고승들의 고행

불교의 고승들은 지혜를 얻기 위해, 또 깨달음을 얻기 위해 매우 특별한 수련을 한다. 이른바 고행이다. 쉽게 말하면, 우리 중생들은 상상하기도 힘든 고생을 스스로 사서 한다. 어쩌면 불교 고승들의 고행은 노력 정진(精進)의 극한을 보여준다.
'고행(苦行)'은 깨달음을 이루기 위해 자진해서 하는 것이라서 '고생(苦生)'과는 완연히 다르다. 고생은 자신의 부정적인 업력(業力, 지난 시기의 잘못된 생활로 인한 과보) 때문에 모면할 수 없어서 하는 것이지만, 고행은 깨달음이라는 숭고한 목적을 위하여 자진해서 정진하는 것이다. 그래서 '자진 고행'이라 한다.
세계 불교에도 자진 고행의 사례가 많지만, 수행 정진의 전통을 잘 지켜 온 한국 불교에도 자진 고행의 사례가 적지 않다. 한국 근, 현대 불교만 놓고 보더라도 전설 같은 고행의 일화는 사람들 사이에 널리 회자(膾炙)되고 있다. 사실 고승으로 불리는 큰스님들치고 극한의 고행을 하지 않은 분은 없다고 해도 과언이 아니다. 그만큼 고행은 깨달음을 얻고, 만 중생을 살리는 구도(求道)와 구제(救濟)의 길에 필수적이라고 불교에서는 믿고 있다.

고행에 대해 할배는 이렇게 생각한다. 우리 기독교인들은 인간의 한계를 이해하고, 우리의 능력을 넘는 일들에 대해서는 창조주이신

하느님께 맡긴다. 그래서 기도를 통해 하느님께 서원하는 것이다. 그런데 불교에서는 사람이 깨달음을 얻으면, 소위 해탈을 하면 부처님이 되고, 인간의 능력을 넘는 일에도 관여할 수 있다고 믿고 있다. 이것도 어디까지나 내 생각이긴 하지만— 그래서 불교에서는 고행이라는 극한의 수행을 하는 것이다.

생각해 보아라. 육신을 가진 우리 인간이 인간의 본성— 불교에서는 오욕칠정이라고 한다—을 뛰어 넘어야 하니, 얼마나 어려운 일이겠느냐! 그러니까 굶기도 하고, 며칠씩 잠을 안 자고, 일만 번의 절을 하곤 하는 것이다. 즉 이런 고행을 통해 인간성의 본질을 뛰어 넘어 보자는 게 아닌가 싶다.

모르긴 해도 이런 고행을 통해 깨달음을 얻는 분도 있을 것이다. 그러나 많은 고행자들이 깨달음에 이르기는 힘들 것이다. 육신을 가진 인간이 오욕을 초월한다는 것은 결코 쉽지 않은 일이기 때문이다. 그러나 지금도 수많은 승려들은 고행을 계속하고 있다. 정말 무서운 종교다.

그러면 불교의 고행에는 어떤 것이 있는지 설명해 보겠다.

먼저 '일일일식(一日一食),'이다. 이는 흔히 '일중일식(日中一食)'이라고도 하는데, 하루 한 끼만 먹고 수행, 정진하는 것을 말한다. 오욕 중의 하나가 식욕인데, 이를 억제하면서 고행하는 게 불가(佛家)의 전통이다.

다음이 '가행정진(加行精進)'이다. 이는 하안거(夏安居)와 동안거(冬安居)를 마칠 즈음, 고행의 강도를 높여 잠도 자지 않고 정진하는 것이다. 안거는 여름철 석 달과 겨울철 석 달 동안 외부 출입을 하지 않고, 오로지 수행 정진만 하는 불교의 수행 전통을 말한다. 안거 자체도 힘든 것인데, 거기에 가행해서 정진하는 것은 확실히 고행이라고 할 것이다. 안거에 들어가는 스님들은 대체로 가행정진을 한다.

또, '일만 배 정진(一萬拜精進)'이란 것도 있다. 이는 절하기를 1만 배(拜)나 중단 없이 하는 고행을 일컫는다. 108배를 하는 것도 30분 정도 소요되니까, 1만 번 절을 하려면 여섯 달 정도 잠도 안 자고 절만 해야 하는 것이니, 상상조차 하기 어려운 일이다.

지금도 한국 불자들이 심심찮게 일만 배 정진을 하는 사례가 보도되고 있다. 해인사 백련암에 계시는 성철 스님이 찾아오는 사람들에게 3천 배를 하라고 한 일은 유명한 얘기이다. 3천 배를 하여 자신을 비워야 부처님 진리가 들어갈 수 있다는 뜻에서, 그런 인도를 한다.

또, '무문관수행(無門關修行)'이라는 것도 있다. 이것은 사면이 모두 벽인 3평 남짓한 좁은 방의 문을 바깥에서 잠그고, 최소한 3개월부터 길게는 6년 동안 벽면참선(벽을 향해서 하는 수행법)을 말한다.

말 그대로 '문 없는 선방'이 '무문관'이다. 문이라고는 하루 한차례 밥그릇을 넣고 빼는, 공양구(供養口)밖에 없다. 생사를 넘나드는 혹독한 수행의 상징이다. 묵언(默言—입을 같은 채 말을 안 한다)은 필수이고, 꼭 말할 일이 있으면 하루 한차례 공양구(문)를 열 때 필담(말은 하지 않고 글로서 말을 대신)으로 한다.

무문관 수행은 장좌불와(눕지 않고 꼿꼿이 앉아)와 더불어 극한의 고행이다. 근래에 열반한 설악산 백담사 무산 스님은 매년 여름과 겨울 석 달씩 무문관 수행을 하였다. 고승들은 자발적인 형태로라도 무문관 수행을 한 분들이다.

'장좌불와(長坐不臥)'라는 것도 있다. 이것은 눕지 않고 길게 앉아서 참선 수행을 하는 정진법이다. 그런데 '길게'가 어느 정도냐 하면 10년도 되고, 심지어 평생이 되기도 한다. 세간 생활을 하는 사람들의 생각으로는 어떻게 눕지 않고 살 수 있는가 하겠지만, 성철 스님과 혜암 스님과 정오 스님과 같은 고승들은 벽에도 기대지 않고 장좌불와의 수행을 해 왔다는 전설 같은 이야기가 실제로 전해져 오고 있다.

'소지서원(燒指誓願)'은 번뇌를 끊고 수행 정진하는 결의를 스스로 다짐하기 위해 손가락을 태우는 고행을 말한다. 안중근 의사와 남자현 의사(여성 안중근으로 불리는 독립운동가로, 경북 안동에서 나서 경북 영양으로 시집 와 살다가, 남편 김영주가 의병을 일으켜 일본군에 죽자 아들을 데리고 만주로 갔음)가 손가락을 자르는 단지맹서를 한 것은 널리 알려진 일인데, 이 또한 독립에 헌신하려는 극단의 고행의 결의라 할 것이다.
　고승들 중에 소지서원한 분들이 더러 있다. 현대 한국 불교 고승으로 친가 외가 41명의 출가 인연을 가진 해인사 일타 스님은 오른손 네 손가락을 연비(燃臂, 팔 끝의 손가락을 불에 태움)하였고, 일타 스님의 제자로 현재도 선풍(禪風)을 활발히 날리고 있는 충주 석종사의 혜국 스님은 오른손 세 손가락 연비를 하였다.

　다음, '소신공양(燒身供養)'은 자신의 몸을 태워 온전히 바치는 고행을 말한다. 김동리의 소설 「등신불」에 소신공양의 실화가 서사된 바가 있다만, 세계 불교에는 불도(佛道)를 구현하기 위하여 소신공양한 사례가 적지 않다. 티베트, 베트남, 중국, 한국의 승려들의 소신공양 고행담이 이어지고 있다. 2010년에 군위 지보사의 문수 스님이 생명살림을 염원하는 소신공양이 있었다. 당시 47세였다.

　이 일곱 가지 고행을 불가에서는 용맹정진(勇猛精進)이라고 하는데, 대개 고승들은 이들 용맹정진 고행 중, 한 가지만 하는 것이 아니라 몇 가지를 함께 수행 정진하는 일이 많다. 자신의 인간적 한계를 초극(超克)해서 자신에 내재(內在)한 불성(佛性, 깨달음의 씨앗이 되는 성품)을 발현시키기 위해 극한의 노력을 하는 것이다.

무서운 종교다. 불고는 인간의 한계를 초월하려는 이런 고행을 통해 인간적인 모든 속박— 욕심과 돈, 권력과 출세 등에서 완전히 자유로워지려는 것이다. 다시 말하자면, 인간을 초월하겠다는, 그래서 성불(부처)하겠다는 일념에서, 육신을 단련하는 것이다. 할배도 무섭다. 그런데— 왜 그럼, 고승들은 이런 고행을 할까?

할배식으로 말하면, 실력을 위해서다. 창조주의 힘을 빌리지 않고, 자기 스스로 창조주의 뜻을 살피고, 대우주가 지향하는 목적을 터득하기 위해서일 것이다. 고승들은 보았을 것이다. 창조주가 지향하는 피안을 느꼈을 것이다. 그런데— 무언가 부족하다. 저 벽을 넘어야 완전히 터득할 터인데, 아직은 그 벽을 못 넘겠다. 한 걸음만 전진하면 되는데, 그게 안 된다. 그러니까, 범인은 상상조차도 할 수 없는 그런 고행을 한다. 저 '벽'을 넘기 위해, 그 한 걸음을 더 내딛는 결단과 용기, 그게 어쩌면 진정한 '실력'일 거라고 할배는 생각한다. 그것은 굴러 떨어지는 바위를 끊임없이 산 정상으로 밀어 올리는 시시포스의 끊임 없는 노력 못지않게 아름답다.

내가 너무 나간 게 아닌가 싶다. 평범한 할배가 사실은 이런 얘기를 할 자격이 없기 때문이다. 쉽게 말해 아직은 할배도 실력이 많이 모자라기 때문이다. 그러니까 불교 얘기는 너희가 참고만 하면 되겠다.

애들아, 세상은 이렇게 신비롭고, 대우주와 주님의 뜻은 더더욱 신비롭고 어둠에 쌓여 있다. 그러나 너흰 두려워하지 말라. 기도하라. 두려울 땐, 하느님을 찾으라. 열심히 기도하라. 하느님은 언제나 너흴 지켜 주신다.

"제가 비록 어둠의 골짜기를 간다 하여도 재앙을 두려워하지 않으리니 당신께서 저와 함께 계시기 때문입니다."(시23:4)

제5장
시간

1. 시간은 무엇인가

(1) 시간의 실체

『탈무드』에 이런 얘기가 있다. 옛날, 어떤 사람이 왕의 노여움을 사서 사형을 선고 받았다. 그 사람은 목숨만은 살려달라고 탄원하며 왕에게 이렇게 말하였다.

"대왕님, 저에게 일 년의 여유만 주시면, 대왕께서 제일 아끼는 말이 하늘을 날게 가르치겠습니다."

너무도 엉뚱한 얘기에 귀가 솔깃해진 왕이 그 사람에게 물었다.

"뭐라? 말이 하늘을 날게 하겠다고! 만일 말이 하늘을 날지 못하면?" 하고 다그쳤다.

"그때는 제가 기꺼이 죽겠습니다."

그 사람의 탄원은 받아들여졌다.

대왕은 속으로 생각했다. '말이 정말 하늘을 날 수 있다면야, 일 년이야 못 참을 것도 없지' 하고, 속으로 쾌재를 불렀다.

엉뚱한 그 말을 들은 같은 방 죄수들이 그 사람에게 물었다.

"이봐, 말이 어떻게 하늘을 날 수 있단 말인가!" 하고 따졌다. 그랬더니 그 친구 대답이 걸작이다.

"일 년 안에 왕이 죽을 수도 있다. 혹, 내가 죽을 수도 있지. 일 년

안에 무슨 일이 일어날지 누가 알아! 혹은— 말이 정말 날 수 있을지 누가 안단 말인가."

　일 년이면 365일이다. 내일 죽을 그 사람이 365일의 여유를 얻었다. 우리가 알고 있는 초, 분, 시간, 하루라는 단위가 없었다면, 그 사람은 왕에게 뭐라고 하면서 연기해 달랬을까.
　시간, 날이라는 단위와 일 년이라는 시간 구분이 있었기에 그 사람은 쉽게 왕의 허락을 받아냈다. 이렇게 우리는 시간을 편리하게 쓰고 있다. 이게 시간이다.
　그런데, 정작 시간의 실체는 뭐냐고 물으면, 설명이 궁해진다. 따지면 따질수록 신비한 게 시간이다. 할배도 설명 못 하겠다. 정말 자세히는 모르기 때문이다. 그러나 시간이 중요하고, 어떻게 활용해야 하는지는 설명을 할 수 있다.

　가만히 따져 보면, 시간이 모든 것을 지배하고 있다. 사람의 일생도 100년 가까이 되는데, 예외는 있지만 백 살 가까이 되면 사람은 대개 죽는다. 사람만이 아니다. 시간이 흐르면 개도 죽고, 참새도 죽고, 사자, 호랑이 등 다 죽는다. 어떤 생명체도 시간을 거스를 수는 없다. 예외가 없다.
　뿐만 아니다. 엔트로피 법칙이란 게 있다. 이 다음에 학교에 가면 다들 배우겠지만, 엔트로피 법칙이란 어렵게 말하면 뉴턴의 제2법칙이다. 쉽게 말하면, 세상 만물은 예외 없이 시간이 흐르면서 좋은 상태에서 점차 나쁜 상태로 변해간다는 물리학 법칙이다.
　네가 쓰는 장난감이나, 옷이나, 책상이며, 모든 게 처음 살 때는 새 것이었는데, 시간이 가면서 점점 못 쓰게 되는 것과 같은 얘기다. 이렇게 시간은 살아 있는 모든 생명과 세상의 온갖 것— 돌과 자동차, 비행기 등 온갖 것들의 수명을 통제한다. 이렇듯, 시간은 신비하다.

(2) 물리학적 시간

그럼, 시간은 왜 생기는가? 아주 쉽게 설명하면, 지구가 자전과 공전을 하면서, 우주가 팽창하는 속도에 따라 한 방향으로 이동하기 때문에 생기는 것이다. 그런데 그 속도가 무섭다.

우리가 아는 하루가 되기 위해 지구는 약 1,670km/h로 자전을 하고, 일 년 사철이 바뀌기 위해 태양 주위를 도는 속도는 약 11만km/h, 태양계 자체의 공전 속도도 80만km/h, 태양계가 속한 은하계의 공전 속도 또한 약 2백만 km/h로, 사람의 상상력이 미칠 수 없는, 무서운 속도로 빙글 빙글 돌면서 움직이고 있다. 정말 믿기지 않는 속도다. 그런 지구 위에 우리가 살고 있다. 시간은 그런 지구의 움직임 때문에 생기는 것이다. 엄밀히 말하면 할배 설명도 사실은 많이 부족하다.

아무튼, 지구가 자전으로 한 바퀴 도는데 걸리는 시간이 하루가 되고, 지구가 태양을 한 바퀴 도는데 걸리는 기간이 일 년이다. 이렇게 세월이 가는 기간을 시간이나, 날이나, 년으로 쳐서 우리 생활에 응용하는 것이다. 그러니까 스물네 시간이 하루가 되고, 365일이 일 년이 된다. 그런데, 이것은 지극히 상식적인 설명이다. 시간의 존재는 아직도 정확히 설명이 안 되는 신비한 부분이 많다.

우리가 아는 사실들만 생각해 보자. 시간은 모든 사람들이 공평하게 나누어 갖는다. 그렇다고 네 것, 내 것으로 따로 차지할 수도 없다. 저축할 수도 없다. 내 것을 빌려줄 수도 없고, 빌려 쓸 수도 없다. 돈으로 웬만한 것은 다 살 수 있지만, 시간은 천만금을 주어도 단 일 초도 살 수 없다.

아낀다고 오늘 하루를 쉬면, 내일은 새날이다. 오늘은 날아가고 없다. 시간은 우리를 기다리지 않는다. 붙잡아 둘 수도 없고, 세울 수도 없다. 내가 소유할 수 있는 유일한 시간은 지금, 현재뿐이다. 그래서 시간에 대한 경구는 귀가 따갑게 많다.

"현재를 잡아라!(Carpe diem)."(고대 로마 시인 호라티우스)
"오늘 일을 내일로 미루지 말라.(벤저민 프랭클린)
"과거에 얽매이지 말고, 미래를 걱정하지 말며, 오직 지금 이 순간에 집중하라."『금강경』
"내가 죽이는 시간이 나를 죽인다.(The time I kill is killing me). (미국 작가 메이슨 쿨리)
"시간을 훔치는 도둑이 있다. 게으름이다.(찰스 디킨스)
"돈을 낭비하면 그냥 돈만 없어지지만, 시간을 낭비하면 당신의 인생의 일부를 잃는다.(마이클 르뵈프, 뉴올리언스대 교수)
"승자의 하루는 24시간이고, 패자의 하루는 23시간이다. 승자는 열심히 일하고, 열심히 놀고, 열심히 쉬지만, 패자는 허겁지겁 일하고, 빈둥빈둥 놀고, 흐지부지 쉰다. 승자는 시간을 관리하며 살고, 패자는 시간에 끌려 산다. 승자는 시간을 붙잡고 살며, 패자는 시간에 쫓겨 산다."(유대 경전, 디아스포라(Diaspora))

자, 그럼 시간이란 무엇인가? '잘 모르겠다'. 답이 없다. 할배가 지금까지 얘기한 시간에 대한 얘기가 상식적으로 설명할 수 있는 한계다. 그것은 마치 생물학에서 생명에 대한 명확한 정의가 없듯이, 물리학에서도 시간을 두고 '시간이란 이런 것이다'라고 정의하지 못하고 있기 때문이다.

2009년에 과학 잡지『뉴턴(Newton)』은 세계 최고의 세 과학자들을 선정하고 다음 두 가지 질문을 하였다.
첫째, 시간이란 무엇인가?
둘째, 시간은 실제로 존재하는가? 아니면 환상인가?

선정된 세 과학자는 하버드대학의 리사 랜들(Lisa Randle) 교수, 프린스턴대학의 리처드 코트(J. Richard Gott III) 교수, 옥스퍼드대학의 로저 펜로즈(Roger Penrose)였다.

다음은 세 과학자의 답변이다.

• 랜들 교수:

1) 내가 『휘어진 우주(Warped Passage)』란 책을 쓸 때만 해도 대부분의 물리학적 개념에 대해 설명이 가능했다. 그러나 '시간과 공간은 무엇이 다른가'라는 점에 이르러서는 설명할 수가 없었다.

2) 상대성 이론에서 시공을 다룰 때, 시간이 무슨 의미인가를 알 수 없다. 그렇다고 시간이 환상은 아니다. 시간의 존재는 분명한 현실이다.

• 코트 교수:

1) 시간을 공간과 분리해서 설명할 수 없다. 시간은 네 번째 차원으로 공간과 함께 커다란 식빵에 비교할 수 있다. 이 커다란 빵 덩어리 — 시공이라는 '한 개의 4차원체'이다.

2) 아인슈타인의 생각을 기준으로 할 때, 시간을 환상이라고 보는 것은 좀 무엇하다. 시간은 네 번째 차원이라는 아인슈타인의 말에 나는 전적으로 동의한다.

• 펜로즈 교수:

1) 시간은 아인슈타인의 일반 상대성 이론으로 다루어야 한다는 전제에서, '시간은 지나가는 것'이라고 생각하는데, 그렇다고 이것을 현대 물리학이 말하는 시공의 견해와 관련짓는 것은 매우 이해하기 어렵다.

2) 시간은 시공밖에 존재하는 것은 아니다. 시공의 부분으로 존재

한다

설명한 할배도 무슨 말인지 잘 모르겠다. 예들아, 이 정도도 해두자. 그러나 확실한 것은 시간은 현대 물리학에서조차 정확한 정의를 못 내리고 있다는 사실이다.

세상을 살다 보면, 우리를 당황하게 하는 경우가 더러 있다. 이런 경우, 우리가 취할 수 있는 선택지는 두 가지다. 때려 부수고 정면을 돌파하거나, 그 장애를 피해 돌아가는 방법이다. 이번, 시간 문제는 두 번째 선택지― 돌아가는 방법 외는 없다. 왜냐? 시간의 이해는 우리 힘으로 넘을 수 없는 벽이기 때문이다.

그래서 할배는 이 문제에 대해 보다 인간적으로 접근해 볼까 싶다. 그럼, 고대 그리스인은 시간을 두고 어떤 생각을 하였을까?

(3) 크로노스와 카이로스

고대 그리스 사람들은 시간을 나타내는 개념으로 크로노스(Chronos)와 카이로스(Kairos)란 두 개념으로 나누어 생각했다. 둘 다 시간이란 점에서는 같은 것이지만, 내용이 다르다. 그럼 어떻게 다른가?

먼저 크로노스(Chronos)이다. 크로노스는 우리가 일상적으로 경험하는 양적이고 객관적인 시간을 의미하는데, 시계로 측정되는 시간, 즉 초, 분, 시, 일, 년 등 물리적으로 흘러가는 선형적이고 연속적인 시간, 곧 우리가 일상적으로 쓰는 시간이다.

그럼 어떤 특징이 있는가?

1) 객관성이다. 누구에게나 동일하게 적용되는 시간이다. 하루 24시간, 1년 365일 등 모든 사람에게 동일하다.

2) 선형성이다. 과거, 현재, 미래로 끊임없이 흘러가는 직선적인 시간이다. 그러니까 되돌릴 수 없다.

3) 측정 가능성이다. 시계, 달력 등으로 측정하고 계획할 수 있는 시간이다.

4) 신화적 의미이다. 그리스 신화에서는 크로노스가 자기 자식들이 자기 자리를 빼앗을 것이라는 예언을 믿고 자기 아이들이 나오는 대로 집어 삼키는 무자비한 아버지로 나온다. 그러니까 시간이 흐름에 따라 모든 생명은 늙고, 삼라만상이 소멸하는 것을 비유한 것인지도 모르겠다. 영어의 'chronology(연대기)' 같은 단어의 어원이다.

다음, 카이로스(Kairos)는 질적이고 주관적인 시간, 즉 특별한 의미와 기회가 담긴 순간을 의미한다. 흘러가는 시간 속에서 개인에게 중요하고 의미 있게 다가오는 '적절한 때', '결정적인 순간'을 말한다. 예컨대 사랑의 고백 시기, 혁명 따위의 시점 등이다. 그래서 '기회의 순간(Opportune moment)'이라고도 한다.

그럼 특징은?

1) 주관성이다. 개인의 경험과 의미를 두는데 따라 달라지는 시간이다. 내가 '사랑을 고백하는 적절한 때'가 바로 내겐 카이로스인데, 같은 시간을 보내는 다른 사람에게는 아무 의미가 없는 시간이다. 그러나 나에게는 인생의 전환점이 될 수 있는 중대한 시간이다.

2) 비연속성이다. 크로노스처럼 계속 흐르는 것이 아니라, 어떤 특정 사건이나, 기회가 발생하는 '점'과 같은 시간이다.

3) 기회와 중요성이다. 카이로스는 '기회의 신'으로 묘사되기도 한다. 앞머리는 길고 뒷머리는 대머리이며 어깨와 발에 날개가 달린 모습으로 표현되는데, 이는 기회가 왔을 때 앞머리를 잡아야 하고, 지나가면 잡을 수 없으며, 빠르게 사라진다는 의미를 담고 있다.

4) 신화적 의미이다. 카이로스는 제우스의 아들로 기회의 신으로

불린다. 활시위를 당기는 절묘한 순간, 직물을 짜는 데 정확히 맞아떨어지는 순간 등, '적절한 순간'을 의미하는 단어에서 유래했다.

더 많은 예를 들자면, 중요한 깨달음을 얻는 순간, 사랑에 빠지는 순간, 인생의 중요한 결정을 내리는 순간, 하나님의 구원이 임하는 시간, 오랜 노력 끝에 찾아온 성공의 기회 등이 카이로스라고 할 수 있다.

요컨대, 카이로스는 기회와 결단의 시간이다. 따라서 자기가 주관적으로 일을 시작할 때, 가장 적절한 시간, 딱 맞는 순간을 잡아야 하는데, 이것은 예삿일이 아니다. 사람의 능력으로 '딱 맞는 순간, 적절한 시간'을 어떻게 분별할 수 있느냐 하는 중대한 문제를 안고 있다. 또, 하느님이 징표를 보이실 때, 그 징표를 재빨리 깨닫는 지혜가 있느냐 하는 것 또한 예삿일이 아니다. 인생을 살면서 크로노스적인 시간을 효율적으로 관리하는 것도 중요하지만, 카이로스의 시간은 그 안에서 의미를 찾고, 기회를 포착하는 삶의 지혜를 다시 생각해야 하는 어려운 과제를 안고 있다.

(4) 상대성 이론

그런데, 아인슈타인이 시간의 상대성 이론을 내놓으면서, 지금까지의 기존의 크로노스의 절대성이 무너졌다. 아인슈타인은 시간은 절대적인 게 아니라 상대적인 것이라고 했다. 그의 주장은 상황과 주관에 따라 다르게 느껴진다는 것이다. 그는 다음과 같은 비유를 들어 시간의 상대성을 쉽게 풀이했다.

즉, 뜨거운 냄비에 손을 얹었을 때, 간 몇 초만 있어도 그 시간은 엄청나게 길게 느껴질 것이다. 그러나 사랑하는 이와 같이 있을 때에는 몇 시간이 지나도 짧게 느껴질 것이라는 것이다. 물론 이것이 상대성

이론의 실질적인 내용은 아니다. 그것은 일종의 농담과도 같은 비유이지만, 이처럼 시간이라는 것은 그것의 상황에 따라 전혀 다른 길로 받아들여질 수 있다는 것을 말하고 있다.

어디까지나 내 생각이지만, 이것은 심리적인 시간에 대한 우리의 느낌이다. 상대성 이론까지 갈 것도 없다. 상대성 이론까지 나오면 할 배는 기가 죽는다. 솔직히 나는 아직 그 이론을 이해하지 못하고 있기 때문이다.

여기서 잠시 『성경』에서 시간에 대한 말씀을 생각해 보자.
「전도서」 3장 1절에서 8절 말씀을 보면 모든 일에 다 때가 있다고 했다. 1절에 "범사에 기한이 있고 천하만사가 다 때가 있나니…" 라고.

농부가 씨를 뿌리는 때가 있고 추수하는 때가 있다. 잉태된 아이도 때가 돼서 나와야 좋은 것은, 하나님이 때를 정해 놓으셨기 때문이다. 이처럼, 『성경』에서는 일반적인 시간을 나타내는 '크로노스'가 있고, 또, 특정한 하나님의 때를 나타내는 '카이로스'도 있다. 『성경』에서 중요한 시간은 바로 하나님이 정하신 시간인 '카이로스'이다. 하나님의 때를 아는 것이 지혜이고, 하나님의 때를 기다릴 줄 아는 것이 믿음이다. 하나님은 시간의 시작이고 끝이다. 곧, 알파요 오메가이다.

그러므로 우리 실생활에서는 '끊임없이 흐르는' 크로노스와 '특별한' 카이로스를 지혜롭게 활용하는 것이 필요하다.

즉, 크로노스의 시간 속에서 우리는 하루와 한 달, 1년 그리고 장기적인 목표와 계획을 세우고 실행해 나가면서, 일상 속에서 갑자기 나타나 우리에게 행동할 기회를 제공하는 카이로스의 결정적 순간을 놓치지 않는 게 중요하다.

그런데, 카이로스의 기회를 잘 포착하는 데는 지혜가 필요하다. 왜냐하면, 하느님의 증표는 늘 신비한 베일 속에 쌓여 있어, 정신이 맑게 깨어 있지 않으면 놓치기 십상이기 때문이다. 뿐만 아니라 개인적으로 '사랑을 고백한다, 혁명을 한다' 같은 중대한 시점은 언제가 적절하고, 딱 맞는 시점이란 것을 분별하기 쉽지 않다. 그래서 사람은 늘 겸허해야 하고, 또 기도하며 지혜를 구해야 하는 것이다.

2. 시간 활용

(1) 효율적인 시간 관리

지금까지 시간에 대해 여러 가지 얘기를 했지만, 정말 중요한 것은 시간(크로노스)을 관리하고 활용하는 방법이다. 한 인생의 성패도 어쩌면 시간을 어떻게 관리했느냐에 좌우된다고 나는 생각한다.

효율적인 시간 관리를 한 사람, 방법 등 몇 가지 사례를 보자.

먼저, 테슬라 회장으로 유명한 일론 머스크(Elon R. Musk)의 경우를 보면, 그는 하루를 5분 단위로 나누어 철저하게 계획하는 타임 블로킹(Time Blocking) 기법을 사용했다. 이 방법으로 여러 프로젝트를 동시에 진행하면서도 높은 생산성을 유지할 수 있었다.

워렌 버핏은 '할 일 리스트'보다 '하지 않을 일 리스트'를 만들어 우선 순위를 명확하게 설정하는 전략을 사용했다. 그래서 불필요한 일에 시간을 낭비하지 않고 중요한 결정에 집중할 수 있었다고 한다.

방송인으로 유명한 오프라 윈프리는 명상을 하고, 자기를 성찰하는 시간을 통해 에너지를 유지하며, 계획적인 하루를 운영할 수 있었다고 했다.

마이크로소프트의 빌 게이츠는 매주 자신의 일정을 검토하고, 시간 사용 패턴을 분석하여 효과적으로 시간을 활용하였다고 한다.

시간 관리를 경영학적으로 정리한 포모도로(Pomodoro) 기법이란 것도 있다. 포모도로 기법이란 1980년대 후반 시릴로(Francesco Cirillo)가 제안한 집중력과 생산성을 높이는 시간 관리 방법론이다. '포모도로'는 이탈리아어로 '토마토'를 뜻하는데, 시릴로가 대학생 시절 토마토 모양의 요리용 타이머를 사용하여 이 방법을 고안했기 때문에 붙여진 이름이다. 포모도로 기법의 핵심 원리 및 진행 방식은 다음과 같다.

- 할 일의 목록 작성: 오늘 처리할 업무나 목표를 리스트로 작성하고, 각각을 작은 단위로 나눈다.
- 타이머 설정 (25분 집중): 타이머를 25분으로 설정하고, 정해진 한 가지 작업에만 온전히 집중한다. 이 시간 동안에는 다른 방해 요소를 제거하는 것이 중요하다.
- 짧은 휴식 (5분): 25분이 지나 타이머가 울리면 잠시 멈추고 5분간 짧은 휴식을 취한다. 스트레칭을 하거나 물을 마시는 등 가벼운 활동으로 머리를 식혀준다.
- 반복: 위 과정을 4번 반복한다. 즉, '25분 집중 + 5분 휴식'을 네 번 반복한다.
- 긴 휴식 (15~30분): 네 번째 포모도로가 끝나면 15분에서 30분 정도의 긴 휴식을 취한다. 이 시간에는 좀 더 여유를 가지고 재충전하는 시간을 갖는다.
- 다시 시작: 긴 휴식 후에는 다시 타이머를 설정하고 이 과정을 반복한다.

포모도로 기법의 이점은 집중력을 높이고, 생산성을 증대하고, 또 작업을 작은 단위로 나누어 처리함으로써, 더 많은 일을 효율적으로 처리할 수 있다는 점이다.

번 아웃(Burnout) 방지 및 스트레스를 감소한다. 짧은 휴식을 통해 피로를 줄이고, '딱 25분만 하자'는 마음가짐으로 시작하기 때문에, 미루는 습관을 줄이고, 업무에 대한 압박감을 완화한다. 또한, 시간 추정 능력을 향상시킨다. 특정 작업에 얼마나 많은 포모도로가 필요한지 판단하고, 작업 계획을 더 정교하게 수립할 수 있게 된다.

(2) 시간 관리 이론

앞서 얘기했듯, 시간 관리는 길게는 일생에 걸쳐 해야 하고, 당면한 일을 잘 처리하기 위해서도 신경을 쓸 필요가 있다. 시간 관리를 잘 하기 위해 참고가 될 몇 가지를 소개하마.

시간 관리를 학문적으로 정리한 이론도 있다. 시간 관리 이론은 사람들이 시간을 효과적으로 관리하여 자신의 목표를 달성하고 생산성을 높일 수 있도록 돕는 이론이다.

모든 사람에게 똑같이 주어진 24시간을 어떻게 활용하느냐에 따라 삶의 질과 성과가 달라지는 것은 당연하다. 시간 관리 이론은 시간을 우선 순위에 맞게 분배하고, 불필요한 낭비를 줄여 효율적인 삶을 설계하는 데 중점을 둔다. 이 이론은 개인의 목표 설정과 우선 순위, 계획, 실행, 평가 과정 등을 체계적으로 다루고 있다.

시간 관리 이론의 주요 모델로는 다음과 같은 것들이 있다.

1) 아이젠하워 매트릭스(Eisenhower Matrix): 아이젠하워(아이크)가 제시한 시간 관리 기법으로, 일을 중요도와 긴급도에 따라 4가지 카테고리로 나누어 처리하는 것이다. 이 매트릭스는 다음과 같은 4개의 영역으로 구성된다.

• 긴급하고 중요한 일(Urgent and Important): 이 일들은 말 할 것도 없이, 지체하지 말고 바로 처리해야 한다.
• 긴급하지 않지만 중요한 일(Not Urgent but Important): 장기적인 목표를 달성하기 위해 중요한 일이지만, 즉각적인 대응이 필요한 것은 아니다. 이 일은 계획적으로 시간을 배분하여 처리한다.
• 긴급하지만 중요하지 않은 일(Urgent but Not Important): 이런 일들은 대체로 타인에게 위임하거나 효율적으로 처리해야 한다.
• 긴급하지도 중요하지도 않은 일(Not Urgent and Not Important): 이러한 일은 최소화하거나 아예 하지 않는 것이 좋다.

아이젠하워 매트릭스를 활용하면, 일을 우선 순위에 맞게 정리하여 중요한 일부터 처리할 수 있다. 긴급하지 않지만 중요한 일을 미리 준비하면 더 큰 성과를 얻을 수 있다.

2) 파레토 법칙(Pareto Principle): 파레토 법칙은 80%의 결과가 20%의 원인에서 나온다는 원칙이다. 즉, 우리의 노력의 대부분은 제한된 몇 가지 활동에서 큰 성과를 가져온다. 이 법칙을 시간 관리에 적용하면, 적은 시간과 노력을 투자하여 핵심적인 작업에 집중해야 한다는 것을 알 수 있다. 따라서 핵심 작업 20%를 우선적으로 해결하고, 비 핵심 작업 80%의 작업은 효율적으로 줄이거나, 자동화하여 시간을 절약할 수 있다. 파레토 법칙은 시간을 낭비하는 일을 줄이고, 가치 있는 일에 더 많은 시간을 투자하는 기법이다.

(3) 인생 시간 관리

시간 관리를 인생 전체를 두고 계획한 이도 있다.
중국 송나라 때 주신중(朱新中)이란 사람은 인생오계(人生五計)라는 것을 세웠는데, 인생 전체를 어떻게 계획해야 하는가를 보여주고 있다.

첫째, 생계(生計)다. 나는 장차 어떤 일에 종사할 것인가

둘째, 신계(身計)다. 건강한 삶을 살려면 어떤 일을 할 것인가

셋째, 가계(家計)로, 가장으로서 후손들을 어떻게 가르칠 것인가

넷째, 노계(老計), 즉 기력이 다한 노년의 생은 어떻게 살아갈 것인가

다섯째가 사계(死計)인데, 사계란 죽음을 어떻게 맞이할 것인가를 생각하고 있어야 한다는 것이다.

지금까지 다른 사람들의 얘기만 했는데, 할배가 직접 체험한 시간 활용술을 소개하겠다.

'졸속(拙速)'이란 말이 있다. 일을 서두르거나 빨리 처리하면 잘못된다는 경구(警句)이다. 그런데 일할 때 나는 늘 졸속 쪽을 택했다. 무슨 일이건 말이 떨어지면 바로 실천하거나 처리하는 습관을 취해 왔다. 나름대로 생각이 있어 그렇게 해 온 것이다. 그렇게 하는 게 성공률이 컸기 때문이다.

70년대 초, 할배는 중동 건설 현장에서 5년이나 근무한 적이 있다는 것은 앞에서도 얘기했다. 중동이라면 사우디아라비아를 중심으로 한 주변 국가를 말하는 거다. 너희도 알다시피 그 지역은 온통 사막 지역이라, 덥고 건조한데다, 생활 습관이 우리와 전혀 달라 살기에는 그리 편한 곳은 아니었다.

어느 정도 덥냐 하면, 그늘에서도 섭씨 45도 정도이다. 우리 체온이 36.5~6도이니까— 그늘이라도 시원한 법도 없고, 집 밖은 그야말로 살인적인 더위다. 그때는 정말 나도 견디기 힘들었다.

할배가 처음 중동에 간 곳은 카타르라는 걸프만에 있는 작은 나라였다. 카타르의 수도 도하라는 도시 근처에 제철소 공사를 하게 되었

다. 벌써 세월이 50년이 지났으니, 지금도 그 제철소가 있는지 모르겠다. 아무튼, 우리 회사는 정우개발이라는 작은 회사인데, 그 공사에 참여하겠다고 우리나라의 현대, 대림 같은 큰 회사들이 입찰에 참가했다.

그러니까 우리 회사 같이 작은 회사는 서류 심사에서 떨어질 수 있는 상황이었다. 그런데 결론부터 얘기해서, 그 제철소 공사는 우리 회사가 땄다. 어떻게 그지 가능했는가?

바로 시간 활용을 잘 했기 때문이다. 할배가 추구하는 '졸속'의 습관— 무슨 일이건 말이 떨어지면 바로 해치우는 전술, 할배식 시간 활용술 덕분이다.

어떤 식으로 했느냐? 가령 발주처에서 전문을 하나 보내 왔다고 치자. 그럼 우리 회사는 그 전문의 답을 30분 내에 회신했다. 그러니까, 저쪽 회사 담당자는 좋아할 수밖에 없다. 왜 그런지 아느냐?

대개 일반 회사 조직은 직급이 정해져 있어, 직급에 따라 책임이 다르게 주어진다. 예컨대 발주처가 전문을 보내면, 일반 회사는 담당이 서류를 접수해서 접수 도장을 찍고, 상급자에게 결재를 올린다. 그럼 담당자의 바로 위 상급자는 계장이든 과장이든, 그 전문을 보고 다시 윗사람에게 결재를 받는다. 그 과장은 다시 윗사람인 부장이나 이사에게 서류를 올려 재가를 받는다. 여기서 그 서류가 더 올라가야 하느냐, 자기 선에서 결재를 끝내느냐 하는 것은 회사 규정이 있어(전결 규정이라고 한다) 규정에 따라 처리된다.

자, 그럼, 서류 한 장은 적어도 세 사람 정도의 결재를 받아야 한다는 사정을 알 것이다. 왜 그렇게 복잡한 과정을 거치느냐? 바로 조직이라는 시스템이 작동하기 위해 불가피한 것이다. 회사란 여러 사람에 의해 움직이니까, 혼자만 알아서는 안 되고 관계되는 사람들은 다 알고 있어야하기 때문이다. 그래야 회사 시스템이 돌아가는 것이다.

그런데, 우리 회사는 어떤가? 우리 회사는 규모가 작은 회사라 중동에도 많은 인원을 보낼 수가 없었다. 그러니까, 한 사람이 여러 일을 보아야 했다. 우리 중동 본부의 경우, 중간 간부를 경유하지 않고 본부장인 내가 모든 결재를 바로 하도록 조치를 해놓은 것이다. 중간 간부래야 우리 회사는 한둘밖에 없었으니까, 나중에 내가 중간 간부들한테 상황을 알려주면 회사 시스템에는 문제가 없는 것이다.

그리고 50년 전에는 이메일이란 게 없었다. 텔렉스라는 기계로 통신을 유지할 때라, 답신은 항상 내가 직접하였다. 그래서 회신 속도가 다른 회사에 비해 서너 배는 빨랐을 것이다.

내가 할 수밖에 없었던 것은 원래 텔렉스 같은 기계는 여비서가 담당하는 게 관례인데, 우리 회사는 여비서까지 둘 형편이 안 되는데다, 영어와 타자기는 그때만 해도 보급이 안 되었을 때라 타자 칠 사람도 나밖에 없었기 때문이다.

자, 한번 생각해 보아라. 네가 발주처 담당이라고 생각하고, 여러 회사한테 전문을 보냈는데, 다른 회사들은 2~3일은 있어야 답이 오는데, '정우'라는 우리 회사는 전문을 보내기가 무섭게 30분 이내로 회신이 돌아오니, 우리 회사를 주목할 수밖에 없지 않았겠느냐!

전문 중에는 바로 회신을 할 수 없는 것도 더러 있다. 예컨대, 며칠 자료도 보고, 조사를 해야 하는 일도 있는 것이다. 그런 경우, 내용을 언제까지 완전한 답신을 주겠다는 약속만 하는 회신을 보내는 거다.

아마도 일반 회사 조직에 익숙한 사람은 우리 회사의 신속한 답신에 놀랄 수밖에 없었을 것이다. 우리 회사 방식이 너무도 예외적이기 때문이다.

두 달쯤 시간이 지난 다음, 발주처가 입찰에 참가한 회사들을 불렀다. 발주처는 독일 프랑크푸르트에 있는 루르기(Lurgi)라는 엔지니어링 회사인데, 나중 얘기지만 독일 회사 담당 전무가 나를 따로 불러 묻는 말이, "당신 회사 조직에 대해 설명을 좀 해주시오"라는 주문까지 받았다. 그만큼 우리 회사는 처음부터 발주처의 주도을 받았다는 증거다. 결론부터 얘기하면 정우라는 회사가 자기들 마음에 들었다는 얘기다.

그로부터 일은 잘 풀리기기 시작했고, 마침내 우리 정우가 한국 굴지의 회사들과 겨루어 승리를 거둔 것이다. 모든 게 시간을 잘 활용했기 때문이다.

(4) 시중

시중(時中)이란 말이 있다. 시중이란 어떤 일을 도모할 때, 혹은 어떤 상황에서 가장 마땅한 때를 가리켜 시중이라 한다. 세상에는 운이 좋은 사람, 운이 따르는 사람이 있다. 그럼 왜 운은 어느 특정인만을 따르는가? 본인은 알게 모르게 '때'를 잘 맞추기 때문이다. 즉, 잘 나간다, 성공한다는 것은 때를 잘 만난다는 말이기도 하다. 그만큼 마땅한 '때'라는 것은 중요하고, 중요한 만큼 알기 어려운 신비의 순간이다.

그럼, 어떻게 하면, 대를 잘 맞출 수 있는가? 바꾸어 말하면 어떻게 하면 시중을 맞출 수 있는가? 참 어려운 문제다. 오죽하면 공자도 시중을 어렵다고 말했을까.

동양의 지혜를 집대성한 『주역(周易)』에는 시간에 대한 얘기가 많이 나온다. 그래서 어떤 사람은 주역을 시간의 철학서라고 하는 이도 있다. 주역에서는 "일의 기미를 알아야 능히 천하의 일을 완숭할 수 있다"라고 했다. 여기서 기(幾)는 개(介)라는 말로, 이 말은 있는 것과 없는 것의 사이, 나타나 있는 것과 숨어 있는 상태의 중간을 의미하는 것이다.

『주역』은 또한, "기(幾)의 움직임은 아주 은길하다"라고 하였는데,

어떻게 범인이 은밀한 기(幾)를 알 수 있으랴! 더구나 시중(時中)이란 가장 마땅한 순간, 사람이 도모하는 온갖 일과 우주의 오묘한 움직임 가운데 가장 결정적인 '때'를 말함인데, 누가 함부로 '이거다, 저거다'라고 말할 수 있겠는가!

시중이야 말로 두려운 마음으로 하늘을 살피며, 땅과 사람을 돌보며, 지극히 간절한 마음으로 겸허히 기도할 때, 문득 깨닫는 경지에서나 알 수 있는 일일 것이다. 그래서 『주역』에서는 "군자는 덕을 쌓고, 업(業)을 쌓는데, 이는 '때'를 맞추기 위함이다"라고 선언하고 있다. 즉. "언제나 근신하고 두려워하며, 게으르거나 나태하지 않아야 한다"라고 훈계한다.

진(秦)나라 왕전(王翦)이 초(楚)나라를 칠 때이다. 진군이 초군과 대치하게 되었는데, 왕전은 성을 쌓고 그 안에 틀어박혀 초군이 도발을 해와도 응전하지 않는다. 그리고 병사들에게는 맛있는 음식을 먹이며 휴식만 시킨다.

닷새가 지났다. 왕전은 부장에게 물었다.

"병정들은 무얼 하고 있는가?"

"예, 그저 노니까 지루해 합니다."

다시 닷새가 지났다. 왕전이 또 묻는다.

"예, 돌 던지기, 씨름 등을 하고 있습니다. 모두 기운이 남아도는 듯합니다."

"그래? 좋다."

왕전은 고개를 끄덕이더니, 전군에 출격 준비를 명하였다. 방심했던 초군은 열화 같은 진군의 공격에 산산이 무너졌다.

『사기』에 나오는 얘기다.

바로 때를 기다리다(待時), 때맞추어 공격한 것이다. 즉, 시중을 잘 잡은 것이다.

'자강불식(自彊不息)'이란 말이 있다. 『주역』「상전(象傳)」에 있는 말이다. "하늘의 운행은 건전하여 잠시도 쉬는 일이 없구나." 군자는 이러한 하늘의 운행을 보고 깨달아, 잠시도 쉬지 않고 스스로 힘써 노력한다. 다시 말해, "군자는 천도의 바른 운행을 보고, 덕을 부단히 쌓는다"라는 말이다.

『주역』은 정말 신묘한 책이다. 어렵다. 몇십 번 읽어서는 이해할 수 없는 책이다. 주자는 이런 말을 하였다.

"우러러 하늘의 현상을 관찰하고, 급어서는 땅의 모든 상태를 살핀다. 그러므로 역은 유명(幽明)의 까닭을 알며, 사물의 처음과 종말까지 생각한다."

공자 같은 대학자도 얼마나 주역을 좋아했던지, 읽고 또 읽어 책을 맨 끈이 세 번이나 끊어져, 위편삼절(韋編三絶)이란 말까지 후세에 전하고 있다.

3. 역사적 시중(時中)의 사례

(1) 남북전쟁

미국의 남북전쟁은 1861년부터 1864년까지, 4년 동안 남쪽과 북쪽의 형제끼리 싸우면서, 무려 62만 명의 전사자를 낸 끔찍한 사건이다. 그때, 미국의 인구가 북부 연맹이 1,500만, 남부 연맹은 500만, 도합, 2,000만 인구에 사망자만 62만이니, 미국 인구의 3%가 희생된 셈이다.

역사학자들은 남북전쟁을 모르고서는 미국을 이해하지 못한다고 얘기한다. 이 전쟁은 그만큼 미국 역사에 큰 획을 긋는 중대한 역사적 사건이다.

왜 그런 전쟁이 일어났나?

미국은 국토가 남한의 약 100배나 되는 큰 나라다. 그래서 남부와 북부의 풍토, 경제, 사람들의 정서와 기풍까지 사뭇 다르다. 북부는 유럽의 공업 국가를 닮아 경쟁 원칙과 평등주의를 숭상하는, 서민적 기풍이 강했는데 반해, 남부는 농업 생산에 의존하는 사회라, 흙을 가까이 하는 사람들의 특성인 인정과 성실을 존중하는 보수기질이 컸다. 따라서 기사도 정신이 숭상되고, 신사의 명예심, 숙녀에 대한 예절과 존중, 손님에 대한 환대 등 사뭇 중세적 기풍이 짙었다. 남부의 이런 기풍은 뛰어난 군인을 많이 배출하여 훗날 전쟁이 났을 때, 북부 연맹은 유능한 지휘관 부족으로 큰 곤욕을 치르게 된다.

이런 국민 정서와 산업의 구조적 차이가 오랜 세월을 흐르면서 갈등이 쌓여 마침내 전쟁으로까지 가게 되는 것이다. 국민 정서가 다른 것은 차치하고, 어째서 '경제, 산업의 구조적 차이가 전쟁까지 불러오는가'이다.

남부의 농업은 당시 경제성이 높은 면화 재배가 대세를 이루고 있었다. 그런데 사람 손이 많이 가는 면화 재배에는 흑인 노예들을 대거 쓰지 않으면 안 되었다. 한편, 공업 위주의 산업 구조를 갖고 있던 북부는 자유로운 기풍에 서민적이라, 사람이 사람을 노예로 부린다는 것을 죄악시 하는 분위기였다. 그렇다 보니 북부는 노예 해방을 주장하는 공화당이, 남부는 보수적인 민주당이 득세하는, 정치적 색깔도 달랐다.

이런 정치, 사회적 분위기의 차이는 남부의 시대를 역행하는 노예 제도에 극심한 증오심을 품게 되었고, 정치까지 이에 가세하는 형국이 되자, 남부인들은 자기들의 생활 수단인 농업을 위해 어쩔 수 없이 쓰고 있는 노예 제도가 죄악시되고, 비난의 대상이 되는 것에 당혹하지 않을 수 없었다.

이런 사회 분위기는 어느 시대나 과격분자들을 낳기 마련이다.

1820년, 버지니아에서 터너(Nat Turner)라는 흑인 노예가 폭동을 일으켜 백인 60여 명을 죽이는 끔찍한 사고가 났다. 또, 브루클린의 비쳐(Henry Beecher)라는 목사는 교단에서 "남부의 농장주들에게 설득력이 있는 것은 성서가 아니라 총이다."라고 하면서 신도들을 선동하였다.

사태가 이렇게까지 발전하자, 남부인들은 우울하고 불쾌하고 또, 분노로 떨었다. 그들은 자기 나름으로 명예와 전통을 지키며 사람다운 생활을 해 오고 있는데, 자기들의 생활에 없어서는 안 될 수단인 노예가 증오의 대상이 되고, 국론을 분열시키고 있는 현실 앞에 당황하고, 울분에 떨었다.

이 무렵, 노예를 필요로 하는 남부는 버지니아·사우스 캐롤라이나·조지아 등 15개 주였고, 당연히 이들 주들은 노예를 합법화하고 있었다. 반면, 북부 15개 주는 노예 제도를 금지하거나 폐지한 주들이었다. 결국, 시대기 흐르면서 미국은 노예를 합법화한 북부와 노예 제도를 금지한 주들로 갈라놓는다.

남부인들은 시간이 갈수록 자기들의 세계가 북부와는 완전히 다르다는 것을 절감하기 시작하였다. 이제 오로지 남은 희망은 16대 대통령 선거에서 노예 제도를 지지하는 정당의 대통령이 나오기를 기대할 수밖에 없게 되었다.

그런데 청천벽력으로 대통령에 공화당의 링컨이 당선되었다. 공화당은 창당 때부터 노예 제도 폐지를 당의 강령으로 채택한 정당이다.

남부인들은 실망을 넘어 절망하고, 절망은 분노로 바뀌었다. 남부인들은 링컨의 화형식을 하루가 멀게 거리마다 나와 집행하였다. 리치몬드의 유력지 「휘그(Whig)」는 선거 결과를 이렇게 논평하였다.

"링컨의 당선이야 말로, 이 땅 위에서 저질러진 가장 큰 죄악이다."

결국 파국은 오고 말았다. 1860년 12월, 사우스 캐롤라이나가 연방을 탈퇴하고, 연이어 텍사스·조지아·앨라배마 등 6개 주가 뒤를 이었다. 다음 해인 1861년 2월에 남부 연합이 결성되고, 제퍼슨 데이비스(Jefferson Davis)를 대통령으로 추대하였다. 그리고 두 달 후인 1861년 4월, 남부 연맹은 찰스턴 외항에 위치한 북군의 섬터 요새(Fort Sumter)를 포격하여 마침내 비극적인 전쟁이 시작되었다.

(2) 노예 해방

전쟁 초반, 남부는 기사도를 존중하는 국민 정서 때문에 남부는 뛰어난 군인들을 많이 배출하였다. 이들 명 지휘관들의 활약으로 앤티텀 전투가 일어난 1863년까지는, 주요 전투에서 남부는 항상 북부를 압도하였다. 그러나 시간이 지나면서 북부는 압도적인 인구와 경제력을 바탕으로 점차 전세를 역전시켜 나간다.

링컨 대통령이 노예 해방을 앤티텀 전투가 끝난 1863년에야 선언했던 것도, 거전 초기부터 전투마다 북부가 패했기 때문이다. 1863년은 전쟁이 시작되고도 2년이라는 세월이 흐른 후다.

물론, 그럴 수는 없는 일이었지만, 만에 하나 북부가 전쟁에라도 진다면, 노예 해방이 아니라 노예 제도가 오히려 정착되는, 그야말로 큰 웃음거리가 될 수도 있기 때문이다. 그러니까 링컨은 어느 전투건 시원하게 한 번은 대승을 거두는 기회를 애타게 기다려 왔던 것이다.

전쟁이 시작되고 2년이 지난 다음부터는 워낙 국력이 안 되는 남부는 병사들의 신발도 제대로 지급할 수 없는 궁핍으로 허덕였다. 마침 그 무렵, 앤티텀 전투에서는 북군이 다소 유리했기 때문에, 이를 기회로 링컨은 노예 해방을 선언해 버린 것이다.

이로써 링컨 대통령은 노예 해방이라는 정치적 명분을 쌓았고, 유럽 국가들의 남부 지지를 막는 데도 엄청난 효과를 거둘 수 있었다.

다음 해인 1863년 7월 게티즈버그 전투를 분수령으로 전쟁의 흐름은 완전히 북부의 일방적 우세로 일관하였다. 특히, 그런트나 셔먼 장군 같은 유능한 지휘관들이 등장하면서, 마침내 1865년 4월, 남부는 더는 견디지 못하고 버지니아 남쪽의 작은 도시, 애포머톡스에서 남부군 총사령관 리 장군이 북군의 그랜트에게 항복하면서 전쟁은 북부의 승리로 막을 내린다.

남북전쟁의 의의는 첫째, 노예 제도의 폐지다. 1865년 수정헌법 13조가 비준되면서 미국 전역에서 노예 제도가 공식적으로 폐지된다. 둘째, 연방의 재통합이다. 남부 주들은 다시 연방으로 통합되었고, 연방 정부의 권한이 강화되었다. 만일, 남부가 전쟁에서 이겼으면 미국은 아마도 분열되어, 텍사스 공화국, 조지아 왕국 같은 나라가 생겼을지도 모른다. 셋째, 오늘의 미국(The United States of America)은 존재할 수 없다. 특히 링컨 같은 강력한 신념의 연방주의자가 대통령으로 있었기 때문에 오늘의 미국이 가능했다.

미국의 남북전쟁에서 앤티텀(Antietam) 전투의 의의는 무엇인가?
앤티텀 전투는 남북전쟁 역사상 '단일 전투일'에 가장 많은 사상자가 발생한 전투다. 남군 리 장군이 메릴랜드주로 북진, 북군 조지 매클렐란 장군과의 치열한 공방전 끝에 전술적으로는 무승부에 가까웠지만, 전략적으로는 북군이 승리했다.
이 전투의 결과로 링컨 대통령은 '노예 해방 선언'을 할 수 있었다. 이는 북부의 전쟁의 목적이 노예제 폐지라는 대의명분을 갖게 하였고, 또 영국과 프랑스의 남부 연합 승인을 단념시키는 데 기여했다.
왜 그럼, 영국이나 프랑스가 남부 연맹을 동정하였는가?
우선 영국은 북부가 공업국이라 경쟁 상대가 되는 게 두려웠다. 한편, 프랑스는 미 대륙 내에 영토에 대한 야심이 있었기 때문이다. 따라서 영국이나 프랑스는 미 대륙에 강력한 단일 국가가 형성되는 것을 꺼렸기 때문이다.

미국의 남북전쟁 얘기가 좀 길어졌다. 그러나 미국을 알기 위해선 남북전쟁을 알아야 한다. 이 전쟁이 오늘의 미국이라는 경이로운 위대한 나라를 있게 한 기반이기 때문이다. 그래서 할배도 미국의 남북전쟁을 연구해서 상, 하 두 권으로 엮어 출간했다. 무려 5년이 걸렸다. 이 담에 너희도 미국의 『남북전쟁』은 꼭 읽기 바란다.

미국은 누가 뭐라든 우리에게는 중요한 나라다. 미국이 없었으면 우리 대한민국은 존재할 수가 없었다. 19세기 개화기에는 수많은 선교사들이 우리를 도왔고, 학교며 병원까지 세워주고, 이 땅에 뼈를 묻은 이도 허다하다. 그뿐이 아니다. 6·25 전쟁 때는 4만여 명의 미국 젊은 사람들이 우리를 지키다가 죽었다. 미국 얘기를 하자면 끝이 없다. 이 정도로 해두자. 그러나 역사적으로나, 실질적으로 우리가 가까이 할 나라는 미국밖에 없다. 미국인은 정의의 나라, 주님을 잘 섬기는 나라다. 그러니까 미국에 대한 연구는 게을리하지 않아야 한다.

지금 할배는 시중이라는 중요한 대목을 얘기 하던 중이었다. 그래서 역사적으로 결정적인 사례가 어떤 경우인가를 설명하는 중이었다. 이 시중의 한 사례로 앤티텀 전투를 얘기하려는 것이다.

앤티텀 전투는 노예 해방과 관련이 있고, 또, 남북전쟁에서 하루 사상자가 무려 23,000명에 이르러, 미국 역사상 하루 전투에서 가장 큰 손실을 본 전투요, 남북군의 장군 전사자만 18명(남북 군 공히 각각 9명) 이르는 가장 무참한 전투로 기록되고 있다.

그럼 이 전투가 어떻게 진행되었고, 왜 의미가 있는 전투가 되었나?

앤티텀 전투는 1862년 9월 17일, 메릴랜드 주 샤프스버그시 부근의 앤티텀 하천에서 벌어졌다. 샤프스버그는 미국의 수도 워싱턴에서 약 90km 거리에 있는 도시이다.

전투가 벌어진 이유는 버지니아 일대에서 연전연승한 리 장군이 메릴랜드로 쳐들어가, 우선 메릴랜드주를 남부 연맹에 가입시키고, 물자가 풍족한 그곳에서 병력과 군수 물자를 얻기 위한 목적이었다.

특히, 남부 연맹이 전투마다 이기는 것을 보고, 영국과 프랑스가 관심을 갖고 있는 것을 눈치챈 리 장군은 이번 기회에 더 큰 싸움을 벌여, 남부의 실력을 증명해 보이고 싶었다. 그게 영국이나 프랑스의 승인을 받아내는 데도 큰 도움이 된다고 생각했던 것이다.

우선 첫 전투는 새벽 6시 남군의 좌익을 북군이 공격하는 데서 시작되었다. 북군은 헤이거스타운 파이크를 따라 공격해 왔는데, 이때 남군의 좌익은 잭슨이 맡고 있었다. 잭슨은 병력을 2개의 우거진 숲과 널찍한 옥수수 밭에 배치하고 있었다.

잭슨은 별명이 담벼락(Stone Wall) 장군이다. 남북군이 최초로 지상전을 벌인 곳이 일 년 전, 워싱턴 서북방으로 약 50km에 위치한 작은 마을, 이름이 매너서스란 곳인데, 이 첫 전투에서 총탄이 빗발치는 가운데도 언덕 위에 우뚝 서서 부대를 지휘했다.

언덕 위에 돌담처럼 우뚝 선, 말을 탄 장군, 남북 군 모두가 그의 대담함에 놀라움과 두려움을 안겨준 그 모습에서 '담벼락'이란 별명을 얻었다.

그는 어쩌면 남북 군을 통틀어, 가장 유능한 지휘관이었다고 할배는 생각한다. 그는 불세출의 눈부신 싸움꾼이요, 신출귀몰하는 그의 전술은 늘 적의 간담을 서늘하게 만들었다. 전투마다 지는 법이 없었다.

그가 버지니아의 세난도어 계곡에서 펼친 기동전은 현대 전술에서도 귀감으로 삼는다. 그는 다음해인 1863년에 챈슬러스빌 전투에서 우군의 오인 사격으로 전사한다. 로버트 리 장군은 그가 죽었을 때, "내 오른 팔을 잃었다"고 통탄하였다.

그의 레몬 사랑은 유명하다. 소화에 좋다고 늘 레몬을 빨아먹는 모습을 자주 보였기 때문이다. 그는 강직한 원칙주의자로, 종교적 신념이 지나쳐 주일에는 전투를 꺼리는 정도였다.

북군의 목표는 낮은 언덕 위에 회반죽으로 칠한 덩카드(Dunkard)

교회였다. 그 일대에 남군의 포병들이 포열하고 있었기 때문이다.

"착검을 한 양키들은 2열 횡대로 전진해 오고 있었다. 때마침 내리비치는 햇빛이 그들의 총과 총검에 반사되어 그 황홀한 광경이 우리의 넋을 잃게 하였다."

어느 남군 장교의 회고이다. 이때 북군의 지휘관은 1837년 웨스트포인트를 졸업한 후커(Joseph Hooker) 소장. 사람들은 호주가이며 쉽게 화를 잘 내는 이 매사추세츠 출신을 '파이팅 조(Fighting Joe)'라고 불렀다. 남북 양군의 포병이 먼저 포화를 교환하였다. 북군의 포탄은 주로 옥수수밭으로 떨어졌다.

"옥수수 대는 낫으로 벤 듯이 밑동이 모두 잘려나갔다. 대오를 짓고 있던 병사들이 그 자리에서 살해되는 바람에 시신들이 마치 열을 지어 누워 있는 것같이 보였다." 후커의 회상이다.

당하고만 있을 잭슨 부대가 아니다. 맹렬한 반격 앞에 북군의 제12 매사추세츠 연대는 334명의 요원 중 224명을 잃었다. 불과 수분 사이에 일어난 일이었다. 후커 자신도 발에 관통상을 입었다. 이곳에서만 18명의 남북의 장군이 목숨을 잃거나 중상을 입었다. 기이하게도 남북 군이 똑같은 각각 9명의 장군을 잃었다.

전세는 후커에 유리하게 전개되고 있었다. 병력이 갑절이나 우세했기 때문이다. 우세한 병력으로 노도같이 밀려오는 북군을 잭슨도 당할 수가 없었던 것이다. 그때, 잭슨은 그의 마지막 예비대를 투입하였다. 남군에서도 용맹하기로 이름난 텍사스 출신의 후드(John B. Hood) 사단이었다. 그들은 화가 머리끝까지 나 있었다. 사실은 그동안 간이식으로만 끼니를 때웠는데, 그날 아침은 모처럼의 따뜻한 아침 식사를 먹게 되어 있었는데, 북군의 때 아닌 새벽 공격으로 아침까지 거르게 된 것이다. 그러나 배고픈 그들의 사기는 변함이 없었다.

용맹하기로 유명한 젊은 사단장 후드가 북군의 공격을 저지하였다.

그러나 남군의 손실은 너무나 막심한 것이었다. 옥수수밭으로 돌격해 들어간 부하 중 60%가 옥수수밭에서 다시는 그 모습을 나타내지 못했다. 너무도 황망한 참모장교 하나가 사단장인 후드에게 물었다.

"사단장님, 우리 사단이 어디 갔습니까?"

"저기 밭 속에 다들 누워 있지 않나!" 후드의 퉁명스런 대답이었다.

무려 5시간 동안 전투는 계속되었다. 무참한 살육전이었다. 남군의 5개 사단과 북군의 5개 사단이 한 치도 물러서지 않고 서로 죽고 죽이기를 계속하다가 마침내 탈진하여, 말리지도 않은 싸움이 저절로 중단되었다. 남북의 양군은 서로 약속이나 한 듯이 뒤로 물러섰다. 그러고는 남북 어느 쪽도 감히 싸우려고 나서지 못하였다.

무려 1만 2,000의 남북 군 사상자들이 들판 이곳저곳에 떼를 지어서, 혹은 짝을 이루며 널려 있었다. 남북전쟁을 통틀어 이곳에서처럼 치열하고 가열을 극한 전투도 없었으려니와, 짧은 시간에 그렇게도 많은 희생자를 낸 전투 또한 없었다.

• 선큰 로드(Sunken Road)

한편 덩카드 교회 동남쪽 2마일쯤 밭을 가로지르는 달구지 길은 남군 방어선의 중앙에 해당하는 곳으로, 사우스캐롤라이나 출신의 D. H. 힐 사단의 구역이었다. 이 농로(農路)는 우마차와 달구지의 왕래가 빈번하여 자연스럽게 움푹 패인 길(sunken road)이 되고 말았는데, 리는 이곳에 2개 여단을 배치하였다. 그리고 이 움푹 패인 달구지 길을 직접 방어하는 제6앨라배마 여단장 고든(John B. Gordon)을 불러 이 진지는 어떤 대가를 치르더라도 지켜야 한다고 당부하였다.

변호사 출신인 고든은 나름대로 각오가 돼 있었다. 앤티텀 전역의 두 번째 전투는 이곳을 중심으로 일어나게 된다. 잭슨과 후커의 싸움이 소강상태로 들어간 무렵, 섬너의 2개 사단이 자신의 좌측 방을 드러내지 않기 위해 대각선 방향으로 비스듬히 이달구지 길을 공격해 왔다. 이곳을 맡고 있던 고든, 북군의 전진을 응시하고 있었다. 북군의 공격 대형은 4열 횡대였다.

용감한 북군의 지휘관은 다소 사치스런 모습으로 마상에 높이 앉아 최선두에서 전진해 오고 있었다. 그리고 고적대는 근가를 연주해 부대원들의 사기를 고취하며 전진하였다.

그는 순간적으로 저렇게 장엄한 군대 행진을 총탄으로 더럽힐 자신을 생각하고 잠시 주저하였다. 그는 북군이 바짝 다가올 때까지 부하들의 사격을 제지하였다. 북군의 가슴이 두 눈에 꽉 차 보일 때 "쏴!" 하고 명령을 내렸다. 훌륭했던 모습의 북군 지휘관은 그 자리에서 전사하였다. 공격 대형이 일시에 혼란을 일으켰다. 혼란은 잠깐, 그대로 대오가 무너지면서 북군은 달아나기 시작하였다. 그러나 곧이어 북군은 반격해 왔다. 무서운 기세였다. 이 지역은 남군 방어선의 중심부요, 특히 이 달구지 길은 그중에서도 요지이기 따문이다. 그러나 공격이 저지되기는 마찬가지, 움푹한 달구지 길에 은신한 채 북군을 쏠 수 있는 남군의 지형이 너무도 유리했기 때문이다.

병력이 절대 우세한 북군은 격퇴되기가 무섭게 다시 새로운 부대가 돌격해 오고, 기다리던 남군은 은신한 채 맹렬한 사격을 가하고. 이렇게 같은 공격과 격퇴가 다섯 차례나 거듭되었다. 북군의 사상자가 늘어만 갔다. 이때 남군 여단장 고든이 다리에 적탄을 두 발이나 맞고 곧이어 왼팔에 한 발, 다시 네 번째 적탄이 고든의 어깨를 관통하였다. 위생병이 달려왔으나 고든은 고개를 저었다.

"나는 아직 움직일 수 있다. 다른 아이들에게나 가보라." 그는 부상한 몸으로 전투를 계속 지휘하였다.

"다섯 번째 탄환이 나의 얼굴에 명중하였다. 나는 앞으로 고꾸라지면서 의식을 잃었다. 그때 내 얼굴은 군모 속에 처박힌 채였다. 양키가 쏜 총탄이 내 모자에 구멍을 냈기 당정이지 그렇지 않았으면 아마도 나는 질식해서라도 죽었을 것이다."

변호사 출신인 고든은 소장까지 승진하였고, 1차 불런으로부터 7일 전쟁, 윌더니스, 게티즈버그 등 큰 전투를 모두 치른 후, 애포머톡스에서는 리 장군의 마지막 돌격까지 지휘하여 남군의 상징으로 추앙을 받았다. 전후에는 정치가로서도 성공하여 상원의원, 조지아 주지사로 활약하게 된다.

북군은 달구지 길을 끈질기게 공격하였다. 공격제대가 파도처럼 몰려왔다가는 남군의 일제 사격에 물러가기를 서너 차례, 뉴욕 연대의 병사가 마침내 달구지 길을 내려다보는 지점을 찾아냈다. 서둘러 뉴욕 연대원들이 그곳으로 몰려가 남군을 내려다보며 사격을 집중하였다.

"우리는 우리 속에 갇힌 양떼를 쏘는 것과 마찬가지였다. 만약 총탄이 빗맞은 때가 있어도 그놈은 언덕을 맞고 튀면서 다시 반란군을 때렸다." 남군과 북군의 입장이 이제 뒤바뀌었다.

"광기가 우리 모두를 사로잡는 것만 같았다. 너무도 다급한 나머지 미처 총탄을 재지 못한 우리는 죽은 적의 총까지도 뺏어들고 쏘기도 하였다. 어떤 때는 탄환 장진 막대를 뺄 시간도 없어 그대로 쏘기도 하였다." 생존한 뉴욕 병사의 회상이다.

남군의 시체들이 달구지 길에 한 겹, 두 겹 쌓이기 시작하였다. 마침내 그곳의 남군이 전멸하다시피 하며 움푹한 길이 시체들로 메우다 못해 언덕을 이루었다. 이 움푹 패인 달구지 길은 그 후로 '피의 통로(Blood Lane)'라고 불리면서 많은 방문객을 찾게 하는 곳이다.

패퇴한 남군은 샤프스버그 외곽까지 쫓겨와 재편성하기 시작하였다. 북부의 한 기자는 남군이 쫓겨 간 직후의 피의 통로 일대를 목격하고 그 참상을 이렇게 표현하였다. "참으로 소름끼치는 광경이었다. 남군의 병사들이 시퍼런 칼날에 잘려나간 풀처럼 쓰러져 있었다."

이제 매클렐란이 이 전장의 주인공으로 나설 때가 온 것이다. 적의

심장부인 방어선의 한가운데가 뻥 뚫린 것이다. 이제 머클렐란이 예비대만 돌파구에 투입하면 어느 남군 장교의 말처럼 '리의 군대는 전멸하고, 남부 연맹도 사라질 판'이었던 것이다. 그런데 머클렐란은 어찌된 영문인지 그의 싱싱한 프랭클린의 제6군단을 투입하지 않은 채 방관만 하고 있는 것이다.

매클렐란은 상황이 결정적으로 유리하게 된 지금의 이 상황에서도 리 장군이 예비대를 규합하여 반격해 나올 것이라는 망상에 사로잡혀 있었다. 오히려 프랭클린이 몇 번이고 공격을 간청하였다. 그러나 매클렐란은 입버릇처럼 똑같은 말을 프랭클린에게 하였다.

"지금 공격한다는 것은 결코 현명한 방법이 아니다."
쫓기는 적을 쫓아가야 할 군대가 쫓아가지를 않으니 '피의 통로' 지역의 전투도 소강상태로 접어들었다.

조지 매클렐란. 별명도 '작은 나폴레옹', '느림보 조지(Tardy George)' 등에, 군인이면서 공격을 잊어버리기라도 한 듯, 전투에서는 뒤꽁무니만 빼는, 그러면서도 조직과 훈련에서는 발군의 실력을 가진 복잡한 사람이다. 오래전에, 링컨은 그를 포토맥군 사령관이라는 북군의 최고 지휘관으로 임명하였다.

링컨이 그를 발탁한 이유는 그의 전투 솜씨는 본 적이 없고, 전쟁 전, 신병을 훈련하고 부대를 잘 관리하는 것만 보았기 때문이다.

그의 공격 기피증 증상은 포토맥 사령관이 되어서도 여전하여 링컨을 여러 번 실망시키고, 결국 게티즈버그 전투 직전에 미드 장군으로 교체된다.

그는 미남에다 나폴레옹 같이 폼은 누구보다 잘 잡았고, 부대 훈련은 잘 했지만, 전투에서는 빈 강정과 같은 지휘관이었다.

이곳, 앤티텀 전투에서도 부하의 건의대로 리의 본대를 공격만 했으면 남군은 그때 완전히 괴멸되고, 남부 연맹이란 나라까지 날라갈

뻔 했는데, 황금 같은 기회를 그저 넘겨 버린 것이다.
 게다가 거만하기는 천하제일이라, 링컨 대통령을 우습게 알고, 기회만 있으면 링컨 험담을 하였다.
 앞서 링컨이 자기 야전 사령부를 방문 했을 때, 기다리는 대통령을 무시하고 자기 천막에서 잠을 청한 인물이 바로 그다. 전쟁이 끝나고, 제16대 대통령 선거에서까지 링컨에 맞섰다가 낙선했다.

• 번사이드 브리지

 이 무렵, 전투의 클라이맥스는 이제 중앙에서 남군의 우익으로 옮겨갔다. 이곳의 공격은 북군의 9군단장 번사이드가 담당하였는데, 북군의 1만 2,500명에 비해 툼즈(Robert A. Toombs) 준장의 남군은 불과 2천여 명밖에 안 되는 열세에 있었다. 새벽부터 시작된 덩카드 교회 일대와 '피의 통로' 부근의 전투를 위해 리가 대부분의 병력을 그쪽으로 전용하였기 때문이다.
 툼즈는 원래 정치가로 남부 연맹이 결성되었을 때, 대통령을 희망하였으나, 뜻을 이루지 못하고 국무장관을 맡고 있던 사람이었다. 그러나 국무장관 자리는 그의 욕심을 채워줄 수가 없었다. 그는 새로운 시도로 군인의 길을 택했지만, 군에서도 그의 무능과 거듭되는 상사에 대한 반항으로 말썽만 피웠다. 그는 걸핏하면 데이비스를 헐뜯고 '웨스트포인트 도당(徒黨)'을 비난하였다. 군과 나라를 망쳐놓는다고. 훗날, 그는 이 전투에서 부상까지 당했는데, 진급도 안 시켜주자, 대놓고 반정부 성명을 발표하고 군을 떠난다.
 번사이드는 키가 크고 위풍당당한 장군이었다. 특히 그의 볼품 좋은 구레나룻은 너무도 훌륭하여 그의 이름을 따 사이드번스(Sideburns, 구레나룻)라는 단어까지 만들게 한 장본인이다.
 그는 천성이 너무도 순수하여 분에 넘치는 직책이나 책임을 진심으로 사양하였다. 그러나 매클렐란의 오랜 친구였던 탓으로 군단장

자리도 매클렐란이 뒤를 잘 돌보아준다는 약속에 억지로 떠맡다시피 하였던 것이다.

번사이드의 9군단은 리 장군에게는 가장 위협적인 위치에 있었다. 번사이드가 앤티텀 하천의 하류를 도하하여 우회 공격을 했으면, 리의 퇴로가 차단되는 형국이었다. 여기에 이름도 없는 양쪽 하천 언덕에서 내려다 보이는, 50m 길이의 나즈막한 돌다리가 있었다. 그런데, 무능한 번사이드는 굳이 위험한 낮은 돌다리를 통해 무리하게 하천을 건너려다가 많은 부하만 잃는다. 남군이 바로 다리 건너 언덕에서 좁은 다리를 건너는 수백 명의 북군을 오리 사냥 하듯 총을 쏘아댔으니, 결국 북군은 많은 희생을 치를 수밖에.

오늘날, 그 다리는 '번사이드 브리지(Burnside Bridge)'로 불리면서 큰 관광 명소가 되었다.

번사이드 브리지의 남군은 조지아 대법원 판사였던 베닝(Henry L. Benning) 대령이 불과 400명의 부하와 함께 수비하고 있었다. 그들은 번사이드 브리지를 내려다보는 언덕과 나무 사이에 은신하여 공격해 오는 북군을 사격 연습하듯, 저격하여 북군에게 막대한 손실을 입혔다. 베닝은 그 후 장군으로 진급, 게티즈버그, 치카모가 전투에도 참가하게 된다. 북군은 무리하게 이 다리를 건너려고 두 번에 걸친 돌격을 감행하였으나 막대한 손실만 입고 격퇴되었다. 두 번째 돌격에 가담한 메릴랜드 연대의 경우 300명 병력의 절반이 순식간에 희생되었다. 다리를 건너려는 시도가 좌절되자 세 번째 강습으로 뉴욕과 펜실베이니아 연대 700명이 좁은 다리를 사이에 두고 병력을 좌우로 나누어 개울을 건넜다. 그러나 물을 건너는 동안 막대한 희생자를 내면서 절반 가량만이 도강에 성공하였다. 여단 내 최강을 자랑하는 제9뉴욕연대 요원들이었다. 이들은 프랑스 경보병의 복장을 한 '불타는 경보병(Fire Zouave)'들로 남군의 포탄 한 발에 8명이 순식간에 산화하기도 하였다. 이들의 공격도 얼마나 집요하였던지 선두에 선 기수가 쓰러질 때마다 새로운 용사가 나서서 쓰러진 기를 들고 전진하는 동안 무려 7명의 기수가 연속해서 전사하였다.

끈질긴 북군의 공격 앞에 베닝 대령이 지휘하는 남군도 막대한 피해를 입고 동요하기 시작하였다. 이때 변호사 출신인 제51뉴욕 연대의 포터(Robert B. Potter) 대령이 다리 위로 돌격을 감행, 오후 1시 경 마침내 번사이드 브리지를 점령하였다. 곧이어 북군의 9군단이 앤티텀 천을 건너 전개를 완료한 것이 오후 3시. 샤프스버그의 동쪽과 남쪽의 감제고지 대부분을 북군이 장악하였다. 포터는 후에 장군으로 진급, 스팟실베이니아 전투와 특히 피터스버그 전투의 지하 폭파 작전에서 크게 활약한다. 이제 새로운 위기가 리에게 닥쳐왔다.

매클렐란에게는 천하명장 리를 포함하여 남군의 주력을 섬멸할 수 있는 절호의 기회가 왔다. 북군의 공격은 순조로웠다. 남군의 저항이 필사적이었으나 병력이 절대 우세한 북군을 저지할 방법이 없었다. 리의 퇴로가 거의 차단된 상황에서 예비대인 포터의 제5군단까지 투입했다면, 사실상 매클렐란은 그가 흠모하던 나폴레옹 못지않은 영원한 영웅이 될 수 있었을 것이다. 그러나 매클렐란은 이때도 예비대의 투입을 반대하였다. 번사이드를 도와 일거에 리를 격멸하여야 한다는 포터의 건의를 매클렐란은 이런 말로 대신하였다고 전한다.

"장군, 잘 기억해 두시오. 나는 우리 공화국의 최후의 예비대 공격을 명령할 사람이란 말이오."

결국, 매클렐란의 공격 기피증은 천재일우(千載一遇)의 기회를 놓치고 만다.

- 넬리는 어쩌자고 그와 결혼을

고지 위에서 전체 상황을 지켜보고 있던 리의 실망은 이만저만이 아니었다. 그의 명민(明敏)한 전술 안목은 한눈에 자기의 최후가 얼마 남지 않음을 절감하였다. 퇴로는 번사이드 다리뿐인데 번사이드 군단이 가로막고 있다.

'이 전투가 나의 마지막 전투란 말인가!' 리는 무너지는 자신을 느꼈다.

지난 2년, 수많은 전장을 질주하였지만, 오늘 같은 실망감에 절망까지를 느껴 본 적은 없었다. 좁은 전장에서 자기의 두 배에 가까운 적과 대적하는 것이 무리였다. 이만큼이라도 버틴 것이 외려 용했다고 생각했다. 앤티텀은 작년의 윌더니스나 첸슬러스빌이 아니다. 고래가 활개를 치려면 바다로 나가야 한다. 작년에도 병력은 북군이 남군의 두 배가 넘었다. 그러나 거긴 깊은 바다라 얼마든지 치고 빠지고, 기만하고, 집중하는가 싶을 때 우회하고— 후커를 맘대로 농락할 수 있었다. 그러나 오늘은 강이다. 마술도 무대장치가 있어야 하듯, 맨몸으로 관중 앞에 선 꼴이다. 고래를 강으로 몰아넣었으니, 움치고 뛸 곳이 없다. 마술을 부리려는데 관중이 앞에는 물론, 옆으로 뒤로 빽 둘러쌌다. 천하명장 리인들 도리가 없는 것이다.

리의 명성도, 남군의 멸망과 함께 영원히 침몰할 것인가. 리에게는 절대 절명의 위기가 다가온 것이다.

바로 이때! 남쪽 뜰리 일단의 인마(人馬)가 뿌연 흙먼지를 일으키며 달려오고 있다.

"어느 쪽인가?" 리가 황급히 묻는다. 부관은 망원경에서 눈을 떼지 못하고 있다. 짓누르는 무거운 침묵이 흐른다. 노인의 얼굴이 창백하다.

"각하, 우리 편입니다!" 망원경에서 눈을 떼지 않고 부관이 소리 질렀다.

그들은 A. P. 힐 사단이었다. 힐은 지금 백리 밖, 하퍼스 페리에 있어야 할 사람이다. 그런데, A. P. 힐이 북군 복장을 한 부하들을 이끌고 나타난 것이다. 그런데 남부기와 힐 사단기를 들고 있다. 옷은 북군 기지에서 뺏은 것이지만, 우리는 남군임을 증명하기 위해서다. A. P. 힐이 사지에 몰린 리를 구하러 나타난 것이다. 기적이다.

그들은 얼마나 급히 달려왔던지, 3,300명 중 2,000명만이 도착하였다. 1,300명이 낙오했다. 백 리 길을 달려왔으니 무리는 무리다.

A. P. 힐의 도착 시간은 너무도 완벽하였고, 예기치 않고 있던 북군의 좌측 방에 대한 기습 또한 북군에게 결정적인 타격을 주었다.

A. P. 힐이 시중(時中)을 잡은 것이다. 그들은 복장마저 북군과 똑같아, 북군에게 더 큰 혼란을 일으켰다. 지금까지 기세등등했던 북군은 예기치 않은 새로운 남군의 출현으로 무너지기 시작하였다.

다급해진 번사이드, 매클렐란에게 급히 증원을 요청하였다. 그러나 이때에도 매클렐란은 냉정하게 거절하였다.

"글쎄, 그건 신중한 방책이 아니란 말일세."

번사이드는 배신감에 떨었다. 그러나 지금은 누굴 원망하고 있을 때가 아니다. A. P. 힐의 휘몰아치는 기세가 너무도 사나웠다. 부하들이 정신을 잃고 뿔뿔이 번사이드 다리를 향해 달아나기 시작하였다.

"빌어먹을! 넬리(Nelly)는 어쩌자고 매클렐란과 결혼했단 말인가!"

어느 북군 장교가 그 와중에 내뱉은 말이다. 넬리는 매클렐란의 부인 이름이다. A. P. 힐은 사관학교 시절, 매클렐란의 현재 아내인 넬리를 두고 서로 사랑을 다투다가 빼앗겼던 것이다.

천행으로 날이 저물었다. 리는 사로잡히기 직전인데, 오히려 번사이드 군이 큰 변을 당하고 있다. 그러나 가까스로 다리까지 철수하는데 성공하였다. 번사이드는 종일 그 많은 부하들을 희생시킨 돌다리에 되돌아온 자신의 처지가 처량하였을 것이다.

이렇게 앤티텀 전투는 극적으로 막을 내렸다. 그러면 이 전투의 최대 의의라 할 노예 해방은 어떤 충격을 미국 사회에 주었는가를 살펴

볼 필요가 있다.

(3) 이제는 내 딸을 팔지 못하리라

링컨은 연방에 침입한 반란군을 격퇴할 수 있었던 것은 곧 '신(神)이 노예들을 위해 유리한 결판을 내신 것'으로 받아들였다. 그러므로 이번 앤티텀 전투야말로 자신이 오랫동안 꿈꾸어 온 노예 해방 선언을 할 때라고 생각하였다.

"우리 주 예수께서 으신 해로부터 1863년째 해의 정월 초하루를 기하여 미합중국에 반란을 일으킨 사람들의 모든 주와 특정 지역의 노예는 영원히 자유의 몸이 되었음을 선언한다." 1862년 9월 22일, 앤티텀 전투가 끝난 지 닷새 만에 링컨이 행한 노예 해방 선언이다.

소식을 전해들은 남부연맹 대통령 데이비스는 링컨의 이번 선언은 "죄 많은 인간에 의해 저질러진 역사상 가장 저주받을 조치이다."라고 극언하였다.

비록 이 선언이 합중국에 반대하는 지역 내의 노예들의 자유만을 약속한 것이기는 하였으나, 일부 노예들의 자유가 어떻든 현실적으로 실현된 것이다. 그러나 메릴랜드, 테네시, 미주리 등 연방을 이탈하지 않은 주 내의 노예들은 그대로 노예 신분으로 남아 있어야 한다는 다소 괴이한 조치가 되었다.

이것은 링컨의 세심한 정치적 배려가 깔린 조치로서, 연방 내에 있으면서도 노예 제도를 허용하고 있는 주의 이탈을 방지하고, 한편으로 남부연맹에 가입한 주의 흑인들 사이에서 불온한 분위기를 불러일으켜, 남부 백인들 사이에 불안감을 야기시킨다는 링컨의 고도한 정략의 한 수단이었다. 그래서 런던의 「스펙테이터(Spectator)」지는 링컨의 노예 해방 선언을 다음과 같이 비꼬았다.

"정부는 적의 가축이라도 풀어주듯이 그들의 노예를 해방하였다. 그것은 노예 해방을 위해서가 아니라 적의 전력을 약화시키기 위한 조치였다. 이번 노예 해방 선언의 정신은 한 인간이 다른 인간을 노예로 소유할 수 없다는 드높은 이상의 발로가 아니라, 단순히 합중국에 충성을 맹세하지 않는 한 그 누구도 노예를 소유할 수 없다는 지극히 천박한 정치적 술수에 불과하였다."

그러나 링컨은 연방주의자이다. 그는 연설에서 그의 신념을 이렇게 피력하였다.

"이 전쟁에서 나의 궁극적 목표는 연방을 구하는 데 있는 것이며, 노예 제도를 폐지하거나 혹은 이를 존속시키는 데 있는 것은 결코 아니다. 한 사람의 노예도 해방하지 않고 연방을 구할 수 있다면 나는 그렇게 할 것이며, 모든 노예를 해방하여야 연방을 구할 수 있다면, 그대로 따를 것이며, 일부만 해방하고 또 다른 일부는 그대로 남겨 놓아야 한다면, 그때도 나는 그렇게 할 것이다.

(If I could save the Union without freeing any slave, I would do it; if I could save it by freeing all the slaves, I would do it; and if I could save it by freeing some and leaving others alone, I would also do that.)"

"내가 작성한 중대한 초안을 여러분과 함께 읽기 위해 여러분을 이 자리에 모셨습니다." 링컨이 9월 22일, 노예 해방 선언에 앞서 소집한 각료회의 서두였다.

"그러나 사전에 밝혀둘 일은 오늘 문제의 핵심에 대해서는 어떤 조언이나 반대도 받아들일 수 없다는 점입니다. 왜냐하면 내가 최선을 다하고, 또 당연히 대통령으로서 져야 할 책임을 다하기 위해, 내가 이미 결단을 내렸기 더문입니다."

어떤 조언이나 반대도 받아들일 수 없다? 이번 결단에 대한 링컨의 결의와 각오가 어떤 것인가를 단적으로 말해주는 대목이다. 그는 모든 문제를 홀로 떠맡고 싶었던 것이다. 명예나 영광이 아니라 책임을.

이번 해방 선언의 정신은 분명 고매한 인간의 이상을 드높이려는 것이었으나, 내용은 너무나 현실 정치에 깊이 물려 있었기 때문이었을 것이다.

'노예를 해방하되, 남부 연맹이 소유하고 있는 노예만을 해방한다. 정작 자신의 통치하에 있는 연방에 속한 흑인의 자유는 유보한다.' 어느 모로 보나 공정치 못한 처사임에 틀림이 없었다. 그러나 바로 이 점이 정치가로서의 링컨의 위대한 면모가 아닐까.

연방을 살리려면 천하없어도 전쟁을 이겨야 한다. 전쟁에 이기면 노예 해방도 저절로 이루어진다. 승리야말로 필수적인 대전제가 아닌가. 그러자면 군사력 외에도 적을 교란하고 약화시키는 데 수단을 가릴 수 없다. 남부의 흑인 해방은 남부의 사회 불안을 조장하고 경제를 파탄시킬 것이다. 뿐만 아니라 우리가 세운 노예 해방이라는 기치는 유럽 제국으로 하여금 감히 남부연맹을 승인할 수 있는 명분을 잃게 할 것이 아닌가. 다른 사람이라면 세상의 이목과 비난이 두려워 감히 할 수 없는 선언을 링컨은 한 것이다.

무릇 세상사란 그 일이 크고 중요할수록 대의명분이 있어야 한다. 남부연맹을 상대로 전쟁을 시작한 지도 벌써 1년이 넘었다. 그동안 큰집이라는 연방이 남부와 싸우면서 뚜렷한 명분도, 내세울 더의도 없이 그저 싸움질만 해온 것이다. 기껏 상대를 허물한다는 게 '반란군(Rebel)'이란 이름이 고작이었다. '반란군' 정도면 국내 사건으로 응징만 하면 되었지, 대외적으로 나의 정당성을 내세우고 상대를 몰아세울 만한 구실이 될 수 없는 것이다. 더구나 지금같이 구주 열강이 미합중국을 견제하기 위해 남부를 동정하고 기회만 오면 그들을 승인하려는 판인데, '반란군' 정도의 이유만으로 영국이나 프랑스의 입김을 물리칠 수 가 없는 것이다. 지금이야말로 세상에 내놓을 대의명분을 세워야 한다. 그렇다면 남부가 고집하는 노예 제도를 정면으로 부정하는 '노예 해방'을 선언할 때가 된 것이다. 링컨의 정치 감각과 지도자로서의 혜안이 유감없이 발휘되는 순간이었다. 링컨은 생각할수록 위대한 정치가라는 생각이 든다.

손자도 나라가 전쟁을 치를 때, 오사칠계(五事七計)의 중요성을 논하면서, 그중에서도 도(道, 名分)를 으뜸으로 내세웠던 게 아닌가.

"과거 태평세월의 교의나 신조는 오늘 조국의 존망이 걸린 격동기에는 통할 수 없다는 것이 나의 신념입니다. 오늘 우리가 처한 상황은 일찍이 우리가 체험해 보지 않은 새로운 도전이며, 그렇기 때문에 우리는 새로운 사고와 새로운 행동으로 대처하지 않으면 안 되는 것입니다. 우리는 먼저 우리 자신을 해방하여 새로운 모습으로 다시 태어날 때, 이 나라도 우리가 구원할 수 있다고 나는 믿습니다."

그해 12월 링컨이 행한 대의회 연설이다.
150여 년 전에 링컨은 오늘날 흔히 회자되는 신사고를 이때 이미 설파하고 있는 것이다. 그가 얼마나 현실적인 사람이며, 얼마나 강한 신념의 사람이며, 또 얼마나 현실적인 정치가라는 것을 웅변하고 있다.
해외의 반응은 링컨이 예상한 대로였다. 영국도 프랑스도 합중국의 새로운 결단에 대해 침묵하였다. 기회를 봐 그들은 남부연맹을 승인하려던 참이었던 것이다.

"남부연맹의 승리는 악의 세력의 승리를 뜻하는 것이다. 그것은 불의를 조장하고 나아가 문명 세계의 이상과 정신을 말살하는 결과를 가져오게 될 것이다. 귀국의 남북전쟁이야말로 인류사의 진로를 선과 악으로 갈라놓을 갈림길이 될 것이다."

존 스튜어트 밀의 말이다.

세기의 지성인이 이렇게 지지하고 나오니, 유럽 열강이 무어라 조건을 달 여지가 없어질 것이다. 뿐만 아니라 연방은 1862년 당시 세계 최강의 군사력 보유국(남부는 세계 2위)이었던 것이다.

앤티텀 전투는 엄격히 말해 승자도 패자도 없는 전투였다. 굳이 따지자면 북군도 지고 남군도 진 싸움이었다. 북군은 2배가 넘는 병력을 가지고도 더 많이 죽었으니 졌다고 할 수밖에 없는 것이요, 남군은 모처럼 연방 땅에 쳐들어왔다가 목표도 점령하기 전에 쫓겨났으니 이겼다고는 할 수 없는 것.

그러나 역사는 적어도 전략적인 북부의 승리로 기록하고 있다. 그것은 링컨에게 노예 해방 선언의 기회를 허용했기 때문이다.

"우리는 가슴 벅찬 환희로 절규하였다. 오! 영원한 자유여! 이 위대한 포고를 기록하려고 우리는 지금까지 살아온 것이 아닌가!" 더글러스(Frederick Douglas)가 환호하였다.

1862년 12월 31일, 일단의 노예 제도 폐지론자들이 보스턴의 음악당에 모였다. 군중 속에는 터브맨(Harriet Tubman)과 필립스(Wendell Phillips)도 섞여 있었다. 터브맨은 메릴랜드 노예 출신으로, 남부 노예들의 탈출을 도와주던 소의 '지휘자' 중에서도 가장 유명한 사람이다.

흑인 지도자 프레데릭 더글러스는 흑인 노예인 어머니와 첫 번째 주인인 아버지 사이에 태어났다고 추측되는 인물로, 뉴욕의 로체스

터에서 「북극성(North Star)」이라는 신문을 발행하기도 하였다. 한 반 노예 운동 대회에서 즉흥 연설을 하고부터 여성과 흑인의 자유를 위해 투신하였고, 비범한 웅변술로 당대 가장 유명한 인사의 한 사람이 되었다. 남북전쟁 기간 동안 링컨의 고문으로 활약하였다.

자정이 되면 역사적인 선언이 발효하는 것이다. 무대 위에는 노예제 폐지론자들의 기관지 「해방자」의 발행인 개리슨(William L. Garrison)이 더글러스 곁에서 울고 있었다. 그것은 분명 환희의 눈물이었다. 열광하는 군중들이 『톰 아저씨의 오두막』을 쓴 스토우를 연호하였다. 그녀는 눈에 눈물이 가득한 채 발코니에서 있었다.

사우스캐롤라이나 주에서 외떨어진 대서양 위의 한 섬에서는 연방 정부의 한 관리가 커다란 참나무 그늘 아래서, 그 전에는 노예 신분이었던 일단의 흑인들에게 '영원한 자유의 몸'이라는 선언문을 큰소리로 낭독하고 있었다. 워싱턴의 음산한 골목에서는 그 전에 자기의 딸이 팔려나간 적이 있는 흑인 노예가 "이제 더는 그들이 내 딸과 아내를 팔아치울 수 없겠지. 오, 주여!"라고 혼잣말로 중얼거렸다.

"역사에 내 이름이 기록될 수 있다면, 그것은 이 법령 때문일 것이다." 링컨의 말이다.

노예 해방 선언은, 이제 남북전쟁을 고귀한 사명으로, 전쟁의 목표 또한 드높은 이상으로 승화하였다.

어째서 남북전쟁은 그렇게도 많은 인명 손실을 가져왔는가. 그 근본적인 이유는 무기의 발달과 전술 발전이 균형을 이루지 못했기 때문이다. 즉, 남북전쟁 당시 소총은 이미 유효 사거리가 400야드로, 현대 소총과 거의 맞먹는 성능을 갖고 있었는데 반해, 병력 운용에서는 나폴레옹 시대 공격 전술을 그대로 적용하였기 때문이다.

나폴레옹 시대에는 보병의 공격 대행이 대체로 로마시대 이후의 전통인 어깨를 맞댄 2열 또는 4열 횡대의 밀집 대형이었던 것이다. 그런데 나폴레옹 시대 머스킷 소총 사거리는 100야드에, 발사 속도는 빨라야 분 당 2발 정도였다. 따라서 공격 부대가 방어 부대를 덮치기 전 쏠 수 있는 피차의 최대 발수는 1~2발을 넘기 힘들었다. 병사가 100야드를 달리는 데 30초가 걸린다고 가정허도 그것은 공자(攻者)가 최대 한 발만 피하면 방자(防者)를 덮쳐 공격이 성공할 수 있다는 뜻이다.

그런데 1849년에 프랑스 육군 장교 미니에(Claude E. Minie)가 발명한 미니에 볼의 유효 사거리가 400야드가 되면서, 공격 부대가 전진해야 하는 살상지대 범위가 4배로 늘어난 것이다. 특히 방어 축성과 이 소총의 성능이 잘 졑합될 때, 전통적 공격 전술은 너무나 큰 희생을 강요당했다. 그야말로 공격은 도살이며 살인 행위가 된 것이다.

"장군은 과거의 전쟁을 준비하고 과거의 전투 방식으로 전쟁을 치른다."

서양의 군사 격언이다.

(4) 워털루 전투

너희도 들어서 아는 워털루 전투는 서양 근대 역사의 진로를 바꾼 일대 사건이다. 이 전투에서도 결정적인 순간에 일어난 사건으로 역사의 진로가 바뀐다.

워털루 전쟁을 이틀 앞둔 1815년 6월 16일, 벨기에의 보잘것없는 마을 리니(Ligny)에는 8만여 명의 프로이센군으로 법석을 떨고 있었다. 72세의 백전노장 블뤼허(Gebhard L. von Blücher) 가 이곳에서 나폴레옹을 맞아 싸울 태세를 갖추고 있었기 때문이다. 나폴레옹은 지금 영국군과 프로이센군 사이로 진격하는 중이었다. 나폴레옹의 속셈은 러시아와 오스트리아군이 합류하기 전에 이 양군을 각개 격파하겠다는 것이다.

전투가 시작되자 나폴레옹은 자신의 특기인 중앙 돌파를 위해, 200문의 포병 사격을 리니에 집중한 후, 보병 돌격을 감행하였다. 당시 유럽의 최정예 군이라 할 프랑스군의 거듭되는 돌격에도 프로이센군은 무너지지 않고 일진일퇴를 거듭하였다. 선봉장군이라는 별명에 걸맞게 블뤼허가 항상 기병대의 선두에 서서 부하들을 독려하였기 때문이다. 그러나 전기(戰機)를 누구보다 잘 포착하는 나폴레옹, 어느 순간 프랑스 최강의 친위대를 돌격에 참가시켜 프로이센군에게 결정적 타격을 가하였다.

혼전(混戰) 중에 블뤼허의 말이 총탄을 맞고 쓰러지자 노장(老將)은 낙마하면서 실신하였다. 위기일발의 순간에 젊은 장교의 구원을 받아 그는 간신히 목숨을 구하여 부대를 와브르(Wavre)로 후퇴시켰다. 와브르는 리니 북방 20km, 워털루에서 동쪽으로 16km 지점에 위치한 마을이었다.

그런데 나폴레옹은 여기서 일생일대의 큰 실수를 저지른다. 그가 평소에 그렇게도 강조하던 추격을 미룬 것이다. 쫓기는 적을 눈앞에 보면서도 그는 다음날인 17일, 그것도 오후 늦게야 그루시(Emmanuel M. de Grouchy)에게 추격을 명하였던 것이다. 그야말로 시중을 놓친 것이다.

만약에 나폴레옹이 패주하는 블뤼허를 추격만 하였더라면 8만 7,000의 프로이센군은 와브르에 도착하기 전에 괴멸하였을 것이고, 설사 와해까지는 안 갔어도 다음 날 워털루에 포진한 웰링턴군에 합류하는 사태는 일어나지 않았을 것이다. 그의 특기인 추격까지 소홀히 하다니… 호화로운 궁중 생활과 방탕한 프랑스 귀족 생활에, 46세밖에 안 된 그도 조로(早老)해 버렸단 말인가. 아니면 프로이센군을 너무 가볍게 본 때문일까. 어떻든 그는 다음 날인 6월 17일을 아침부터 참모들과 한동안을 보낸 후, 오후에는 야영 중인 부대를 순시하는 여유를 보였으니, 그날의 그는 명민했던 지난날의 나폴레옹은 아니었다.

6월 16일, 그는 새벽 3시부터 밤 9시까지 구려 18시간을, 그것도 폭우 중에 마상(馬上)에서 전투 지휘를 하였고, 지병인 치질과 마침 발병한 방광염으로 큰 고통을 당하고 있었다는 설이 유력하다. 한편 까트르 브라(Quatre-Bras)에 포진한 웰링턴은 프랑스의 미셸 네(Michel Ney)와 일진일퇴의 피나는 전투를 벌이고 있던 중, 블뤼허의 패전 소식을 접하고, 6월 17일 부대를 일단 17km 북쪽의 워털루로 후퇴시켰다. 그런데 불행히도 네는 후퇴하는 웰링턴을 놓치고 만 것이다. 여기서도 프랑스군은 또 추격에 실패한 것이다.

프로이센군을 격파한 나폴레옹은 다음 차례로 웰링턴을 지목하고 까트르 브라에 도착해 보니 웰링턴은 이미 워털루로 후퇴하고 없는 상황이었다.

격노한 나폴레옹, "너가 프랑스를 망치는구나"라고 심하게 네를 책망하고, 이번에는 몸소 기병 1개 중대를 이끌고 맹렬히 추격에 나섰다. 그러나 불운하게도 폭우로 회군하지 않을 수 없었다.

6월 18일, 밤새 그칠 줄 모르던 장대 같은 비도 멎었다. 안개가 자욱이 내려앉는 조용한 일요일 아침 8시, 나폴레옹은 적진에서 불과 2마일밖에 안 떨어진 농가에서 황실 문장의 황금 식기로 유유히 아침을 즐겼다. 오전 9시에야 황제는 회색의 준마 데지레(약혼자의 이름을 딴)를 타고 적정 정찰을 마친 후, 10시에는 장대하고 화려한 열병식까지 실시하였다. 그런데도 공격 개시 명령을 내릴 생각을 안 하는 것이었다. 참으로 나폴레옹답지 않은 태도이다.

이때 웰링턴은 워털루에서 남쪽으로 3km 떨어진 몽 생 주앙(Monte Saint Juan) 언덕으로 이동하여 포진하였다. 실은 매사에 조심스런 그는 나폴레옹과의 정면 대결을 꺼려 브뤼셀 쪽으로 후퇴를 고려하고 있었는데, 블뤼허의 비밀 연락을 받고 마음을 바꾸어 몽생주앙으로 이동하였던 것이다. 리니에서 나폴레옹에게 패하긴 했어도 블뤼허는 역시 백전노장이기에 그는 와부르에서 전열을 가다듬어 뒤늦게 추격해 오는 그루쉬를 1개 군단으로 묶어 놓고, 남은 3개 군단을 빼돌려 워털루로 직행하겠다는 밀사를 웰링턴에게 보냈던 것.

오전 11시, 마침내 프랑스군의 포문이 열리면서 전투가 시작되었다. 예정보다 무려 2시간이나 지연된 공격 개시였다. '용자 중의 용자'라는 별명의 네, 그가 앞장서 공격하면 병사들은 열광하며 필사적으로 분전한다는 용장 중의 용장, 격전에 격전을 거듭하는 동안 그가 탄 말이 4필이나 총탄을 맞고 죽는 바람에 도보로 전투 지휘를 해야 하는 처절한 싸움이 계속되었다.

영국군 중에서도 만만찮은 웰링턴의 군대— 포탄이 웰링턴 주위에 떨어지면서 막료들이 차례로 쓰러지고 전열이 흩어져 웰링턴군이 매우 위태로운 지경에 도달했다. 한 막료가 장군의 안전을 걱정하자, "어떤 경우에도 물러설 수 없다. 두 발을 잃어도 두 손만 성하면 끝까지 사격하라. 이것이 나의 명령이다. 예하 부대에 전달하라!"

웰링턴의 운명이 경각에 이르렀을 때 나폴레옹군의 우익 측면에 소속을 알 수 없는 일단의 군이 갑자기 출현하였다. 이것이 워털루의 승패를 뒤집고 세계의 역사를 바꾼 프로이센군의 등장으로, 바로 블뤼허가 지휘하는 3개 군단의 프로이센군이 전장에 도착한 것이다.

웰링턴도 위험했지만 나폴레옹의 프랑스군도 지칠대로 지쳐 있었다. 영국군을 여기까지 몰아부치는 데는 공자(攻者)로서 사력에 사력을 다하지 않을 수 없었기 때문이다. 아무리 세계 최강의 프랑스군이라지만 새로운 적을 맞아 싸울 여력은 없었다.

우측면을 강타당한 나폴레옹 군, 마치 눈사태와도 같이 무너져내렸다. 블뤼허가 너무도 '시중'을 잘 잡은 것이다.

때는 1815년 6월 18일 오후 4시. 희대의 군사 천재가 영원히 역사의 무대에서 사라져간 날이다. 그날따라 워털루의 낙일(落日)이 유난히도 장엄하였다던가!

나폴레옹이 만일 그날 예정대로 공격 개시를 하였더라면 블뤼허의 '시중'은 빗나갈 수도 있었을 것이다.

시중이 역사의 진로를 바꾼 것이다.

(5) 미드웨이 해전

미드웨이 해전은 1942년 6월 4일부터 7일까지 태평양 미드웨이 제도 근해에서 벌어진, 미국 해군과 일본 해군 간의 결정적인 해전이다. 또한, 이 전투는 태평양 전쟁의 분수령이 된 역사적 사건이었다.

따라서 여러 극적인 비화와 뒷이야기가 많다. 그중 몇 가지를 소개하면 첫째, 'AF'란 암호 해독의 기적이다.

미드웨이 해전 승리의 가장 큰 비호이자 핵심은 미 해군의 뛰어난 암호 해독 능력에 있었다. 일본 해군은 다음 공격 목표를 'AF'라는 암호로 지칭했다. 미 정보부는 이 'AF'가 미드웨이임을 추측은 했지만, 확증이 필요했다. 이더 미드웨이 기지 사령관은 'AF의 식수가 부족하다'는 가짜 무선 메시지를 보냈다. 얼마 후 일본군의 통신망에서 'AF에 식수 공급이 필요하다'는 메시지가 감청되었고, 이를 통해 'AF'가 미드웨이임이 확인되었다. 이로 인해 미군은 일본군의 공격 계획을 미리 파악하고, 만반의 준비를 할 수 있었고, 이는 기습의 이점을 미군이 가져가는 결정적인 역할을 했다.

두 번째는, '운명의 5분'이 일본 항모 3척을 거의 동시에 잃는 일대 사건을 가져 왔다.

즉, 미드웨이 해전은 '운명의 5분'으로 불리는 극적인 순간이 있었는데, 일본 항모 4척(아카기, 카가, 소류, 히류)은 미군 함대를 공격하기 위해 함재기들을 재무장하고 연료를 보급하는 중이었다. 이 시점은 일본 함재기들이 폭탄과 어뢰를 비행 갑판에 노출시키는 매우 취약한 상태였다.

바로 이때 미 해군 급강하 폭격기 편대가 일본 항모 상공에 나타났다. 특히 엔터프라이즈 소속의 돈틀리스 급강하 폭격기들은 기습적으로 강하하여 불과 5분 만에 아카기, 카가, 소류 3척의 항공모함에 치명적인 타격을 입혔다. 갑판에 노출된 폭탄과 연료통들이 연쇄적으로 폭발하면서 항모들은 순식간에 불바다가 되었고, 일본 해군 전력의 핵심인 3척의 항모가 거의 동시에 무력화되는 참사가 벌어졌다. 이 순간은 미드웨이 해전의 승패를 결정지은 순간으로 평가된다. 바로 이 5분이 '카이로스'요, 동양에서는 '시중'이라고 하는 것이다.

세 번째는 어뢰 폭격기 조종사들의 희생이다.

미드웨이 해전 초반, 미 해군 어뢰 폭격기 편대들은 일본 함대에 어뢰 공격을 시도했지만, 호위 전투기들의 지원 부족과 일본군 대공포의 맹렬한 공격으로 엄청난 손실을 입었다. 특히 호넷 소속의 VT-8 편대는 거의 전멸하다시피 했다.

그러나 이들의 희생은 헛되지 않았다. 어뢰 폭격기들이 저고도에서 일본 함대의 시선을 끌고 대공 방어망을 분산시킨 덕분에, 뒤이어 도착한 미군 급강하 폭격기들이 방어망을 뚫고 성공적으로 급강하 공격을 감행할 수 있었던 것이다. 어뢰 폭격기 조종사들의 용감하고 희생적인 돌격이 없었다면 '운명의 5분'은 없었을 것이라는 평가도 있다.

네 번째는 딕 베스트(Richard "Dick" Best)의 투혼이다.

미드웨이 해전의 영웅 중 한 명으로 딕 베스트 대위가 있다. 그는 미드웨이 해전에서 혼자 두 척의 일본 항공모함(아카기와 히류)을 격침시키는 데 기여한 것으로 알려져 있다. 첫 공격에서 아카기를 공격한 후, 두 번째 공격에서는 마지막 남은 일본 항모인 히류를 격침시키는 데 결정적인 역할을 했다. 하지만 이 전투에서의 무리한 산소 공급 장치 문제로 인해 심각한 폐 손상을 입었고, 결국 해군에서 퇴역해야 했다.

미드웨이 해전은 우연과 운, 특히 크로노스의 시간이 겹쳐서 일어난, 역사상 몇 안 되는 대사건이요, 용감한 군인들의 희생으로 태평양 전쟁의 흐름을 완전히 바꾸고, 역사적인 흐름까지 바꾼 결정적 전투였다.

4. 동양과 서양의 시간

(1) 동양의 시간

그럼, 동양에서 말하는 시중(時中)은 서양의 어느 시간에 해당되는 것일까?

어디까지나 개인적인 생각이지만, 할배는 카이로스의 시간이라고 생각한다.

동양에서는 시간에 대한 구분과 의미가 서양의 그것보다 상세하고 정확한 뜻이 부여된데 반해, 서양은 크로노스와 카이로스로 단순화한 점이 다르다 하겠다. 물론 이것은 할배의 개인적 생각이다.

예컨대, 동양의 경우, 『주역』에서는 시간을 중요시하고, 시간을 명백히 구분하고 있다.

1) 급시(及時): 군자가 덕을 증진하고 행실을 닦는 것은 **때에 맞추어** 도를 행하려는 것이다. 그러므로 허물이 없다(君子進德脩業 欲**及時**也. 故无咎).

2) 시발(時發): 안으로 아름다움을 머금어 올바름을 지킬 수 있다고 하더라도, **때에 따라서 능력을 발휘**해야 한다(含章可貞, 以**時發**也).

3) 시중(時中): 형통할 수 있도록 도가 행해지는 것이니, **때에 맞게**

중용을 지켜야 한다(以亨行, **時中**也).

4)여시계행(與時偕行): 종일토록 그침 없이 힘쓴다는 것은 **때에 맞추어 함께 행함**이다(終日乾乾 **與時偕行**). 또, 덜어내고 더하며 채우고 비우는 것은 **때에 맞추어 함께 행해야** 한다(損益盈虛 **與時偕行**). 그 외에, 무릇 보태 줌의 도는 **때에 맞추어 함께 행함**이다. (凡益之道 **與時偕行**).

5)수시(隨時): 천하가 **때를 따름**이니, **때를 따르는** 뜻이 위대하도다!(而天下**隨時**, **隨時**之義大矣哉)!

6)실시(失時): 문 밖의 정원에 나가지 않아서 **때를 잃음**이 극심해진다. 출세할 기회를 놓침을 말함(不出門庭 **失時**極也).

7)대시(對時): 성대하게 하늘의 **때에 잘 맞추어서** 만둘을 양육한다 (茂**對時** 育萬物).

8)유시(有時): 대그릇 두 개로 제사를 지내는 데에 **마땅한 때가 있으며**, 강한 양을 덜어서 부드러운 음에 더하는 데에도 **때가 있다**(二簋應**有時**, 損剛益柔**有時**). 또, 시집갈 혼기가 지났으니, 시집가는 일이 지체되는 것은 **때가 있기** 때문이다(歸妹愆期, 遲歸**有時**).

9)대시(待時): 군자는 기물을 몸에 감추고 있다가 **때를 기다려서 움직인다면**, 어찌 이롭지 않음이 있을 것인가?(君子藏器於身 **待時**而動, 何不利之有)?

10)취시(趣時): 변통이라고 하는 것은 **시의에 맞추어서 움직이는 것**이다.(變通者 **趣時**者也).

이렇게 시간을 구분하여 뜻을 부여하고 있다. 즉,『주역』에서는 시간을 구분할 뿐만 아니라, 때를 이용하는 방법, 목적, 그리고 그 효과까지 포함하고 있다. 시간을 더 정교하게 다루고 있음을 알 수 있다. 그래서 혹자는『주역』을 시간의 철학서라고 주장하는 이도 있다.

(2) 하느님이 창조한 시간

또 '시간'을 통해서도 보았듯이, 『주역』은 시간과 함께 군자를 강조하고, 늘 수신을 요구하고 있다. 할배 생각이지만, 동양의 학문은 학문의 목적이 수신제가(修身齊家)에 초점을 맞추고 있는데 반해, 서양의 학문은 수신과는 무관한, 순수한 학구적 천착(穿鑿)에 초점을 맞추고 있다는 점이다.

지금 우리 교육도 서구화해서 극히 전문화되었고, 학문적 깊이에만 방점을 두고 있으나, 우리 옛 선비들의 학문적 전통은 어디까지나 수신(修身)이요, 제가(齊家)요, 나아가 치국(治國)에 목표를 두고 있었다. 따라서 우리의 옛 선비들은 학문의 깊이와 맞먹는 인격이 요구되었다. 그래서 우리 학문의 전통은 그 목적이 학문 자체에 있는 게 아니라, '수신제가 치국평천하'에 있었던 것이다.

다시 본론으로 돌아와, 시간은 현대 과학으로도 모두를 설명할 수 없는 신비한 존재요, 한편으로는 이 우주 만물이 통제를 받고 있다는 것도 알았다.

「창세기」 제1장 3절에 "하느님께서 말씀하시기를 '빛이 있으라'하시자 빛이 생겼다. 하느님께서 보시니 그 빛이 좋았다. 하느님께서는 빛과 어둠을 가르시어, 빛을 낮이라 부르시고 어둠을 밤이라 부르셨다. 저녁이 되고 아침이 되니 첫날이 지났다." 곧 시간은 하느님께서 만드셨다.

이제 우리는 시간의 신비로움이나, 시간의 본질을 두고 고민할 필요는 없다. 하느님이 만드신 시간을 소중히 여기고, 이를 잘 활용하는 일이 중요하다. 특히 크로노스의 시간이다. 이 시간을 부지런히 활용하고, 하느님이 뜻하시는 일을 열심히 하면 되는 것이다. 아울러 크로노스(시중)의 시간을 깨닫고, 활용하기 위해서도 늘 겸허하고 감사하며, 주님을 가까이 해야 할 것이다.

"주님, 저의 증손주들을 축복하여 주소서."

성준아, 상윤아, 태중아, 오랜 시간, 할배 얘기 듣노라 수고 많았다!
(2025. 7. 3)

어느 증조할아버지의 평범한 이야기

2025년 8월 28일 초판 1쇄 펴냄

지은이 _ 박정기
펴낸이 _ 양문규
펴낸곳 _ 詩와에세이

신고번호 _ 제2017-000025호
주   소 _ (30021)세종특별자치시 조치원읍 충현로 159, 상가동 107-1호
대표전화 _ (044)863-7652, 070-8877-7653
팩시밀리 _ 0505-116-7653
휴대전화 _ 010-5355-7565
전자우편 _ sie2005@naver.com
공 급 처 _ 한국출판협동조합
주문전화 _ (02)716-5616
팩시밀리 _ (031)944-8234~6

ⓒ박정기, 2025
ISBN 979-11-91914-90-0 (03810)

* 지은이와 협의하여 인지는 생략합니다.
* 이 책 내용의 전부 또는 일부를 재사용하려면 반드시 지은이와
  詩와에세이 양측의 동의를 받아야 합니다.
* 책값은 뒤표지에 표시되어 있습니다.